Tom Sommerlatte / Ronald S. Jonash

Innovation: Der Weg der Sieger

Tom Sommerlatte / Ronald S. Jonash

Innovation: Der Weg der Sieger

Wie erfolgreiche Unternehmen Werte schaffen

Aus dem Amerikanischen von
Ines Bergfort und Ralf Vogel

verlag
moderne industrie

Die Deutsche Bibliothek – CIP Einheitsaufnahme

Sommerlatte, Tom:
Innovation: der Weg der Sieger : wie erfolgreiche Unternehmen Werte schaffen / Tom Sommerlatte/Ronald S. Jonash. Aus dem Amerikan. von Ines Bergfort und Ralf Vogel. – Landsberg/Lech : mi, Verl. Moderne Industrie, 2000
Einheitssacht.: The innovation premium <dt.>
ISBN 3-478-38340-4

86895 Landsberg/Lech
Internet: http://www.mi-verlag.de

Titel der amerikanischen Originalausgabe:
The Innovation Premium, Perseus Books 1999

Umschlaggestaltung: Vierthaler & Braun, München
Satz: Fotosatz Reinhard Amann, Aichstetten
Druck: Himmer, Augsburg
Bindearbeiten: Thomas, Augsburg
Printed in Germany 380 340/020003
ISBN 3-478-38340-4

Inhaltsverzeichnis

Danksagung

Dieses Buch ist das vierte in einer Reihe von Arthur D. Little-Büchern über Herausforderungen des Managements von Technologie und Innovation. Zu diesen Büchern zählen *Breakthroughs, Third Generation R&D* und *Product Juggernauts*, in Deutschland erschienen als „Senkrechtstarter – Große Produktideen und ihre Durchsetzung“ Ketteringham, Nayak, ECON-Verlag, Düsseldorf, Wien, New York, 1987 – „Management der F&E-Strategie“, Arthur D. Little (Hrsg.), Gabler-Verlag, Wiesbaden, 1991 – Produktstrategien, Deschamps, Nayak, Campus-Verlag, Frankfurt, New York, 1996, und unser Dank gilt zunächst den wegweisenden Anstrengungen ihrer Autoren: John Ketteringham, Ran Nayak, Phil Roussel, Kamal Saad, Jean Philippe Deschamps, Claus Tiby und Tamara Erickson, besonders jedoch Phil und Jean Philippe, die so außerordentlich viele Anregungen für dieses Buch gegeben haben.

Das vorliegende Buch fußt zum großen Teil auf den Erfahrungen zahlreicher Unternehmen, die als *die* Wegbereiter entscheidender Innovationsleistungen in ihrer jeweiligen Branche gelten. Wir möchten vor allem denen danken, die bereit waren, für dieses Buch ihre Erfahrungen mit uns zu teilen: Nokia (besonders Kay Lindén, Senior Vice President), DaimlerChrysler (insbesondere Tom Moore, Vice President Technologie von Chrysler), Alcoa (insbesondere Frank Lederman, Vice President und Technischer Vorstand, sowie Greg Smith, Leiter der Abteilung für Strategieentwicklung und Planung im Alcoa-Technikzentrum), British Petrol (insbesondere David Jenkins, Technologievorstand, der im September 1998 in den Ruhestand ging, Chris Clarke, Gruppenleiter für Ölmanagement, und Atul Arya, Gruppenmanager der Planungsabteilung), und schließlich Canon (insbesondere Dr. Ichiro Endo, Managing Director und Vorsitzender der Produktentwicklung).

Die Entwicklung besonders überzeugender Praktiken, die in diesem Buch dargestellt werden, ging auch auf die Arthur D. Little-Reihe *Best of the Best Colloquia on Technology and Innovation Management* zurück, in der erfahrene Führungskräfte führender Unternehmen aus allen Branchen Einblicke in ihren Erfahrungsschatz und in ihr harterarbeitetes Wissen gewähren. Wir möchten die Bedeutung ihrer Ideen und Erfahrungen für dieses Buch besonders hervorheben.

Viele der wesentlichen Themen und Ergebnisse basieren auf Arthur D. Littles jahrelanger Forschung im Bereich Technologie und Innovation. Unser Dank gilt den Sponsoren und den führenden Köpfen, die diese Forschungsarbeit mit Ehrgeiz und Hingabe vorangetrieben und ihre Erkenntnisse mit ungewöhnlicher Großzügigkeit zur Verfügung gestellt haben.

Michael Moynihan, der in Zusammenarbeit mit der Zeitschrift *Economist* den strategischen Einsatz von Technologie untersuchte, Robert Crooker, Frank Morris, Richard Granger und John Collins, die eine weltweite Studie über Erfolgsfaktoren und Hindernisse von Innovationen durchführten, Michael Baltay und Andrew Kinross, die den Zusammenhang zwischen *Shareholder Return* und Innovationsmanagement erforschten, und Jay Maclaughlin und Brian Kenny, die zusammen mit Michael Baltay eine Befragung von Investoren und Anlageberatern über die Bedeutung von Innovation leiteten.

Besonders danken möchten wir auch für die Beiträge zu diesem Buch, die unsere Kollegen Nils Bohlin, Michael Baltay und Frederik van Oene leisteten, deren Wissen um und deren Begeisterung für Innovation unser Denken geschärft und damit dazu beigetragen haben, dass das Buch an Aussagekraft gewonnen hat, sowie Brian Kenny, der das Team mit großer Erfahrung geleitet hat, ohne jemals das Ziel aus den Augen zu verlieren.

Vielen Dank auch für die wertvollen Beiträge von Cees Bijl, William Boardman, David Boger, Robert Crooker, Homer Hagedorn, Brian Kenny, Phil Metz, Frank Morris, Andrew Olmsted, Iason Onassis, Mehmet Rona, Robert Shelton, John Walker und Al Wechsler. Für die nachhaltigen Anstrengungen unserer treuen Mitarbeiter, allen voran Mary O´Brien, Ellen Maguire und Christopher Schmitt. Für die anhaltende

Unterstützung unserer Partner bei Wordworks Inc., besonders Christina Braun, Donna Carpenter, Maurice Coyle, Ruth Hlavacek, Susannah Ketchum, Martha Lawler, Edward McPherson, Toni Porcelli, Saul Wisnia und G. Patton Wright. Und ein besonderer Dank gilt unserem Lektor bei Perseus Books, Nick Phillipson, für seine sachkundige Führung und Geduld im Laufe dieses Projektes, das sich als langwieriger erwies als wir es erwartet hatten.

Schließlich ein besonderer Dank für die Toleranz und Unterstützung, die uns durch die Familie von Tom Sommerlatte (meine Frau Christine und unsere elf Kinder Sven, Tina, Brice, Iris, Mia, Eva, Sara, Eric, Alice, Tommie und Anna) sowie von Ron Jonash (meine Frau Karen Sobin und unsere sechs Kinder Benjamin, Lindsay, Adam, Katie, Eric und Andrew) zuteil wurde. Es kommt nicht oft vor, dass zwei Autoren die Gelegenheit haben, so großen Familien zu danken!

Einführung

An der Wall Street vertraut man vor allen anderen Kriterien auf die Innovationsleistung eines Unternehmens, wenn es darum geht, sowohl Umsatz- als auch Gewinnwachstum zu erzielen.

Investoren belohnen Innovationen mit einer Prämie. Sie sind bereit, für nachhaltig innovative Unternehmen einen höheren Aktienpreis zu bezahlen als für weniger innovative Wettbewerber mit gleichem Gewinn. Investoren ziehen Innovationen jeder Fusion, jedem Unternehmenskauf und jedem neuen Ansatz zur Kostensenkung vor. Das höhere Kurs-Gewinn-Verhältnis, das sie für innovative Unternehmen in Kauf nehmen, nennen wir die *Innovationsprämie*.

Innovationen beschleunigen das Wachstum und die Ertragsentwicklung eines Unternehmens, sichern Wettbewerbsvorteile und wecken die Fantasie der Aktionäre. Mit anderen Worten, Unternehmen, die ihre Erträge aufgrund eines kontinuierlichen Stroms neuer Produkte und Dienstleistungen und mit Hilfe neuer unternehmerischer Wege der Geschäftsausübung erwirtschaften, sind in der Lage, die Innovationsprämie zu beanspruchen – einen Vorschuss auf zukünftige Ergebnisse.

Untersuchungen stützen unsere Aussage. Das Fortune Magazin bewertet seit 15 Jahren Unternehmen nach ihrer Innovationsleistung und erstellt jährlich entsprechende Ranglisten, wir untersuchten immer wieder, in welchem Zusammenhang die dort ermittelten Ergebnisse zu der Bewertung am Kapitalmarkt stehen. Im Gegensatz zu früheren Untersuchungen, die nur einen begrenzten Zusammenhang zwischen den Aufwendungen für Forschung und Entwicklung und dem Unternehmenswert aufzeigten, fanden wir eine zunehmende Korrelation zwischen der Innovationsleistung und dem Shareholder Return der Unternehmen. Die von Fortune ermittelten Daten zeigen, dass Wall Street heute schon die Aussicht auf neue Produkte oder Dienstleistungen mit einer Prämie honoriert.

Die Unternehmen im Bereich der oberen 20 Prozent der Fortune-Rangliste weisen Anlageerträge auf, die doppelt so hoch sind wie die anderer Unternehmen in ihrer Branche.

Die Unternehmen im Bereich der unteren 20 Prozent weisen Anlageerträge auf, die um ein Drittel niedriger sind als die anderer Unternehmen ihrer Branche.

Durch diese grundlegenden Erkenntnisse ermutigt, starteten wir eine Umfrage unter Anlageberatern an der Wall Street. Hier die Ergebnisse:

- 95 Prozent der Anlageberater an der Wall Street, die auf eine von Arthur D. Little durchgeführte Umfrage antworteten, bekunden, dass innovationsfreudigere Unternehmen eine Aktienkursprämie gegenüber weniger innovativen Konkurrenten erzielen.
- Mehr als 90 Prozent der Befragten geben zu Protokoll, dass die Bedeutung von Innovationsleistung im Laufe der letzten zehn Jahre nachhaltig gestiegen sei.
- Mehr als 70 Prozent der Befragten sagen, der Markt nutze Innovationen als Schlüsselkriterium für die Bewertung von Unternehmen.

Wie ist es innovativen Unternehmen möglich, überdurchschnittliche und nachhaltige Innovationsleistungen zu erzielen? Es war diese Frage, die uns veranlasste, die vorrangige Bedeutung von Innovation und Gründe dafür zum Thema einer weltweiten Untersuchung bei 700 Unternehmen zu machen. Das Ergebnis gab uns zu denken:

- Mehr als 84 Prozent der befragten Unternehmensführer gaben an, dass Innovation zu einem maßgeblichen strategischen Ziel ihres Unternehmens geworden sei.
- Mehr als 49 Prozent gaben an, dass Fortschritte in der Enwicklung und Anwendung systematischer Bewertungs- und Managementmethoden zur Steigerung der Innovationsleistung erzielt

worden seien, dass aber immer noch hohe Unzufriedenheit mit der Wirksamkeit dieser Methoden herrsche.

Angesichts der überaus positiven Einschätzung von „Innovation“ waren wir sehr überrascht, dass 85 Prozent der 700 befragten Unternehmen mit dem Management von Innovation im eigenen Hause unzufrieden waren. Das vorliegende Buch soll deshalb Führungskräften Hilfestellungen geben, um im eigenen Unternehmen ein wirkungsvolles Innovationsmanagement aufzubauen und die Innovationsprämie zu erringen.

Das Buch weist den Weg zu einem flexibleren und auf schnellere Umsetzung ausgerichteten Unternehmensmodell. Wir nennen es das Modell der Neuen Generation. Dieses Modell beinhaltet mehr als die übliche kontinuierliche Verbesserung, als Total Quality Management und Reengineering. Die Unternehmen erkennen, dass es vor allen anderen Kriterien die innovativen Leistungen sind, die nachhaltiges Umsatz- und Gewinnwachstum gleichermaßen garantieren. Die Grundsätze des Innovationsmanagements der Neuen Generation haben ihren Praxistest bei vielen der weltweit größten und erfolgreichsten Unternehmen bereits hinter sich. Darunter befinden sich Alcoa, Boston Scientific, BP, Canon, Eveready Battery Company/Energizer, Millennium Pharmaceuticals, Chrysler (seit kurzem DaimlerChrysler), Hilti, Nokia, Pfizer und Sun Microsystems. Über diese Unternehmen werden Sie auf den folgenden Seiten einiges erfahren.

Diese Unternehmen decken nahezu alle industriellen Bereiche ab, auch solche, in denen es nicht selbsverständlich ist, große Summen für Forschung und Entwicklung bereitzustellen. Die Unternehmen verfügen über eine bemerkenswerte Anpassungsfähigkeit an Veränderungen des Marktes und vermitteln eine „Alles-ist-möglich“-Haltung, indem sie Kreativität und Erfindergeist ins Feld führen.

Auf der anderen Seite scheinen sich viele ihrer Konkurrenten im Kreise zu drehen. Sie arbeiten noch nach dem herkömmlichen Managementmodell, das Forschung und Entwicklung zwar als vorrangigen Motor wirtschaftlicher Wertschöpfung begreift, die damit beauftragten Abteilungen jedoch an der kurzen Leine hält und sie zwingt, sich auf die kurzfristigen Bedürfnisse von Absatz und Produktion zu beschränken. F&E ist teuer, argumentieren die Vertreter dieses veralteten Ansatzes, und bleiben die Forscher und Entwickler sich selbst überlassen, kann es zu einer abgeschotteten Einheit kommen, die auf Anfragen nicht mehr reagiert, die nicht bereit ist, Antworten zu finden, und in der keiner weiß, wer für welche Ziele des Unternehmens einsteht.

Die herkömmliche Forschung und Entwicklung handelt – besonders nach Reengineering- und Downsizingprogrammen – als Teil eines Produktentwicklungsprozesses, der von Budgets und Kennzahlen bestimmt ist. Wenn Entwickler in erster Linie als Cost-Center angesehen werden und nicht als Schaffer von Vermögenswerten, so verbringen sie ihre Tage damit, bestehende Produkte zu variieren statt ihre Träume von neuen Produkten zu verwirklichen. Die Zukunft bleibt außen vor. Diese Einstellung zur Forschung und Entwicklung unterstreicht, was unsere Kollegen bei Arthur D. Little als Management der Ersten und Zweiten Generation bezeichnen. Aufwendungen für Forschung und Entwicklung werden dort unter Gemeinkosten gebucht, wobei es keine Rolle spielt, ob die F&E zentral gemanagt wird oder den Geschäftsbereichen zugeordnet ist.

Während der frühen neunziger Jahre ging man in vielen Unternehmen über ein isoliertes Management der Forschung und Entwicklung hinaus und integrierte die F&E mit Marketing, Fertigung und anderen für das Geschäft wichtigen Bereichen. Auf dem Weg zu dem, was unsere Kollegen als F&E-Management der Dritten Generation bezeichnen, trennt ein Unternehmen den Bereich Forschung und Entwicklung nicht mehr vom Rest der Organisation, sondern bezieht ihn bewusst in die unternehmerische Verantwortung mit ein.

Für die Dritte Generation gilt somit: Forschung und Entwicklung wird zum gleichberechtigten Mitglied der Unternehmensleitung, zu einem der vorrangigen Bestimmungsfaktoren für Unternehmensstrategie und -kultur.

Im Rahmen dieses Buches führen wir diese Erkenntnis zum nächsten logischen Schritt fort. Der Fokus verlagert sich dabei vom Forschungs- und Entwicklungsmanagement zum **Innovationsmanagement**, das Kunden, Zulieferer und strategische Partner miteinbezieht.

Wir wollen das Innovationsmanagement der nächsten Managementgeneration nicht als theoretische Abhandlung anbieten, sondern als praktischen Ansatz, der für alle Manager, denen der Erfolg ihres

Unternehmens am Herzen liegt, heute von vorrangiger Bedeutung sein muss.

Unsere Prinzipien der Neuen Generation ermutigen Unternehmen dazu, sich auf neues Terrain zu begeben, um:

- mit neuen Mitteln neue Werte zu schaffen,
- neue Produkte, Dienstleistungen, Abläufe und Geschäftsideen aktiver und wirkungsvoller zu verfolgen,
- neue Chancen für dauerhafte Wettbewerbsvorteile zu ergreifen.

Die Weichen für die nächste Managementgeneration sind gestellt. Die Fahrt geht über die herkömmliche Produktentwicklung hinaus zu durchgehender Innovationsleistung von der Idee bis zum Kunden. Sie führt von einer minutiösen Forschungs- und Entwicklungssteuerung hin zu einer schlagkräftigen Innovationsstrategie. Sie führt von einer Mentalität, für die kurz- bis mittelfristiges Denken im Vordergrund steht, hin zur Betonung nachhaltigen Wachstums und nachhaltiger Werte, und sie führt über funktionsübergreifende Koordination hinaus zu unternehmensübergreifenden Innovationsnetzen.

Das Modell der Neuen Generation weist nicht den Weg zu einem einmaligen Durchbruch, der Werte und Wachstum beschert. Es ist aber auch nicht das Arbeitspferd, das nur schuftet und den Karren zieht. Es kann vielmehr mit einem Hochleistungsmotor verglichen werden, der von fünf Zylindern angetrieben wird: Strategie, Prozesse, Ressourcen, Organisation und Lernkultur. Der Zündfunke entspringt dem Entdeckergeist und einer weitsichtigen Vision, die nicht durch den nächsten Meilenstein entmutigt werden.

Den Managern, die sich die Visionen der Neuen Generation zu eigen gemacht haben, ist der Weg bis zur Innovationsprämie an der Börse bewusst. Dort erwarten die Investoren Gewinnpotenziale für die Zukunft, nicht nur Maßnahmen zur Kostensenkung in der Gegenwart. Die Manager stellen sich darauf ein, zur Erlangung der Innovationsprämie mit allen verfügbaren Partnern zusammenzuarbeiten, mit Kunden, Lieferanten, anderen Unternehmen und Know-how-Trägern. Ihr Ziel ist es, mit innovativen Produkten und Dienstleistungen eine hohes Maß an Kundenloyalität und Markenbindung zu entwickeln. Sie gewinnen ihre Mitarbeiter für das Ringen um die Innovationsprämie,

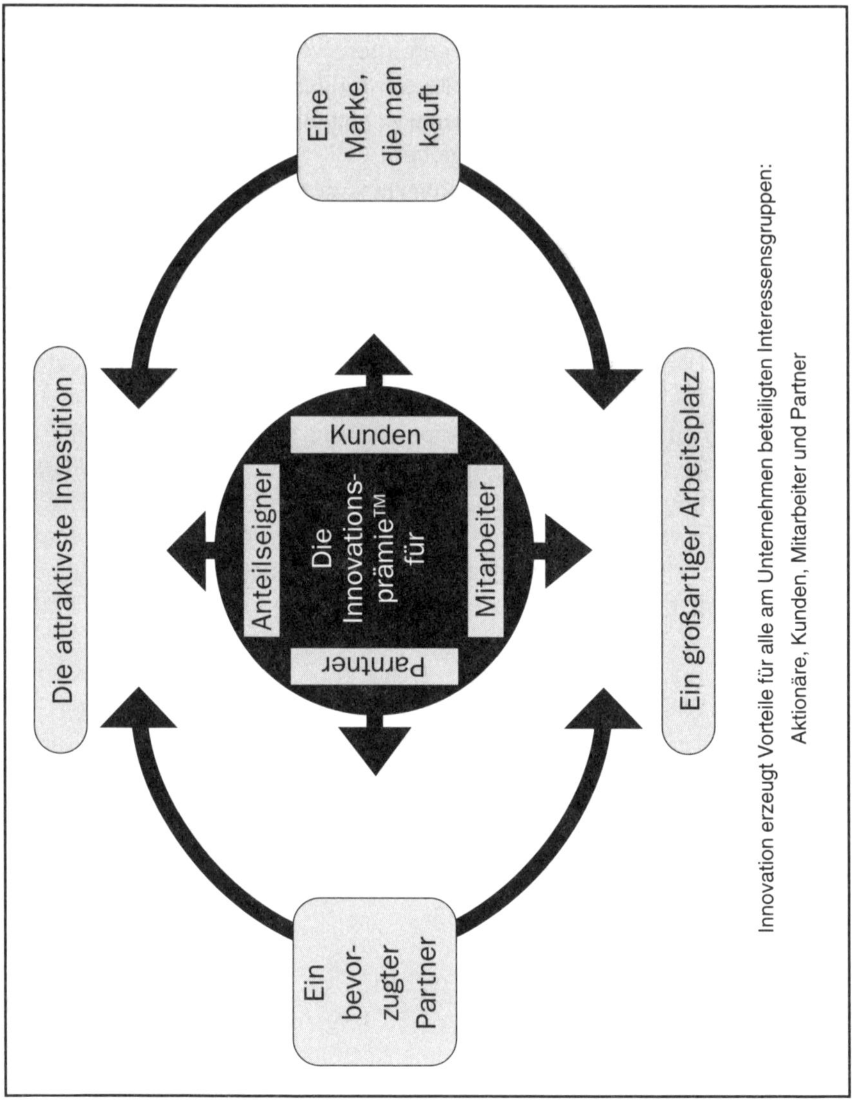

Abbildung E.1: Nachhaltige Innovationsfähigkeit erfordert die Befriedigung der mit dem Unternehmen verbundenen Interessensgruppen

Quelle: Arthur D. Little, Inc.

indem sie die besten Köpfe anziehen und für eine ausgeprägte Leistungsmoral sorgen. Sie pflegen intensive positive Beziehungen zu ihren Zulieferern, deren Mithilfe sie bei der Innovationsstrategie einholen, und sind bereit, Allianzen einzugehen, um schnell das erforderliche Know-how zusammenzuziehen.

Nachhaltige Innovationsfähigkeit, das haben die Führungskräfte der Neuen Generation erkannt, erfordert die Befriedigung der mit dem Unternehmen verbundenen Interessensgruppen: Mitarbeiter, Kunden, Partner und Anteilseigner.

Teil 1:
Wer hat und was ist die Innovationsprämie?

Kapitel 1
Begegnung mit der Neuen Generation
Alcoa, BP, Canon, Chrysler, Lucent Technologies, Millennium Pharmaceuticals und Nokia

Der Begriff „Wirtschaftszyklus“ ist eine Fehlbezeichnung, wie sie im Buche steht. Wir alle wissen nur allzu gut, dass sich die Vorhersagbarkeit der wirtschaftlichen Wachstumsrate darauf beschränkt, dass sie mal fallen, mal steigen kann. Die guten Zeiten können sich über Monate oder Jahre erstrecken, sie können ihren Höhepunkt aber auch schon nach kurzer Zeit erreichen. Das gleiche gilt für schlechte Zeiten.

Bis in das frühe zwanzigste Jahrhundert hinein taten die Ökonomen nicht viel mehr, als den Wirtschaftszyklus zu beschreiben und angesichts seiner Eskapaden die Hände zu ringen. Dann begannen einige Intellektuelle, unter ihnen Joseph Alois Schumpeter, nach Werkzeugen zu suchen, die die Politik nutzen könnte, um Wachstumsphasen zu erhalten und Rezessionen abzufangen – und damit das Auf und Ab des Wirtschaftszyklus in erträglichen Grenzen zu halten. Sie entwarfen die grundlegenden finanz- und steuerpolitischen Strategien, die auch heute noch genutzt werden, insbesondere, wenn die Märkte, in den Worten eines Cole-Porter Gedichtes, „zu heiß werden, um nicht abkühlen zu müssen“.

Schumpeter, bis zu seinem Tod im Jahre 1950 Professor für Wirtschaftswissenschaften in Harvard, identifizierte und beschrieb den wichtigen Beitrag, den Innovation zum wirtschaftlichen Wachstum leistet. Seiner Meinung nach umfasst Innovation den gesamten Prozess, der mit einer Idee beginnt, und durch alle Schritte von den ersten Entwicklungsansätzen bis hin zu einem marktfähigen Produkt oder einer marktfähigen Dienstleistung verläuft, die die Wirtschaft verändert.

Schumpeter hätte für seine These in so relativ jungen und außerordentlichen Innovationen wie dem Düsenflugzeug, dem Personal Computer oder dem Internet Unterstützung gefunden. Eine jede ist eine „Erfindung", repräsentiert aber gleichzeitig viel mehr als nur die Schaffung eines neuen Produktes.

Wahre Innovation ist, wie wir in diesem Buch zeigen werden, die treibende Kraft nicht nur einzelner Unternehmen, sondern ganzer Wirtschaftssysteme. Um im immer schärferen Wettbewerb bestehen zu können, müssen Unternehmen und ihre Führungskräfte Strategien, Prozesse und Ressourcen – ja, letztendlich ganze Organisationen – neu ausrichten und den Fokus konsequent auf Innovationen und eine ihrer wesentlichen Vorbedingungen – Technologie – lenken.

Wir benutzen den Begriff Innovation, wie Schumpeter, in seinem weitesten Sinne, der alle Aspekte umfasst, die in die Entwicklung neuer Produkte, Dienstleistungen und Prozesse einfließen, vom Anfang bis zum Ende. Die herkömmliche Rolle der Forschung und Entwicklung, so produktiv einige Unternehmen sie auch nutzen, ist für diesen Anspruch nicht ausreichend. Im Gegenteil, wir glauben, dass die traditionelle Einschätzung der Forschung und Entwicklung, typisch für das F&E-Management der Ersten Generation, gerade das größte Hindernis für den Versuch eines jeden Unternehmens darstellt, Innovationen zu schaffen, zu wachsen und die Innovationsprämie zu erlangen.

Treten Sie ein in den Club der Neuen Generation

Im Gegensatz zu dem sehr beschränkten Ansatz des F&E-Managements der Ersten Generation stellt das Unternehmensmodell der Neuen Generation zwei grundlegende Forderungen auf.

Erstens die Forderung an jeden Manager im Unternehmen: *Sorgen Sie dafür, dass unternehmensweites Lernen die treibende Kraft wird, um Wert zu schaffen.* In jeder Organisation, die darauf ausgerichtet ist, Ideen zu erzeugen, Konzepte zu entwickeln und schnell und flexibel auf wirtschaftliche Herausforderungen zu reagieren, ist es von wesentlicher Bedeutung, das Lernen zu beschleunigen und unternehmensübergreifende Kooperationsnetze aufzubauen. In dieser Umgebung können die Fähigkeiten und Kompetenzen der Mitarbeiter immer wieder an den Herausforderungen von Innovationsprojekten ausgerichtet werden. Darüber hinaus können die Mitarbeiter, unabhängig von ihrer jeweiligen Aufgabe dafür gewonnen werden, in zeitlich begrenzten Projekten mitzuarbeiten, die ihre Fähigkeiten und Erfahrungen erfordern, und sie in interdisziplinären Kooperationsnetzen miteinander in Verbindung setzen.

Wahre Innovation entsteht niemals in Isolation. Ob es darum geht, wie eine neue Idee in ein voll ausgestattetes Projekt umgesetzt werden kann oder wie eine bestimmte Technik oder ein besonders überzeugender Arbeitsablauf die Arbeitsweise einer gesamten Abteilung revolutionieren kann – es ist dieses Lernen, das dem Modell der Neuen Generation zum Leben verhilft. Wo es sich ungehindert entwickeln kann, wird das Lernen zur Kraft, die das gesamte Umfeld eines Unternehmens von den Zulieferern bis zu den Endverbrauchern mitreißt.

Die zweite fundamentale Forderung, die dem Management der Neuen Generation zugrundeliegt, lautet: *Nutzen Sie ein breites Spektrum von Technologien und Kompetenzen als Plattform, um nachhaltige Innovationsleistungen zu bewirken.* Das Modell der Neuen Generation erfordert den Aufbau dessen, was wir als Technologie- und Kompetenzplattformen bezeichnen, die jeweils eine wirkungsvolle Kombination aus menschlichen Fähigkeiten und Schlüssel- und Schrittmachertechnologien darstellen und die eine kontinuierliche Folge von Steigerungen des Wachstums und der Leistung ermöglichen.

Diese Plattformen können zum Beispiel Expertensysteme sein, wie sie von einem führenden Papierhersteller zur Optimierung seines Produktionssystems genutzt werden, oder die Antriebssysteme, die von der DaimlerChryslers-Tochter ADtrans in verschiedensten Zugvarianten genutzt werden. Entwickler bei Millennium Pharmaceuticals arbeiten auf der Grundlage hochentwickelter Technologieplattformen an der Entschlüsselung neuer Gene sowie an der Entwicklung einer breiten Palette von Wirkstoffmolekülen. Auf ähnliche Art und Weise profitieren Forscher bei Alcoa von breitangelegten Technologieplattformen, um neue Legierungen zu entwickeln. Canon baut Kompetenzplattformen auf, um die digitale Bildverarbeitung weiterzuentwickeln und mit seinen Geschäftspartnern die Früchte neuer Entdeckungen zu teilen. Boston Scientific richtet seine Plattformen an bahnbrechenden Fertigkeiten in der Extrudertechnologie aus. In jedem dieser Fälle wird eine Kompetenzplattform maßgeschneidert, um eine Fülle von Innovati-

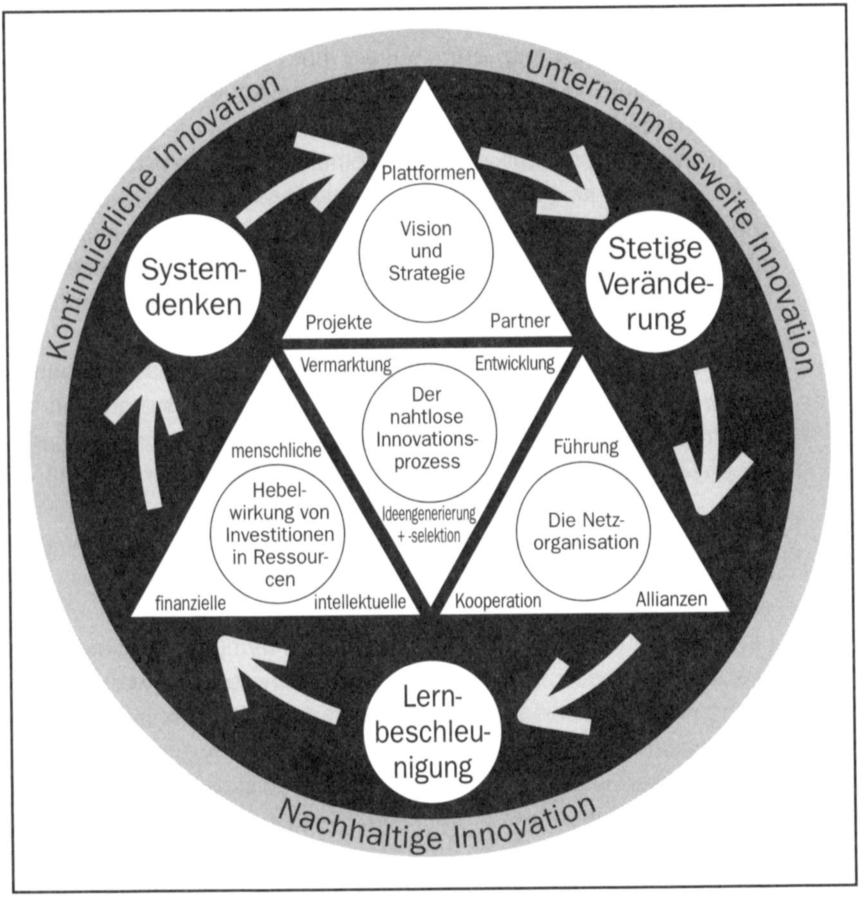

Abbildung 1.1: Innovationsstruktur in einer Hochleistungsorganisation der Neuen Generation.

Quelle: Arthur D. Little, Inc.

onsansätzen in einen Strom neuer Produkte und Leistungen zu verwandeln.

Um diese zwei Prinzipien umzusetzen und seine Innovationsziele zu erreichen, muss ein Unternehmen seine Anstrengungen in den fünf Bereichen *Strategie, Prozess, Ressourcen, Organisation* und *Lernkultur* konsequent darauf ausrichten und eine entsprechende

Feinabstimmung seiner Managementansätze und -methoden vornehmen. Unter Ausrichtung verstehen wir, dass alle an einem Unternehmen Beteiligten – vom Zulieferer über die Aktionäre bis hin zu den Kunden – in das Innovationsprogramm einbezogen werden und sich ihm verpflichtet fühlen. Stellen Sie sich einen Verbrennungsmotor vor, in dem alle Teile so gut aufeinander abgestimmt sind, dass die Maschine glatt und effizient läuft. Um dieses Bild noch ein wenig weiter zu strapazieren, stellen Sie sich vor, die Zylinder dieses Motors wären die Bereiche Strategie, Prozesse, Ressourcen, Organisation und Lernkultur.

Lassen Sie uns diese Komponenten nachhaltiger Innovationsleistung genauer unter die Lupe nehmen, indem wir sie anhand von Unternehmen darstellen, die die Innovationsprämie bereits errungen haben – und sie über längere Zeit behaupten konnten.

- Was zeichnet die Innovationsstrategie der Neuen Generation aus?

Bisher entwickelten die Unternehmen ihre Strategie, indem sie ihre Ausgangsposition nach Stärken und Schwächen bewerteten und dann im Rahmen von verfügbaren Ressourcen Maßnahmenpläne für ihre einzelnen Funktionsbereiche wie Marketing/Vertrieb, Produktion und so weiter aufstellten. Durch den immer größeren Kostendruck im internationalen Wettbewerb dominierten dann Reengineering- und Restrukturierungsmaßnahmen zur Ertragssicherung. Inzwischen erkennen immer mehr Unternehmen, dass sie auch ihr Umsatzwachstum wieder verstärken müssen, und zwar durch neue Geschäftsmöglichkeiten, neue Leistungen und neuen Kundennutzen. Daher gewinnen Zukunftsvisionen und darauf ausgerichtete Innovationsideen an Bedeutung, auf die die Kompetenzen des Unternehmens, aber auch die seiner Zulieferer und Partner ausgerichtet werden müssen. Es sind die Unternehmen der Neuen Generation, die mit Electronic Commerce, mit innovativen Dienstleistungen, Vorgehensweisen und Technologien auf Wachstum ihres Marktwertes setzen.

- Wer verfolgt die Strategie der Neuen Generation?

„Ein einsamer Wolf unter den japanischen Unternehmen", so haben die Medien Canon zuweilen charakterisiert. Das Unternehmen vermied die traditionellen *keiretsu*-Beziehungen mit großen japanischen Banken und anderen Konzernen, die seine Handlungsfreiheit eingeschränkt hätten. Auch das Verhältnis, das Canon zu seinen Mitarbeitern pflegt, unterscheidet sich von alten Gewohnheiten und Gebräuchen. So führte Canon zum Beispiel die Fünftagewoche in Japan ein. Und statt Imitate der Produkte anderer zu entwickeln, eine bevorzugte Taktik japanischer Unternehmen, verlässt Canon sich auf seine eigenen Entwickler, um neues Terrain zu erobern.

Die Ergebnisse sind überwältigend. Canon hat eine Blitzkarriere gemacht, angefangen bei Kameras, über Kopierer und Computerperipheriegeräte (wie Scanner und Drucker) bis hin zu technischen Produkten (wie zum Beispiel Stepper für die Halbleiterindustrie). Jahrelang gehörte das Unternehmen zu den fünf Spitzenempfängern von Patenten in den Vereinigten Staaten, und viele von ihnen haben ganze Technologiefelder für Canon besetzt. Der Gewinn schnellte in die Höhe und stieg im Jahre 1997 auf fast eine Milliarde Dollar bei einem Umsatz von 21 Milliarden Dollar.

Canons Erfolg hängt direkt mit seiner Innovationsstrategie zusammen. Das Unternehmen hält mit seiner Meinung nicht hinterm Berg: „Die Entwicklung modernster Technologien und Innovationen ist der Kern unserer strategischen Stoßkraft", sagt Toru Takahashi, Vorstandsmitglied und Leiter des Forschungs- und Entwicklungshauptquartiers von Canon in Tokio.

In den folgenden Kapiteln werden wir eingehender zeigen, wie sich Canons Erfolg aus seiner Innovationsstrategie ableiten lässt. Das Unternehmen ist auf dem besten Wege, ein Vorbild für die Neue Generation zu werden, und die Einschätzung der Wall Street bestätigt diese Annahme.

- Was zeichnet den Innovationsprozess der Neuen Generation aus?

Aus der herkömmlichen Perspektive betrachtet, beginnt der Produktentwicklungsprozess mit der Forschung und Entwicklung und endet bei einem frisch vom Band gelaufenen Produkt oder einer neu angebotenen Dienstleistung. Um den Schritt zum Management der Neuen Generation zu vollziehen, predigen wir den von uns beratenen Führungskräften, auch die Entstehung und Gestattung von Innovationsideen auf der einen Seite und den Prozess, durch den das Produkt in die Hände eines Kunden gelegt wird, auf der anderen Seite in ihren Innovationsansatz mit einzubeziehen.

Dazu gehören auch die neuen und effizienteren Techniken des Informationsmanagements und der Telekommunikation, die ein Unternehmen seinen Mitarbeitern zur Verfügung stellt. Buchstäblich in allen Bereichen der Wertschöpfungskette eines Unternehmens können damit enorme Innovationspotenziale ausgeschöpft werden. Unternehmen der Neuen Generation lassen sich nicht von ihren Wettbewerbern überraschen, sondern beziehen alle diese Potenziale proaktiv in ihren Innovationsprozess mit ein.

- Wer verfügt über den Innovationsprozess der Neuen Generation?

Der Nokia-Konzern zeigt, wie ein erweitertes Verständnis den Innovationsprozess über das Tagesgeschäft einer einzelnen Geschäftseinheit hinaus tragen kann und damit langfristig wertsteigernd wirkt. Ein Jahrzehnt lang mühte der finnische Konzern sich ab, weil die Umsätze in seinem traditionellen Papier- und Gummigeschäft stetig abnahmen, bis die Kosten die Umsätze übertrafen. Der Zusammenbruch der Sowjetunion, dem größten Markt des Unternehmens, steigerte die Verluste, die sich schließlich 1991 und 1992 auf die Riesensumme von 200 Millionen Dollar beliefen.

Dann setzte Nokias Vorstandsvorsitzender Jorma Ollila zum Erstaunen der Wirtschaft für die Zukunft des Unternehmens auf einen einzigen Markt: die Telekommunikation. Heute verzeichnet Nokia die größten Umsätze im Mobiltelefonmarkt, die jährlichen Einnahmen erreichten 1998 eine Rekordhöhe von 15,7 Milliarden Dollar. Und das Unternehmen lässt alle Konkurrenten weit hinter sich, indem es seinen Innovationsvorsprung in der Entwicklung sogenannter *smart phones* aufrechterhält.

In den Vereinigten Staaten bis vor einigen Jahren fast gänzlich unbekannt, ist Nokia heute eine Marke, mit der man rechnen muss.

Das Unternehmen ist wirklich zu einer Quelle grundlegend innovativer Produkte geworden. Wie konnte das gelingen? Die Antwort ist: Nokia gestaltete seinen Innovationsprozess neu.

„In der Vergangenheit", sagt Kaj Lindén, Senior Vice President für Technologie bei Nokia, „haben wir uns zu sehr von den Ingenieuren abhängig gemacht. Die Forschungs- und Entwicklungsabteilung war eine separate und souveräne Einheit, die ihre eigenen esoterischen Ziele verfolgte, und das Unternehmen wartete ergeben auf die Ergebnisse der Aktivitäten dieser Gruppe."

Durch die Neugestaltung des Forschungs- und Entwicklungsprozesses dagegen wurden die Ingenieure von Nokia unmittelbar mit den Endverbrauchern und den Realitäten des Marktes konfrontiert. „Wir haben gelernt zu verstehen, dass die neue Strategie lauten muss: Je eher wir auf dem Markt sind, desto größer der Einfluss, desto höher die Gewinne, die wir erwarten können."

Erstmals wurde auch systematisch daran gearbeitet, die Ingenieure mit den Anforderungen und logistischen Problemen der Produktion sowie mit den Bedürfnissen und Fähigkeiten der Zulieferer Nokias zu konfrontieren. Sie lernten Ideen und Informationen unternehmensübergreifend zu teilen und auf der Grundlage multifunktionaler Teams und Kompetenzplattformen zu arbeiten. Letztendlich lernten sie, gezielt erfolgreiche Innovationen zu schaffen.

Eine Flut neuer Ideen wird von den Mitarbeitern der Forschung und Entwicklung hervorgebracht, 8 000 von insgesamt 34 000 Mitarbeitern des Unternehmens. Aber bei Nokia, wo die Idee nur der Anfang der geschäftlichen Weisheit ist, ist jeder in den Innovationsprozess einbezogen. Wenn die Marktbedingungen es erfordern, können die Mitarbeiter bei Nokia aus dem Stegreif in weniger als sechs Wochen ein neues Produkt auf den Markt bringen. Dieses außergewöhnliche Leistungsniveau wird in Kapitel 4 noch eingehender beleuchtet werden.

Welche Ressourcen nutzen Unternehmen der Neuen Generation?

Unternehmen der Neuen Generation erweitern die für ihre Innovationsstrategie zur Verfügung stehenden Ressourcen dadurch, dass sie das gesamte Kapital, alle Anlagen, alle Fertigkeiten und alle ihre

Mitarbeiter in den Dienst des Innovationsprozesses stellen. Auch Kunden und Zulieferer werden mit einbezogen. Die Unternehmen der Neuen Generation stellen sich bei jeder Gelegenheit die Frage, ob und wie sie diese Ressourcen für Innovation nutzen können.

- Wer hat den Weg der innovativen Ressourcennutzung beschritten?

Als Chrysler in den achtziger Jahren seinem möglichen Ruin ins Auge sah, mangelte es dem Konzern an Kapital, um in Forschung und Entwicklung zu investieren. Um das bloße Überleben zu sichern, war einiges an innovativem Denken erforderlich, um die Ressourcen, über die das Unternehmen verfügte, am wirkungsvollsten zu nutzen. Auf allen Ebenen begann das Management, intensiv alle möglichen Quellen von Forschungen und Entwicklungsleistung unter die Lupe zu nehmen, und definierte damit quasi neu, was der Begriff „Ressource" für Chrysler bedeutete. Indem sie Chrysler umfassender zu sehen begannen als zuvor – indem sie zum Beispiel die Zulieferer als Teil des Unternehmens verstanden –, konnten sie den Beinahe-Ruin abwenden und den Konzern in eine erfolgreiche Zukunft führen. Heute ist eines von sechs Fahrzeugen, das in den Vereinigten Staaten verkauft wird, ein Chrysler. Und 85 Prozent aller Automobilzulieferer bezeichnen Chrysler als ihren bevorzugten Kunden, für den sie besondere Leistungen zu erbringen bereit sind.

In der Vergangenheit war der Automobilhersteller in den Vereinigten Staaten vertikal integriert, das heißt, er stellte fast jedes Teil der Fahrzeuge, die er verkaufte, selbst her. Zulieferer wurden wie Vasallen behandelt, man erwartete von ihnen, dass sie mit Preis- und Lieferungszeitzugeständnissen um jede Krume auf dem Tisch der *Big Three* wetteiferten. Die Verträge hatten kurze Laufzeiten und die Beziehung zwischen Hersteller und Zulieferer war, gelinde gesagt, distanziert.

Als die äußeren Bedingungen Chrysler zwangen, seine Forschungs- und Entwicklungsaufwendungen und seine Innovationsstrategie zu überdenken, wagte das Unternehmen einen Neuanfang seiner Beziehungen zu den Zulieferern und begann, sie als integralen Bestandteil eines erweiterten Unternehmenskonzepts zu betrachten.

Chrysler bot ihnen die Sicherheit langfristiger Vertäge sowie die finanziellen Anreize, um zu Verbündeten, wenn nicht gar Partnern zu werden. Experten aus den Zulieferunternehmen wurden eingeladen, sich in Chryslers Plattformteams zu engagieren, die sich aus Ingenieuren, Designern und Fertigungsspezialisten zusammensetzen.

Chryslers Zulieferer nahmen die Einladung an und reagierten mit der Bereitschaft, ihre eigenen neuen Technologien frühzeitig einzubringen. Diese Zulieferer/Chrysler-Teams sind heute ein wesentlicher Bestandteil des Innovationsprozesses im Unternehmen.

Um seine Ziele zu erreichen, hat Chrysler mehrfach mit den Traditionen der Branche gebrochen. Zum einen teilt der Konzern heute das Wissen über seine Verfahrensabläufe mit seinen Partnern. „Ford und General Motors bemühen sich verzweifelt, sich nicht in die Karten schauen zu lassen“, erzählte uns Tom Moore, Leiter der Advanced Technology Division, „wir machen genau das Gegenteil.“ Noch bevor Chryslers Designer, Ingenieure und Führungskräfte überhaupt wissen, wie ein neues Fahrzeug aussehen wird oder wie es funktionieren soll, werden die Zulieferer hinzugezogen. „Wir informieren sie über die Philosophie des Fahrzeugs“, sagt Moore. „Die Zulieferer können sich dann ein Bild machen, wie die Teile, die sie herstellen sollen, im Zusammenspiel mit anderen Teilen wirken.“

Ein Team derart zu involvieren, ermutigt zu einem Engagement, wie es von einem Partner erwartet wird, und ist weit von dem alten Ansatz entfernt, nur kurzfristige Bindungen einzugehen. Dieses Vorgehen bietet nicht nur den Zulieferern viele Vorzüge, es ermöglicht Chrysler auch den dringend benötigten Zugang zu dem Innovations-Know-how der Zuliefererindustrie, wie wir in Kapitel 5 noch näher sehen werden.

- Was zeichnet die Organisation der Neuen Generation aus?

Unternehmen der Neuen Generation entwickeln eine in höchstem Maße zur Zusammenarbeit fähige Organisation, die über weitreichende Netzwerke verfügt, in denen die Mitarbeiter und Partner zu einer schnellen Kommunikation befähigt werden. Indem Mitarbeiter auf jedem Level und in jedem Winkel des Unternehmens untereinander und mit den wichtigen externen Know-how-Trägern eng vernetzt sind, werden sie ermutigt, kooperativ zusammenzuarbeiten, sich gegenseitig zu inspirieren und damit ein Klima zu schaffen, das Innovation begünstigt. Eine Idee, die einem Mitarbeiter in den Sinn kommt, kann mit Kollegen geteilt und von allen Seiten beleuchtet werden, bis sie vielleicht irgendwann zu einem eigenständigen Projekt wird. Ein neues Produktionsverfahren, das in einer Abteilung eingeführt wird, wird an das gesamte Unternehmen weitergegeben. Ein überzeugender Arbeitsablauf, der von einem Partner entwickelt wurde, wird auf alle Beteiligten in der Wertschöpfungskette ausgeweitet.

Um die Interaktion und gegenseitige Inspiration zu managen, zeichnet der Chief Development Officer (CDO) eines Unternehmens verantwortlich dafür, dass unternehmensweite Innovationsinitiativen ermutigt und unterstützt werden. Dabei muss er von der Unternehmensführung sichtbar unterstützt werden. Im Tagesgeschäft wird die Aufgabe des CDO durch aufzubauende Kompetenznetze unterstützt, die aus Verantwortlichen aus der gesamten Wertschöpfungskette bestehen, von denen jeder dazu berufen werden kann, Innovationsprojekte zu leiten. Der CDO ermutigt auch zu Allianzen mit innovativen Partnern außerhalb des Unternehmens.

- Wer verfügt über eine Organisation der Neuen Generation?

Alcoa – ursprünglich bekannt als Aluminium Corporation of America – umfasst eine große Bandbreite von Unternehmen und Geschäftsbereichen, in denen Forschung und Entwicklung einen hohen Stellenwert besitzt. Das Mutterunternehmen, dessen Name in den USA ein Synonym für Innovation geworden ist, wurde durch seine Aluminium-Getränkedosen berühmt, sowie durch die Aluminiumkarosserien für Audi und die meisten Legierungen, die in der Luftfahrtindustrie zum Einsatz kommen. Alcoa bemühte sich nicht nur um eine große Produktvielfalt, sondern verfolgte eine ehrgeizige Strategie, um seine Geschäftstätigkeit global auszuweiten und seine Kommunikations- und Produktionsprozesse zu verbessern, gleichzeitig aber auch Produktionskosten und Lagerbestände drastisch zu reduzieren.

Nachdem die Unternehmensführung erkannt hatte, dass sie eine solche Strategie nicht wirkungsvoll umsetzen konnte, solange das Unternehmen weiterhin in hierarchisch strukturierten und voneinander abgeschotteten Silos funktionierte, in denen dem Teilen von Wissen und Kompetenzen durch das Wort „Eigentum“ ein Riegel vorgeschoben war, verschrieben sich die Führungskräfte Alcoas dem ehrgeizigen Plan, sicher zu stellen, dass die einzelnen Phasen des Innovationsprozesses reibungslos ineinandergriffen und die Mitarbeiter ohne Reibungsverluste miteinander arbeiteten. Ihr Vorgehen ist Thema des sechsten Kapitels.

Dr. Greg Smith, Leiter der Strategie- und Planungsabteilung im Technologiezentrum von Alcoa in der Nähe von Pittsburgh, Pennsylvania, betont, dass ein bloßes „Downsizing“ oder die Durchsetzung von Verbesserungs- und Kostensenkungsmaßnahmen allein nicht ausgereicht hätten, um mit dem Unternehmen den Status der Neuen Generation zu erreichen. Er glaubt, dass die Technologielücken – sowohl intern als auch über die Grenzen des Unternehmens hinaus – nur durch einen netzwerkbasierten und teamorientierten Ansatz für die gesamte Organisation geschlossen werden konnten.

- Was zeichnet das Lernen von Unternehmen der Neuen Generation aus?

Ein Unternehmen der Neuen Generation ist vor allem eine dynamische Lernmaschine, die sich der ständigen und nachhaltigen Innovation verpflichtet hat. Diese Aufgabe erfordert die Führungsleistung des CDO, der genausogut als CLO, als Chief Learning Officer, bezeichnet werden könnte. Das Kommunikationsnetz des Unternehmens muss darauf ausgerichtet sein, Ideen und Erfahrungen aus jedem Winkel des Unternehmens aufzugreifen, zu sammeln, auszuwählen und dafür zu sorgen, dass sie an die Schreibtische und Arbeitsplätze gelangen, wo sie in die tägliche Praxis einfließen können.

- Wer hat sich dem Lernen der Neuen Generation verschrieben?

Der in London ansässige Konzern BP zeigt, dass ein Netzwerk unternehmensweiter Lernbeziehungen eine außerordentliche Leistungssteigerung zur Folge haben kann. BP-Manager schreiben die dramatische Wende, die der 71-Milliarden-Dollar-Gigant während der letzten zehn Jahre vollzogen hat, einem umfassenden Lernprogramm zu. Die alte BP war eine schwerfällige, extrem diversifizierte Organisation, deren Hauptgeschäftsaktivitäten sich vor allem in den Bereichen Kohle, Öl, Erdgas und Bergbau abspielten. Die Explorations- und Betriebskosten des Konzerns gehörten zu den höchsten der Branche, und Anfang der neunziger Jahre hatten die Schulden eine Rekordhöhe von 16 Milliarden Dollar erreicht.

Seitdem hat BP seine Belegschaft und seine Schulden um die Hälfte reduziert und ist zur profitabelsten aller Ölgesellschaften geworden. Während dieses Umschwungs baute BP auf Teams, die im Unternehmen als Leistungsverbesserungsteams bezeichnet werden und in enger Vernetzung mit den Organisationseinheiten für Lernen, Kompetenzaufbau und Leistungsverbesserung sorgen.

In vielen Unternehmen, besonders solchen, die noch über die Mentalität der Ersten Generation verfügen, wird die Zeit, die Mitarbeiter in Gesprächen und mit Überlegungen verbringen, oft als Zeitverschwendung angesehen. In einem Unternehmen wie BP, das der Neuen Generation angehört, trifft genau das Gegenteil zu. Chris Clarke, Gruppenleiter des BP-Ölmanagements, formuliert es folgendermaßen: „Wir werden auch weiterhin einen Großteil unserer Anstrengungen darauf konzentrieren, die Leute dazu zu bewegen, über das, was sie tun, nachzudenken und daraus zu lernen. Aus Erfahrung lernen ist unsere Stärke geworden."

Eine der Erkenntnisse, die BP in diesen Lernprozessen gewonnen hat, ist die hohe Bedeutung einer Unternehmenskultur, die auf Teamarbeit basiert. Mitarbeiter werden intensiv dazu ermutigt, weiter zu denken als an ihre persönlichen und die spezifischen Interessen ihrer Abteilung, und alle Teamkollegen als Mitarbeiter an einem gemeinsamen Ziel zu betrachten. „Wir belohnen die Fähigkeit von Menschen, mit anderen Menschen zusammenzuarbeiten", so Atul Arya, Group Planning Manager bei BP. „Eines der Kriterien, die erfüllt sein müssen, um bei BP Positionen mit größerer Verantwortung zu erlangen, ist eine herausragende Leistung bei diesem besonderen Erfolgsfaktor."

Das Peer Assist Program (Programm zur Unterstützung von Kollegen) ist ein Ansatz, den BP nutzt, um seine Mitarbeiter zur echten Teamarbeit zu befähigen und ihnen einen Blick über den eigenen Tellerrand zu ermöglichen. Statt Experten heranzuziehen, um Teamprobleme zu lösen, schaffen die Teams sich eine gemeinsame Lernumgebung.

Wir werden diese Umgebung des kontinuierlichen Wandels und Lernens in Kapitel 7 untersuchen, in dem es schwerpunktmäßig darum geht, wie Unternehmen eine Kultur schaffen, die kontinuierliches Lernen fördert und ihnen hilft, ihre Innovationsfähigkeit zu steigern.

- Wer hat die lernorientierten Partnerschaftsansätze der Neuen Generation verwirklicht?

Nur wenige Unternehmen können mit dem Tempo von Lucent Technologies Schritt halten, innovative Produkte hervorzubringen. Seit der Mutterkonzern AT&T Lucent im Jahre 1996 verselbstständigte, hat das neue Unternehmen eine beeindruckende Reihe von Innovationen geschaffen, wie zum Beispiel den DSL-Modemchip, mit dem Internetverbindungen bis zu 25-mal schneller sind als mit einem herkömmlichen 56K-Modem. Und kürzlich kündigte Lucent das Verkabelungssystem HomeStar an, das in 55 000 neuen Häusern in Las Vegas, Nevada, in Gilbert, Arizona, und in Miramar, Florida, installiert werden soll. Diese Neubauten werden über ein integriertes Hightech-Kabelsystem für Telefon, Faxgeräte, Personal Computer, Unterhaltungselektronik und Videoüberwachung verfügen, mit dem die Hauseigentümer für das nächste Jahrtausend gerüstet sein werden.

In seiner Wachstums- und Gewinnentwicklung hat Lucent einen Rekord aufgestellt, der die Konkurrenz neidisch macht. Und das Unternehmen fährt fort, Werte zu schaffen, die allen Vorteile bringen. Allein im Jahre 1998 schoss die Aktiennotierung von Lucent um 160 Prozent in die Höhe. Lucent Technologies ist zu dieser hohen Innovationsleistung in der Lage, weil es sich dazu einer wirkungsvollen Partnerschaftsstrategie bedient.

Das Unternehmen gibt zwölf Prozent seines Umsatzes für Forschung und Entwicklung aus, das sind mehr als drei Milliarden Dollar im Jahr. Zusätzlich hat Lucent aber einen eigenen Risikokapitalfond aufgelegt, der in Unternehmen mit innovativen Technologien investiert, die Lucents Kompetenz-Plattform ergänzen können. Wie wir in Kapitel 5 noch eingehender zeigen werden, kann Lucent auf diese Weise entscheiden, ob es die Innovationen, die es benötigt, selber oder in Zusammenarbeit mit dynamischen Venture-Unternehmen vorantreibt.

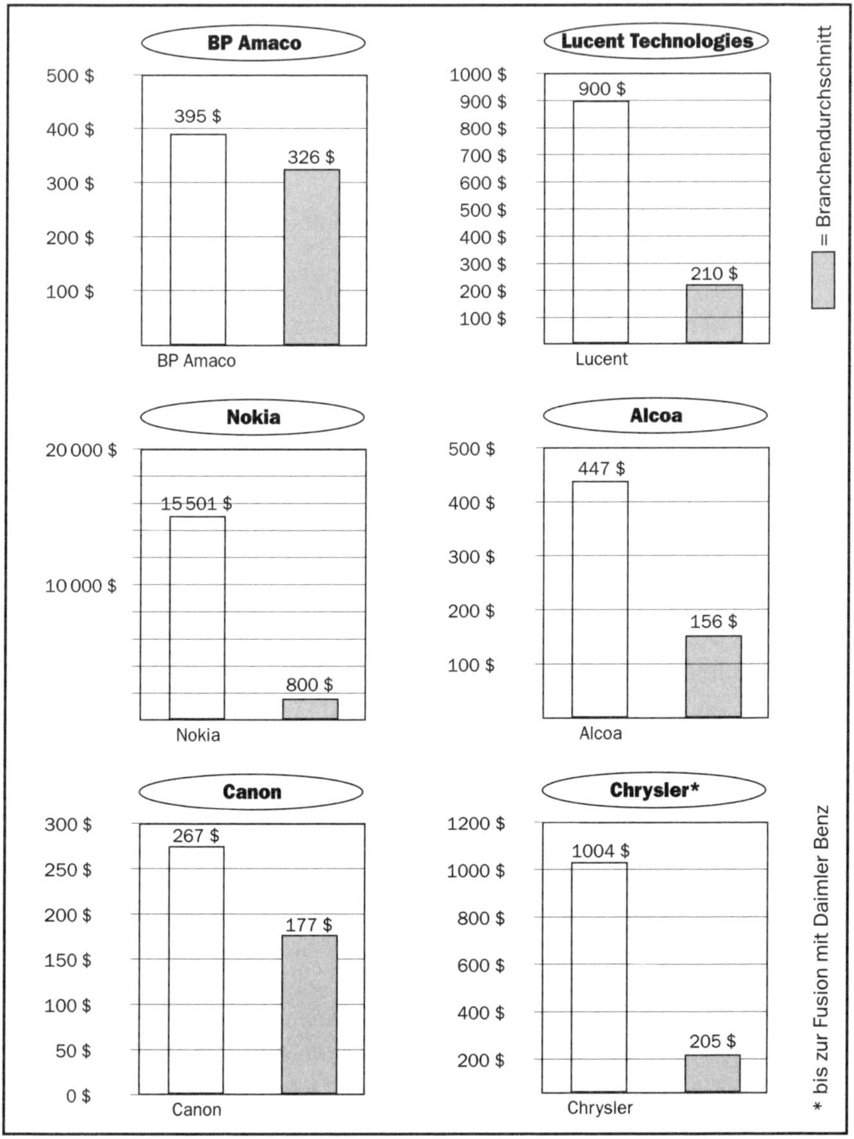

Abbildung 1.2: Heutiger Wert einer Aktienanlage von $ 100 im Jahr 1996 im Vergleich zur durchschnittlichen Wertentwicklung der jeweiligen Branche

Keines der zitierten Unternehmen hat alle Komponenten einer nachhaltigen Innovationsfähigkeit (Innovationsstrategie, Innovationsprozess, innovative Nutzung von Ressourcen, innovative Organisationslösungen, Lernkultur und Partnerschaften) mit gleichem Nachdruck realisiert. Aber sie alle befinden sich aktiv auf dem Weg dazu und haben bereits deutlich die Innovationsprämie eingeheimst (siehe Abbildung 1.2).

Kapitel 2
Die aktuellen Probleme in Wirtschaft und Management
Die Methoden der Vergangenheit greifen nicht mehr

Es kann beängstigend sein, sich mit neuen unternehmerischen Herausforderungen konfrontiert zu sehen. Die alten Management-Gewohnheiten sind vertraut und haben sich über lange Zeit hinweg bewährt. Aber sie schränken die Reaktionsfähigkeit ein und versperren den Weg zu neuen Möglichkeiten des Wachstums und der Wertschöpfung.

Viele von uns neigen dazu, den alten Gewohnheiten nachzuhängen und Veränderungen zu vermeiden. Doch auf der anderen Seite verfügen wir glücklicherweise über Wesensmerkmale, die sich der Routine entgegenstellen. Wir wollen etwas erreichen, wir dürsten nach Wissen und streben nach Erfolg. Diese Kräfte treiben uns an, „Neuland" zu betreten. Es sind dieselben Stimuli, die auch dem Management von Unternehmen der Neuen Generation zugrunde liegen. Auch wenn die Wettbewerbsvorteile nur von kurzer Dauer sind, lernen erfolgreiche Unternehmen, sie zu bewahren und sich immer wieder aufzumachen, um die nächste Chance zu nutzen.

Angesichts der heutigen wirtschaftlichen Rahmenbedingungen wird es allerdings immer schwieriger, auf hergebrachte Weise den Unternehmenswert zu wahren, geschweige denn zu steigern.

Es gibt dafür eine Reihe von Gründen:

1. Es wird immer aufwendiger, intellektuelles Eigentum zu schützen, zu wahren und zur Wettbewerbsdifferenzierung zu nutzen.

In dem Maße, in dem die Wirtschaft sich von einem produktbasierten zu einem wissensbasierten System entwickelt, benötigen die Unternehmen neue Wege, um ihre Investitionen in immaterielle Vermögenswerte, die die Grundlage für Innovationen sind, zu nutzen.

Im Zeitalter des Internet, einer ausgeprägten Mobilität und vielfältiger Kommunikationsmöglichkeiten ist es ist sehr schwierig geworden, intellektuelles Eigentum zu wahren. Die Loyalität guter Mitarbeiter zu sichern, stellt ein immer größeres Problem dar.

Denken Sie nur an den Skandal um Einkaufschef José Ignacio Lopez de Arriortua, den General Motors an Volkswagen verlor. Gerichtsverfahren wurden angestrengt, um den Beweis anzutreten, dass Lopez Betriebsgeheimnisse verraten sowie Pläne und Ersatzteillisten mitgenommen habe. General Motors behauptete, dass Volkswagen durch den Schachzug, Lopez angeheuert und dadurch Zugang zu GMs ureigenstem Wissen erlangt zu haben, in die Lage versetzt worden sei, 3,5 Milliarden Dollar einzusparen.

Denken Sie auch an die Anstrengungen und finanziellen Aufwendungen vieler Unternehmen, um Patent- und Copyrightprozesse zu führen. Vor diesem Hintergrund ist es kein Wunder, dass Führungskräfte in der Wirtschaft, die unter Innovation nur Patente oder anderes intellektuelles Eigentum verstehen, Investitionen in Innovationen als riskantes und unsicheres Unterfangen ansehen, das außerordentlich schwierig zu beherrschen ist.

2. Unternehmen sind keine abgrenzbaren Einheiten mehr, ihre Aktiva werden immer beweglicher.

Die Zahl der Fusionen und Übernahmen bewegt sich von einem Rekord zum nächsten. Was einst als außergewöhnlich betrachtet wurde, als im Jahre 1989 Fusionen im Umfang von 600 Milliarden Dollar abgewickelt wurden, wird durch die Fusionsaktivitäten in Höhe von zwei Billionen Dollar im Jahre 1998 bei weitem in den

Schatten gestellt. Es war das siebte Jahr steigender Fusionsaktivitäten in Folge.

Darüber hinaus zwingt der weltweite Wettbewerb Unternehmen dazu, Standorte zu verlagern oder Aktivitäten zu konsolidieren, um Kosten einzusparen. Ein Unternehmen kann sich daher heute nicht mehr hinter Festungsmauern verschanzen und die Strategien und Verhaltensweisen seiner Konkurrenten ignorieren. Weil Abgrenzungen immer mehr an Bedeutung verlieren und Benchmarking und Industriespionage zunehmen, betrachten viele Wirtschaftsführer Wissen und Kompetenzen als einen der auffälligsten Vermögenswerte, die ihnen beim Kampf um nachhaltige Wettbewerbsvorteile zur Verfügung stehen.

Auch innovative Kulturen können den Auswirkungen des Wettbewerbsdrucks nicht ausweichen, besonders, wenn bei Fusionen zwei völlig unterschiedliche Kulturen miteinander vereint werden sollen. Ein Kulturschock war die Folge, als 1997 der Zusammenschluss der NationsBank Corporation und der Montgomery Securities L. L. C. vollzogen wurde.

Noch vor ihrer Fusion mit der Bank of America kaufte die NationsBank für 1,2 Milliarden Dollar die Investmentbank Montgomery Securities, die für ihr Engagement in den schnellwachsenden Hightech- und Telekommunikationsbranchen bekannt war. Montgomerys Gründer und Geschäftsführer Thomas Weisel wollte seine eigene Strategie weiterverfolgen und sich auf bestimmte Bereiche wie ertragreiche festverzinsliche Wertpapiere und Unternehmensbeteiligungen konzentrieren. Die für eine eher konservative Haltung bekannten Topmanager der NationsBank wollten dagegen die Managementmethoden der Investmentbank nur insofern übernehmen, als sie mit dem gesamten Geschäftsverhalten der NationsBank übereinstimmten. Es überraschte niemanden, dass Weisel diese Bedingung für unproduktiv hielt und bald darauf ausschied. Ähnliche Konflikte und Konsequenzen konnte man bei der Fusion der Bayerischen Vereinsbank und der Hypobank zur HypoVereinsbank und bei der Übernahme der Morgan Grenfell, London, durch die Deutsche Bank AG beobachten. Ressourcen und Know-how, die das „stärkere“ Unternehmen übernommen zu haben glaubt, wandern immer öfter ab. Zurück bleiben Unternehmenshülsen, die mit viel Aufwand erst wieder aufgepäppelt werden müssen.

3. Durch Reengineering-Maßnahmen erzielte Kosteneinsparungen haben zahlreiche innovative Potenziale zunichte gemacht.

Kostensenkung mit Hilfe von Reengineering ist in nahezu allen Branchen zum schnell wirkenden Allheilmittel für Wettbewerbsfähigkeit geworden.

Doch es ist immer schwieriger geworden, grundlegende Unterscheidungsmerkmale für Produkte und Dienstleistungen herauszuarbeiten, die sie von denen der Konkurrenten abheben. In einer solchen Umgebung sehen Manager Innovation häufig als teuren Luxus an, der nur von begrenztem Nutzen ist.

Reengineering- und Restrukturierungsmaßnahmen haben innovative Bestrebungen meistens so weit beschnitten, dass nur wenige Unternehmen noch darüber nachdenken, wie sie sich durch innovative Leistungen neue Umsatz- und Ertragspotenziale erschließen können.

4. Viele Unternehmen verharren auf ihren früheren Schlüsselkompetenzen, die inzwischen ihre Wettbewerbsbedeutung verloren haben.

So wie Textverarbeitung ein für alle Mal die Art und Weise verändert hat, wie wir schreiben, hat der rasante technologische Wandel in nahezu allen Branchen, von der Pharmazeutischen Industrie bis zur Luft- und Raumfahrt, die Rolle von Forschung und Entwicklung verändert. Das diesjährige Modell gegenüber dem des letzten Jahres ein bisschen zu verbessern, reicht nicht mehr aus, um die Wettbewerbsfähigkeit eines Unternehmens zu wahren.

Neue Produkte und Dienstleistungen sind das Lebenselixier der Wirtschaft, egal ob es um Brauereien geht, die heute 90 Prozent ihrer Gesamteinnahmen mit Biersorten erwirtschaften, die es vor wenigen Jahren noch nicht gab, oder um Pharma-Unternehmen, deren Einnahmen aus Produkten stammen, die vor wenigen Jahren noch gar nicht auf dem Markt waren. Die abnehmende Dauer der Produktlebenszyklen veranlasste Nathan Myhrvold, der gemeinsam mit Bill Gates *The*

Road Ahead schrieb, davor zu warnen, dass ein Produkt der Computerindustrie, so gut es auch sein mag, nicht länger als 18 Monate bestehen wird.

Und dennoch bleiben viele Forschungs- und Entwicklungsabteilungen den Technologien von gestern verhaftet und können sich nicht von ihren Kernkompetenzen der Vergangenheit lösen. Vom Vertrieb werden sie unter Druck gesetzt, die bestehenden Produktlinien durch schrittweise Verbesserungen am Leben zu halten, auch wenn die Wettbewerbsdifferenzierung immer geringer wird. So mangelt es ihnen an Gelegenheiten, möglicherweise bahnbrechende Technologien und Produkte zu entwickeln.

5. Das Management von Forschung und Entwicklung konzentriert sich heute zu stark auf die effiziente Durchführung von Projekten und zu wenig auf Ideenmanagement.

Viele Unternehmen betrachten Aufwendungen für Forschung und Entwicklung als Gemeinkosten, eine eingeschränkte Sichtweise, die einem kurzfristigen Denken Vorschub geleistet hat. Die Auseinandersetzung mit Kunden, Zulieferern und anderen externen Ideenquellen kommt zu kurz, und die Unternehmen stehen neuen Ideen eher skeptisch und zugeknöpft gegenüber.

Im Mittelpunkt dieses Buches steht das Anliegen, klüger und offener mit dem Thema Innovation umzugehen, nicht unbedingt aufwendiger. Unternehmen müssen hellhöriger und zukunftsorientierter werden. Wir meinen damit nicht, dass sie ihre gesamte Strategie ändern und die vorhandenen Geschäftsprozesse schon wieder vollständig revolutionieren müssen. Stattdessen schlagen wir vor, dass die Unternehmen den strategischen Schwerpunkt auf Erhöhung des Unternehmenswertes verlagern und dazu alle Möglichkeiten nutzen lernen, mit durchgehendem Innovationsmanagement neue Wachstums- und Ertragspotenziale zu erschließen.

Diese Aufgabe erfordert es, sich der Probleme bewusst zu werden, die den vorherrschenden, angeblich bewährten Managementmethoden anhaften. Viele Unternehmensführer setzen Innovation mit Erhöhung der Aufwendungen für Forschung und Entwicklung gleich. Aber Forschung und Entwicklung kann nicht länger allein als als Motor für Wachstum und Wertsteigerung dienen.

Jeder F&E-Leiter kann vier Wörter im Schlaf wiedergeben: Beeil Dich und entwickle! Die Reihenfolge der Wörter dieses Imperativs suggeriert, dass Zeit von größerem Gewicht sei als der Innovationsgrad. Die F&E-Verantwortlichen mussten bisher gleichzeitig einen Kampf an drei Fronten kämpfen:

Die Unternehmensleitung musste davon überzeugt werden, dass es sich auszahlen würde, in Forschung und Entwicklung zu investieren. Der Vertrieb musste gewonnen werden, sich festzulegen, welche Nachfrage nach bislang noch nicht entwickelten Produkten zu erwarten sei. Und die Forscher und Entwickler mussten währenddessen motiviert werden, sich Gedanken über neue Produkte und Leistungsmerkmale zu machen, die dem Unternehmen den benötigten Markterfolg bescheren würden.

Die Sicherung der finanziellen Mittel, die Suche nach qualifizierten Mitarbeitern und die Notwendigkeit, neue Produkte termingerecht und budgetkonform abzuliefern, waren immer die beherrschenden Sorgen von F&E-Managern. Sie mussten beschränkte Mittel zuteilen und bestimmen, wer an welchen Entwicklungsvorhaben arbeitet. In den seltensten Fällen konnten sie darüber entscheiden, welcher Umfang angemessen war. Sie wußten selten, ob sie sich im Einklang mit den Unternehmensinteressen befanden: Sollten die Forscher und Entwickler Produkte entwickeln, nach denen laut Marketing und Vertrieb eine rege Nachfrage zu erwarten ist? Oder mussten Marketing und Vertrieb es als ihre Verantwortung betrachten, die notwendige Nachfrage für neue Produkte zu schaffen, die von den Forschern und Entwicklern aufgrund ihrer technischen Fähigkeiten und Ideen hervorgebracht wurden?

Es gibt viele Beispiele für den zweiten Weg, der zum Misserfolg führte. Eins davon war das Sofortfilmsystem Polavision, mit dem Polaroid gegen Ende der siebziger Jahre nach Investitionen von 70 Millionen Dollar scheiterte. Die Absicht war, eine eigenständige Produktlinie im Amateuerfilmmarkt aufzubauen, mit der Polaroid durch technische Überlegenheit Marktanteile von Kodak übernehmen wollte. Doch Polavision erwies sich als Flop, und das Scheitern des

Produktes lehrte Polaroid, dass Markt- und Kundenkenntnisse dazugehören.

Die Methoden der Vergangenheit greifen nicht mehr. Die F&E-Verantwortlichen können sich nicht mehr auf das Management der F&E-Ressourcen und technische Überlegenheit beschränken. Wir nannten das das F&E-Management der Ersten Generation.

Auch wenn das Management der Forschung und Entwicklung in der Zweiten Generation einen stärkeren Zusammenhang mit dem Erfolg des Unternehmens herzustellen versucht, indem die Abstimmungsprozesse mit den anderen Funktionsbereichen des Untenehmens, insbesondere mit Marketing und Vertrieb, intensiviert werden, so bleibt das Hauptaugenmerk des F&E-Managements immer noch auf den eigenen Bereich beschränkt. Es geht immer noch in erster Linie um Produkte, von denen man nicht weiß, ob sie eine hohe strategische Bedeutung für das Unternehmen haben werden oder nicht.

Die Ansätze der Zusammenarbeit werden im F&E-Management der Dritten Generation ausgebaut. Der Bereich Forschung und Entwicklung wird in die gesamten Abläufe des Unternehmens integriert. Strategisches Mitdenken und Transparenz prägen das Verhältnis zur Geschäftsführung. Aber die geistige Orientierung ist immer noch die Nutzung der F&E-Leistung in einem vorgegebenen Kostenrahmen, um auf der Basis technischer Fähigkeiten neue Produkte und Leistungen bereitzustellen und damit die Strategie des Unternehmens zu stützen.

Unternehmen der Neuen Generation entwickeln ein neues strategisches Verständnis von Innovation, das weit über Technologien und neue Produkte aus der eigenen F&E hinausgeht.

Produkte und Dienstleistungen werden natürlich wichtig bleiben, doch sie sind nicht mehr das alleinige Zentrum der Innovationsbemühungen von Unternehmen der Neuen Generation. Vielmehr nutzen diese Unternehmen ein breites Spektrum von Innovationsmöglichkeiten in den Geschäftsprozessen, im Marketing, in den Kundenbeziehungen, in der Leistungserbringung und in der gesamten Geschäftsentwicklung. Dazu sind sie aufnahmefähig für Innovationsideen von einer Vielzahl interner und externer Quellen, dazu nutzen sie so viele Partnerschaften wie möglich, dazu entwickeln sie informelle Beziehungsnetze des Ideen- und Wissensaustauschs und managen den Innovationsprozess vom Konzept bis zum Kunden als Kernprozess ihres

Geschäfts. Investoren erkennen die Zukunftspotenziale dieses Vorgehens und sind bereit, ein höheres Kurs-Gewinn-Verhältnis für diese Unternehmen zu akzeptieren und eine Prämie zu bezahlen, die wir als die **Innovationsprämie** bezeichnen. Unser Buch beschreibt die Komponente dieses Ansatzes.

Teil 2
Wie erlangen Sie die Innovationsprämie?

Kapitel 3
Bestimmen Sie das Tempo
Schaffen Sie Plattformen, nicht nur Produkte

Vielleicht ist Canon wirklich „ein einsamer Wolf unter den japanischen Unternehmen", wie die Medien es darstellen, denn das Unternehmen hat es weitgehend vermieden, sich den mächtigen japanischen *keiretsu*-Geschäftskoalitionen anzuschließen. Canon schwimmt auch gegen den Strom, wenn es um neue Produkte geht: Canon zieht es vor, eigene Ideen umzusetzen, statt sich von denen des Wettbewerbs inspirieren zu lassen.

Aber trotz dieses Images als Einzelgänger beherrscht das Unternehmen die hohe Kunst, starke Partnerschaften aufzubauen, um Bereiche abzudecken, in denen es ihm an Erfahrung mangelt. Darin liegt das Geheimnis seines Erfolges. Canons Innovationsstrategie basiert auf der Entschiedenheit, mit der es immer wieder neue Plattformen für Wachstum und Innovationen schafft und dazu Partner aufspürt, die Canon helfen, die Führung auf diesen Plattformen zu behaupten. Und es ist kein Wunder, dass das Ergebnis auch den Investoren gefällt: Die Rendite (Kurssteigerung und Dividenden) für Canons Aktionäre liegt weit über dem Branchendurchschnitt und dem, was der japanische Markt im allgemeinen bietet (siehe Abbildung 3.1).

Als das Unternehmen im Jahre 1933 als Laboratorium für optische Präzisionsinstrumente gegründet wurde, war das Ziel, die erste japanische 35mm-Kamera zu bauen. Das Produkt sollte ursprünglich Kwanon heißen (wie die buddhistische Gottheit der Gnade). Der Markenname wurde später in Canon umgewandelt. Eine seiner Bedeutungen ist „Bewertungsmaßstab", der für eine Branche wie die Präzisionsgeräteindustrie äußerst angemessen scheint. Zu Beginn konzentrierte sich das Unternehmen auf die Optik und setzte seine Entwickler darauf an, jede Menge Entdeckungen und Patente hervorzubrin-

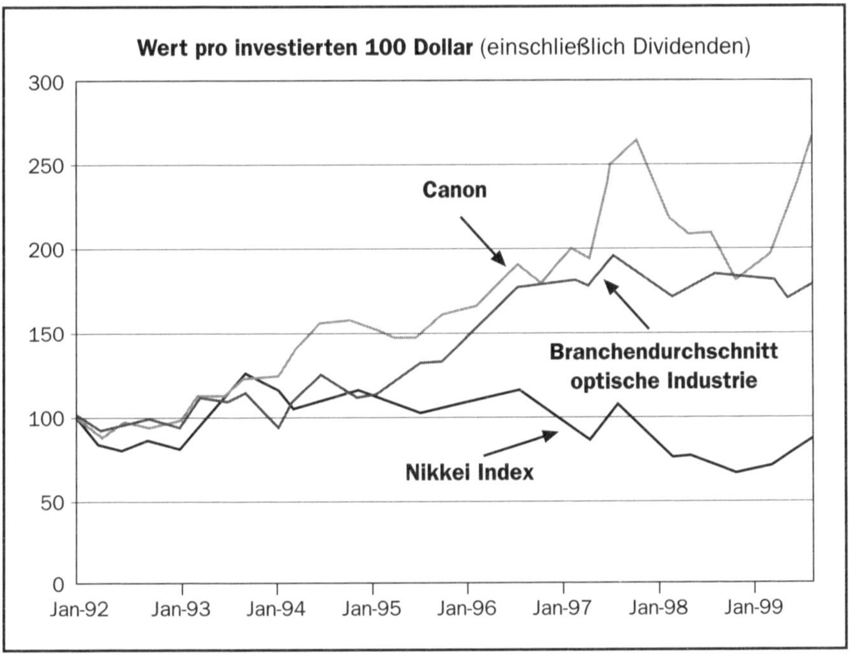

Abbildung 3.1: Rendite der Canon-Aktionäre im Branchenvergleich 1992–1999 (Wertentwicklung plus Dividenden)
Quelle: Media General Financial Services Tradeline/Dow Jones Interactive, Arthur D. Little-Analyse

gen. Noch heute investiert Canon zehn Prozent seines Umsatzes – das sind etwa 1,5 Milliarden Dollar pro Jahr – in Forschung und Entwicklung.

Im Jahr 1962 stellten die Canon-Manager den ersten Fünfjahresplan auf, der darauf ausgerichtet war, den Einstieg in den Bürogeräte-Markt vorzubereiten. Im Bereich der Kopiertechnik hatte Xerox mit einer überwältigenden Zahl von 600 Patenten den Markt besetzt. Dennoch beabsichtigte die Führung von Canon, den Wettbewerb aufzunehmen. Das war um so erstaunlicher, als die Xerox-Patente einen Einstieg in dieses Geschäft nahezu unmöglich machten und Xerox nicht bereit war, Lizenzverträge zu vergeben.

Doch schon sechs Jahre später stellte Canon seine revolutionäre NP-Kopier-Technologie vor und brachte 1972 den weltweit ersten Flüssig-trocken-Kopierer auf den Markt. Dann drang das Unternehmen in den Laserdrucker- und Faxgerätemarkt vor. Heute entstammen nur noch acht Prozent der Umsätze von Canon dem Fotogeschäft, während Kopierer und Drucker jeweils etwa ein Drittel beisteuern.

Toshiba und andere Konkurrenten haben sich dafür entschieden, in die Massenproduktion von Computerchips einzusteigen, in Canons Interesse lag so etwas nie. Stattdessen verließ Canon sich auf seine Grundausrichtung, Schlüsselfähigkeiten zu entwickeln und so einzusetzen, dass es innovative Konzepte und Produkte entwickeln konnte, die eine hohe Gewinnspanne versprachen.

Berühmtester Fall: die Kopiererlegende. Noch während Canon seinen ersten Kopierer für unbeschichtetes Papier entwickelte und zur Marktreife brachte, arbeitete das Unternehmen bereits an einem kompakten Flüssig-trocken-Kopierer sowie dem Ein-Komponenten-Trockenkopierer PPC. Jede Neuentwicklung trieb den Marktanteil weiter in die Höhe. „Wir haben keine Angst vor Kannibalismus“, sagt Toru Takahashi, Leiter der Forschung und Entwicklung am Hauptsitz von Canon in Tokio. Die Tatsache, dass Canon den BubbleJet©-Drucker zu einem Zeitpunkt auf den Markt brachte, als mit Laserdruckern noch Riesenumsätze gemacht wurden, bestätigt diese Haltung.

Und dennoch ist es eine riskante und kostenintensive Strategie, die ein hohes Maß an Disziplin und Hingabe seitens der Unternehmensführung und der Mitarbeiter verlangt. Und sie ist keineswegs frei von Fallstricken. Zwar kann es eine wirkliche Stärke darstellen, in technologischer Hinsicht unabhängig zu sein, wie es immer im Bestreben Canons lag, aber die Konzentration auf Schlüsselfähigkeiten hat manchesmal dazu geführt, dass das Unternehmen in anderen technischen Bereichen schwächer wurde. Aus diesem Grunde ging Canon dazu über, vielfältige Partnerschaften zu entwickeln.

Vor einigen Jahren zum Beispiel hatten Canons Wissenschaftler die Idee, einen digitalen Hochgeschwindigkeitskopierer zu entwickeln, der mit einem CCD-Sensor (charge-coupled device) ausgestattet sein sollte. Vorhandene Sensoren reichten nicht aus, und über ausreichend starke Fähigkeiten in der Sensortechnologie verfügte Canon nicht. So überzeugte das Unternehmen Toshiba, an der Entwicklung leistungsfähigerer Sensoren mitzuwirken. Das Ergebnis dieses Jointventures war ein neuer und besserer Canon-Kopierer. Darüber hinaus sicherte sich Canon in einem Co-Entwicklungsvertrag die exklusiven Rechte am Einsatz der von Toshiba entwickelten Teile für zwei Jahre. Erst nach Ablauf dieser Zeit war es Toshiba freigestellt, seine Produkte beliebig an Dritte zu verkaufen.

Canons Ansatz gründet sich auf der Annahme, dass eine starke Geschäftsstrategie von wesentlicher Bedeutung ist und dass Forschungs- und Entwicklungsprojekte an den wirtschaftlichen Prioritäten und Bedürfnissen der einzelnen Geschäftseinheiten ausgerichtet werden müssen. Aber dann geht die Unternehmensstrategie über diese wohlbekannte Einsicht hinaus und führt zu unserem Modell der Neuen Generation.

Der Strategiebegriff der Neuen Generation

- Die Strategie der Neuen Generation hat mit Plattformen zu tun.

Einsame Wölfe sind für gewöhnlich hungrige Wölfe. Im Gegensatz zu vielen japanischen Konkurrenten wildert Canon jedoch nicht in fremden Revieren. Statt Imitate oder Weiterentwicklungen fremder Produkte zu produzieren, basierte Canons Strategie von Beginn an darauf, neue Quellen für Innovationen zu finden – die Plattformen, die wir in Kapitel 1 beschrieben haben.

Derartige Plattformen haben ihren Ursprung in der Automobilindustrie. Bei General Motors und Ford, Volkswagen/Audi, Mercedes-Benz und anderen führte die wachsende Anzahl von Typen und Modellen, die jeweils von eigenständigen Entwicklungsteams für unterschiedliche Produktlinien hervorgebracht wurden, zum rasanten Anstieg der Entwicklungskosten und einer immer breiteren Palette unterschiedlicher Teile, Komponenten und technischer Lösungen, von dem dazugehörigen Informations- und Logistikmanagement ganz zu schweigen.

Das Konzept der Plattformen zielte ursprünglich darauf ab, ein gemeinsames Chassis für eine ganze Fahrzeugfamilie zu bauen, so dass die Entwicklungsarbeit sich darauf konzentrieren konnte, das

Fahrwerk, den Motor, das Getriebe, die Bremsen und so weiter zu optimieren. Die Automobilhersteller versetzten sich auf diese Weise in die Lage, die Plattform-Technologien mit wesentlich mehr Ressourcen voranzutreiben, die Logistikkosten zu reduzieren und die Einführung neuer Modelle zu beschleunigen.

Wir haben das Plattform-Konzept erweitert, um es auf jede Branche anzuwenden, in der eine Reihe von Schlüsseltechnologien oder Fähigkeiten entwickelt und als Basis für eine Vielzahl von Produkten und Dienstleistungen angewandt werden können. Die erforderlichen Technologien und Fähigkeiten mögen einen hohen Entwicklungsaufwand erfordern, aber einmal erlernt, stellen sie einen enormen Wettbewerbsvorteil im Vergleich zu Unternehmen dar, die nicht über sie verfügen.

Nicht nur „Chassis"-Technologien, sondern auch Produktionsmethoden und -Know-how, Anwendungswissen, Systemerfahrung, eine Vision, wie Plattformen sich entwickeln und neue Zukunftsperspektiven eröffnen werden, all dies ist Bestandteil einer Plattform. Es ist von entscheidender Bedeutung, die wesentlichen Komponenten einer Plattform überhaupt erst einmal zu erkennen und sie dann über Zeit strategisch zu managen. Darüber hinaus müssen die Unternehmen auch die Vorstellungskraft und Flexibilität haben, um den Strom von Innovationen zu maximieren, die der Plattform entspringt.

Entwicklung von Plattformen

In Unternehmen der Neuen Generation haben Plattformen zunächst eine informelle Struktur, sie repräsentieren lose Koalitionen von Leuten, die sich um bestimmte Wissensbereiche gruppieren.

Wenn die Strategie der Neuen Generation ausgearbeitet wird, ist es wichtig, die Entwicklungsstadien dieser Plattformen zu berücksichtigen. Jedes Stadium verlangt ein anderes Maß an Managementkontrolle, Investitionen und strategischer Ausrichtung, wobei die höchste Aufmerksamkeit und der grösste Aufwand auf der vierten Ebene anfällt.

Eine Plattform auf Ebene Eins, die wir als *Wissens- und Lernebene* bezeichnen, kann einen Bereich umfassen, in dem ein Unternehmen noch über wenig Wissen verfügt, aber mehr Wissen erwerben will. Der Bereich mag vielversprechend für Innovationen sein, aber um diese Einschätzung erhärten zu können, benötigt das Unternehmen weitere Informationen und Erkenntnisse. Mit anderen Worten, diese Ebene dient der Sondierung. Sie erfordert nur ein geringes Maß an Kontrolle durch das Management, geringe Investitionen und eine recht lose Ausrichtung an der Strategie.

Auf Ebene Zwei erfordert der Ausbau der Plattform dann schon konkrete Untersuchungen im Hinblick auf einen Trend, eine sich entwickelnde Technologie oder eine Veränderung der Kundenbedürfnisse. Es ist noch nicht klar, welche Auswirkungen die Entwicklungen haben werden, aber das Management beschließt, dass es die Situation beobachten will. Und um die Nase vorn zu haben, entscheidet es, in eine Führungsposition zu investieren. Diese Herangehensweise erfordert offensichtlich mehr Aufmerksamkeit seitens des Managements sowie die erhöhte Bereitstellung von Ressourcen.

Auf Ebene Drei erreicht die Plattform das *Innovations- und Entwicklungsstadium*. Das Management erkennt, dass das angesammelte Fachwissen das Epizentrum einer Innovationswelle werden kann. Neue Produkte und Dienstleistungen werden dieser Plattform entspringen, und das Unternehmen investiert intensiv, um das zu ermöglichen. Die Organisation unternimmt alles, um das Potenzial von Innovationen so umfassend wie möglich auszuschöpfen.

Ebene Vier schließlich stellt eine Plattform für ungewöhnliches Wachstum und hohe Erträge dar, denn die entwickelten Produkte und Dienstleistungen haben einen Wettbewerbsvorsprung und penetrieren immer schneller den Markt. Diesen Vorsprung gilt es zu verteidigen. Auf dieser Ebene schnellt der Unternehmenswert in die Höhe und aus einem gut aufeinander eingespielten und hochmotivierten Team kann unter Umständen die Leitung eines eigenen Geschäfts oder Geschäftsbereichs werden.

Die vier Plattformen sind der kritische Pfad für strategische Entscheidungen von Unternehmen der Neuen Generation. Nicht alle Plattformen der Ebene Eins schaffen es bis zur Ebene Vier. Und Entscheidungen darüber, wieviel Aufmerksamkeit einer Plattform zuteil wird und in welchem Umfang Ressourcen bereitgestellt werden, müssen in Abhängigkeit von der Verfügbarkeit von Partnerschaften, von Marktpotenzialen und Kundenbeziehungen gefällt werden. Aber eins ist sicher: Nur Unternehmen, die ihre Kompetenz-Plattform über die vier Ebenen hinweg entwickelt haben, können einen Innovationsvorsprung herausholen und halten.

- Die Strategie der Neuen Generation erfordert Partnerschaften.

Manchmal reichen die eigenen Kompetenzen für die Entwicklung einer Plattform nicht aus. Wie im Falle von Canon, das sich nicht ausreichend mit Sensortechnologie befasst hatte, so dass das Unternehmen eine Partnerschaft mit Toshiba eingehen musste, hängt die

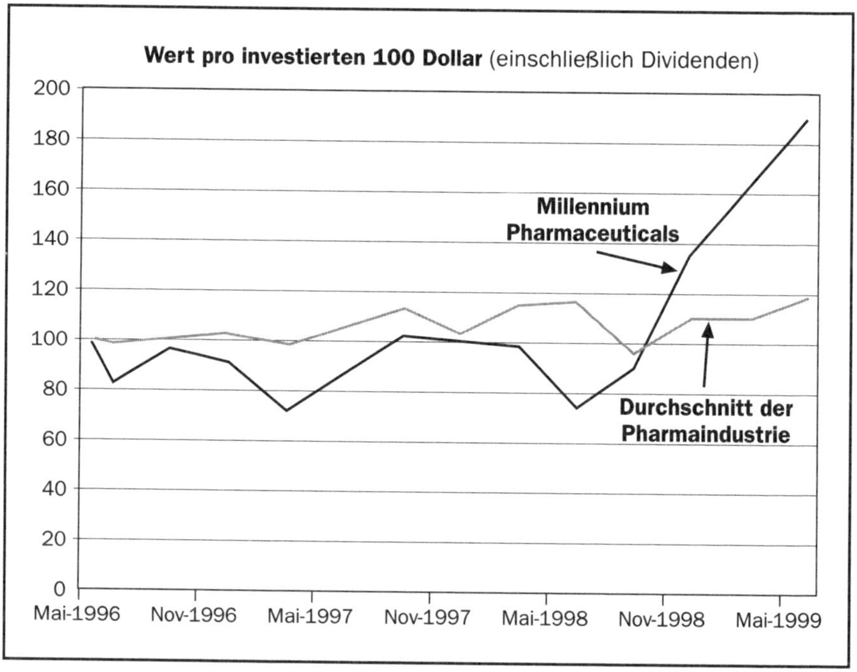

Abbildung 3.2: Rendite der Aktionäre von Millennium Pharmaceuticals im Branchenvergleich 1996–1999 (Wertentwicklung plus Dividenden)

Quelle: Microsoft Investor, Arthur D. Little-Analyse

Strategie von Unternehmen der Neuen Generation häufig von einer Reihe starker Partnerschaften ab. Das in Cambridge, Massachusets, ansässige Unternehmen Millennium Pharmaceuticals stellt die Wirkung, die von Partnerschaften ausgehen kann, eindrucksvoll unter Beweis.

Millennium ist in der Findung und Entwicklung von pharmazeutischen Wirkstoffen tätig. Es hat geschickt zahlreiche Formen der Zusammenarbeit ausgenutzt, um sich von einem 1993 gegründeten Newcomer zu einem einflussreichen Spieler in der notorisch risikoreichen Biotechnologie-Industrie zu entwickeln. Was als Team aus 30 Forschern begann, ist zu einem Unternehmen von mehr als 700 Wissenschaftlern, Managern und Technikern mit Weltklasseformat herangereift. Diese Elite arbeitet auf dem Gebiet der Genomforschung – der Erforschung der Gene und der Rolle, die sie für bestimmte Krankheiten spielen – und hat führende Produkte für die Behandlung und Diagnose von Indikationen wie Fettleibigkeit, Asthma und Leiden des Zentralnervensystems entwickelt.

Was Millennium von anderen Biotechnologieunternehmen unterscheidet – mehr noch, von den meisten Unternehmen überhaupt –, ist der Schwerpunkt seiner Unternehmensstrategie. Es ist eine Innovationsstrategie, die Innovationen in den Kerntechnologien zum Zentrum hat und dazu als Quellen Partnerschaften und Allianzen pflegt. Sie ist nicht darauf ausgerichtet zu produzieren. Die Führungskräfte von Millennium fassen in Worte, was als Bekenntnis eines jeden Unternehmens, das zu einem Spieler der Neuen Generation werden will, gelten sollte: „Wir haben keine Produkte, wir haben Aktionäre."

Millenniums Strategie ist so überzeugend, dass das Management in der Lage war, in Verhandlungen über Allianzen mit Unternehmen wie Monsanto, Eli Lilly, Hoffmann-LaRoche und Bayer ungewöhnliche Forderungen durchzusetzen. In buchstäblich allen Partnerschaftsarrangements bis zum heutigen Tage hat Millennium im Gegenzug für seine Wirkstoffentwicklung und Forschungsvorsprünge sowie für den Transfer von Know-how Hunderte Millionen Dollar von seinen Partnern kassiert. Am frappierendsten ist an diesen Verträgen jedoch, dass Millennium sich das Recht vorbehält, das Wissen, das in seiner Auftragsforschung und -entwicklung entsteht, in anderen Gebieten und F&E-Aufträgen weiterzuverwenden.

In der Partnerschaft mit Eli Lilly beispielsweise finanziert Lilly Millenniums Forschung über therapeutische Proteine. Millennium entwickelt die in Frage kommenden Proteine bis zum vorklinischen Stadium. Alle drei Monate begutachten beide Unternehmen den „Pool" an Proteinen, die entdeckt wurden, und teilen sie gleichmäßig auf, um sie weiter zu entwickeln. Obwohl Eli Lilly bedeutende Grundlagen für das Projekt beisteuert, behält doch Millennium die Kontrolle über und die Verkaufsrechte an 50 Prozent der Entwicklungen.

Der Vorstand Forschung, Michael Pavia, erklärt: „Wir erhalten mehr Geld von Partnern als die meisten anderen Unternehmen, weil die Leute uns als hochleistungsfähig einstufen. Sie zahlen gern den Zuschlag für das Potenzial an innovativen Wirkstoffen, das wir bieten." Das Unternehmen gilt nicht nur aufgrund seiner derzeitigen Fähigkeiten als begehrter Partner, sondern auch, weil es beständig seine außergewöhnliche Kompetenz ausbaut. „Sie bezahlen mehr, und wir sind in der Lage zu liefern. Es zahlt sich also für beide aus", fügt Pavia hinzu.

Das rasante Wachstum und der außergewöhnliche Erfolg, den Millennium verbuchen konnte, gehen auf Mark Levin zurück, Gründer und Vorstandsvorsitzender des Unternehmens. Levin betrachtet das Biotechnologiegeschäft nicht nur aus der traditionellen Perspektive, wie sie die rein wissenschaftliche Suche nach einem Molekül darstellt, sondern vielmehr als komplexen Produktionsprozess, in dem sowohl Wissenschaft als auch Technologie ihren festen Platz einnehmen.

Um die Wirkstoffidentifikation und -entwicklung so effizient wie möglich zu gestalten, nutzt Millennium Pharmaceuticals eine Vielzahl von Technologien – von der Robotertechnik bis hin zur Informationstechnik –, die dann im Zusammenspiel mit der Molekularbiologie zur Schaffung einer Wissenschaft und Technologie vereinenden Plattform dienen. Das Ziel lautet, den Prozess zu beschleunigen, in dem die schätzungsweise 100 000 Gene, die die menschlichen Erbinformationen tragen, erforscht werden, um diejenigen zu identifizieren, die mit spezifischen Krankheiten in Verbindung stehen.

Unternehmen wie Millennium, die starke und bedeutende Partnerschaften eingehen, beginnen im Endeffekt, wie erweiterte Unternehmen zu funktionieren. So wegweisend ihre Technologien auch sein mögen, die meisten dieser Unternehmen haben verstanden, dass sie es auf sich allein gestellt nicht schaffen können: Den Wert für Kunden und Aktionäre zu steigern, erfordert die Zusammenarbeit vieler Menschen, vieler Bereiche. Unternehmen ziehen daher einen großen Nutzen aus der Entwicklung vielfältiger Partnerschaften, die dem Innovationsprozess im gesamten erweiterten Unternehmen förderlich sind.

Im Falle Millenniums beispielsweise bewirken die Partnerschaften, die sich gegenseitig befruchten, einen gegenseitigen Technologie- und Wertetransfer. Das Unternehmen nutzt den Transfer, um seinen Marktwert zu steigern und um die Ressourcen zu beschaffen, die für weitere wertsteigernde Entwicklungen eingesetzt werden.

Nehmen wir zum Beispiel Millenniums Allianz mit Monsanto. Monsanto erhielt durch Millennium Zugang zu den fortschrittlichsten Gentechnologien, die in der Landwirtschaft eingesetzt werden, während Millennium davon profitiert, seine Wissenschafts- und Technologieplattform nun auch für die Landwirtschaft nutzen zu können. Der auf fünf Jahre angelegte Vertrag über eine Summe von 218 Millionen Dollar finanziert die Arbeit von mehr als 100 Wissenschaftlern und hilft, Millenniums Gentechnologie an eine neue Tochtergesellschaft von Monsanto zu übertragen. Die Absicht der Partnerstrategie Millenniums ist es, den Zugang zu Partnern zu finden, die „die Früchte unserer Plattformen nutzen und sie weiter vorantreiben, indem sie die finanziellen Rahmenbedingungen zur Verfügung stellen, um diese Plattformen weiter auszubauen“, sagt Millenniums Vorstand Steven Holtzmann.

Auf ähnliche Weise haben frühere Verträge Millennium den Zugang zu den Technologien anderer Firmen ermöglicht. Mittlerweile bezeichnet man Levin als Mao Tse Tung der Biotechnologie – aufgrund seines Eifers, die Technologien anderer Unternehmen zu kaufen oder zu nutzen, um eine kontinuierliche Revolution in Technologie und Organisation in Gang zu halten. Das Unternehmen hat ein ganzes Team eingesetzt, das weltweit auf ständiger Partnersuche ist.

Erst kürzlich ging das Unternehmen eine der höchstbezahlten Allianzen ein, die im Bereich der Pharmaentwicklung jemals abgeschlossen wurden. Die Bayer AG, weltweit vor allem für den Wirkstoff Aspirin und seine Vitaminpräparate berühmt ist, stimmte zu, Millennium 369 Millionen Dollar über fünf Jahre zu bezahlen, um Zugang zu seinem aggressiven Forschungsprogramm der Wirkstoff-Findung zu erhalten. Zusätzlich wird Bayer noch einmal 96 Millionen Dollar investieren, um einen 14-prozentigen Anteil an Millennium zu erwerben.

Millenniums Aufgabe in dieser Allianz ist es, die Arbeit im Bereich der Genomforschung fortzusetzen und dabei die Technologien zu nutzen, die es den Forschern erlauben, auf ihrer Suche nach neuen Wirkstoffen mit hoher Geschwindigkeit die Hunderttausende von Proteinen zu durchkämmen, die in menschlichen Genen enthalten sind.

In den nächsten fünf Jahren wird Millennium für Bayer 225 Wirkstoffe identifizieren, die als Grundlage für die Entwicklung von Medikamenten dienen können, mit denen bestimmte Krankheiten wie Krebs, Osteoporose, Herzgefäßerkrankungen, Leberzirrhose, Bluterkrankungen und Virusinfektionen behandelt werden können. Bayer besitzt das Recht, bis zu zehn Prozent dieser Proteine auszuwählen, um sie eventuell zu Medikamenten weiterzuentwickeln. Wenn eines dieser Medikamente Marktreife erlangt, wird Bayer Lizenzgebühren an Millennium abführen. Darüber hinaus wird Millennium die Rechte an den restlichen 90 Prozent der entdeckten Proteine behalten und frei entscheiden können, ob diese im eigenen Hause weiterentwickelt oder an Dritte verkauft werden.

Dieser Ansatz ist ein Beispiel für die Innovationsstrategie Millenniums, die es dem Unternehmen erlaubt, jeweils eine definierte Anwendung seiner Technologie an einen Partner zu verkaufen. Das Arrangement mit Bayer stellt es Millennium darüber hinaus frei, zusätzlich zu den Allianzen mit einem Vertragswert von mehr als 500 Millionen Dollar, die bereits mit Monsanto, Pfizer, Eli Lilly und anderen Unternehmen bestehen, weitere Jointventures einzugehen.

Millennium erlebt das exponentielle und nachhaltige Wachstum, das das Modell der Neuen Generation von Unternehmen möglich macht. Die Erträge des Unternehmens nahmen von Ende 1996 bis Ende 1997 fast um das Dreifache zu, während es üblicherweise nur einer Handvoll neugegründeter Unternehmen gelingt, in den ersten fünf Jahren ihres Bestehens kostendeckend zu arbeiten. Auch Wall Street hat erkannt, dass der Wert eines Unternehmens, wie Millennium es repräsentiert, auf dem innovativen Zusammenspiel von Partnerschaften und Plattformen, Prozessen und Technologien basiert.

Sind Sie gerüstet für die Strategie der Neuen Generation?

- Ändern Sie Ihr Weltbild.

In den letzten Jahren haben sich viele Unternehmen darauf konzentriert, ihre Kosten zu senken und durch Fusionen und Aufkäufe ihr Wachstum und ihre Leistungsfähigkeit voranzutreiben. Die Neugestaltung von Geschäftsprozessen beschränkte sich üblicherweise auch auf Kostensenkungen und die Ausnutzung der Synergieeffekte, die

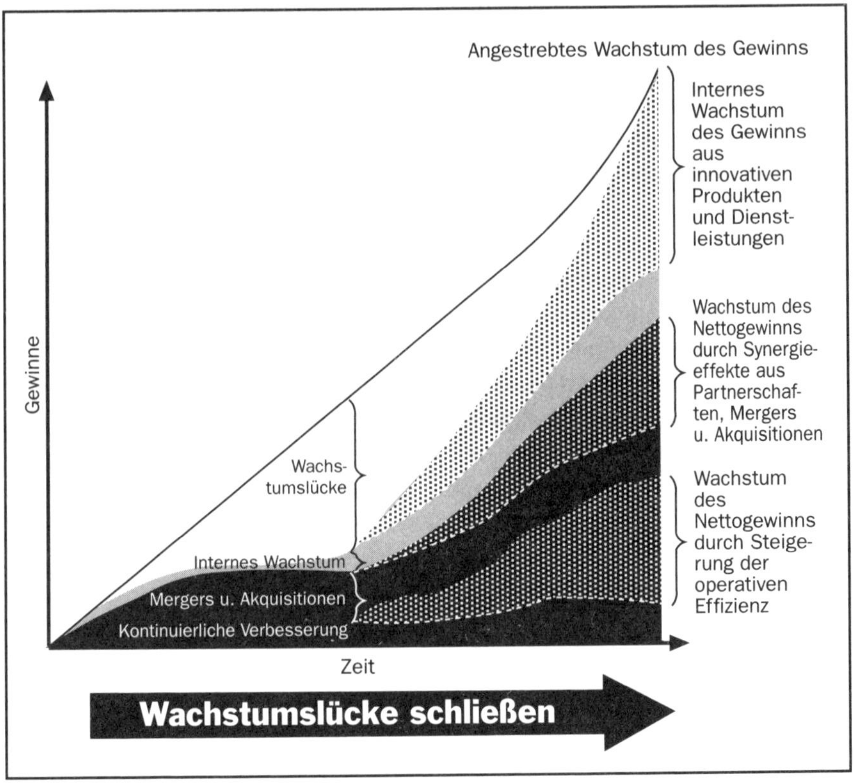

Abbildung 3.3: Die Wachstumslücke durch strategische Innovationen schließen

Quelle: Arthur D. Little, Inc.

durch Konsolidierung und Integrationsmaßnahmen nach Unternehmensfusionen angestrebt wurden. Die Auswirkung auf den Unternehmenswert war in den meisten Fällen moderat und zeitlich begrenzt, wenn nicht sogar negativ.

Aber das Ziel der Innovationsstrategie von Unternehmen der Neuen Generation ist es, neue Bereiche zu erschließen, in denen nachhaltiges Wachstum und Produktivitätsverbesserungen erzielt werden können, durch die der Unternehmenswert dank einer Innovationsprämie dramatisch gesteigert wird.

Der entscheidende Aspekt dieser Innovationsstrategie ist, dass sie weit mehr als Forschung, Entwicklung und die Durchführung von Projekten umfasst, die im Rahmen eines Unternehmensplans und innerhalb der Grenzen eines festgelegten Budgets abgewickelt werden. Damit soll nicht gesagt werden, dass verfügbare finanzielle Ressourcen und die kostenbewusste Steuerung der Projekte und Programme keine Rolle spielen. Natürlich tun sie das. Am Ende zählt immer das Geld. Aber der Schwanz sollte nicht mit dem Hund wedeln. Mit anderen Worten, die Strategie muss bestimmen, wie das Unternehmen sein Geld ausgibt, und nicht umgekehrt.

Eine Innovationsstrategie zu verfolgen, heißt, in nachhaltiges Wachstum und Leistungssteigerungen zu investieren und das Return on Investment aus der erzielten Wertsteigerung des Unternehmens zu erhalten. Um den Erfolg eines Unternehmens wie Millennium zu haben, müssen Sie denken wie seine Führungskräfte: „Kosten gibt es nicht. Es gibt nur Investitionen", so Pavia. Die Investitionen müssen allerdings stimmen!

- Vergewissern Sie sich, wo Sie stehen.

Wie beginnen Sie mit der Entwicklung einer Innovationsstrategie? Stellen Sie sich die folgenden Fragen:

- Überzeugen die Kernkompetenzen und das Entwicklungsprogramm meines Unternehmens die Kapitalgeber, dass das Unternehmen durch Innovationserfolge sein Wachstum sichern wird?

- Sind Bemühungen in meinen Unternehmen im Gang, um Wettbewerbsvorteile durch Innovationen zu erzielen, zunehmenden Kostenwettbewerb durch Differenzierung zu entgehen und Preiserosion durch Nutzensteigerung zu vermeiden?
- Ist die durchschnittliche Durchlaufzeit von Innovationsprojekten meines Unternehmens kürzer als die der wichtigsten Wettbewerber?
- Sind signifikante Kostensenkungen in meinem Unternehmen durch innovative Entwicklungen nötig, möglich und in Arbeit?
- Verfolgt mein Unternehmen Wege, um die kritischen Kompetenzen konsequent und zügig auf Spitzenstand zu halten bzw. zu bringen?
- Werden Entwicklungsprojekte nach ihrer Bedeutung für die Innovationsstrategie meines Unternehmens und für die gezielte Entwicklung seiner Kompetenzbasis bewertet und gesteuert?
- Gehört mein Unternehmen zu den Innovationsführern unserer Branche?
- Ist der Umsatz- und Ertragsanteil der Produkte und Leistungen, die von meinem Unternehmen in den letzten drei Jahren eingeführt wurden, höher als der der Konkurrenten?

Die meisten Manager werden, wenn sie diese Übersicht durcharbeiten, zwei Dinge feststellen. Erstens: Die bestehende Strategie ihres Unternehmens hat einen kürzeren Horizont als das Forschungs- und Entwicklungsprogramm. In ihr fehlen strategische Aussagen über die zu verfolgenden Quellen von Innovationen, und ihr mangelt es an der langfristigen Perspektive, die erforderlich ist, um Nachhaltigkeit und wirkliche Innovationsvorsprünge zu erzielen.

Zweitens: Viele Manager stellen fest, dass ihre bestehende Strategie Innovationsinitiativen als Kosten behandelt und nicht als Investitionen. Die Planungen von Forschung und Entwicklung und die der einzelnen Projekte mögen zwar mit den Budgets der einzelnen Geschäftseinheiten übereinstimmen, aber die Annahme, dass sie Kosten darstellen, schließt unternehmensweite Innovationsinitiativen und bahnbrechende Erfolge von vornherein aus.

Die typische Unternehmensplanung von heute betrachtet Innovationen nahezu ausschließlich als Aufgabe der Forschungs- und Ent-

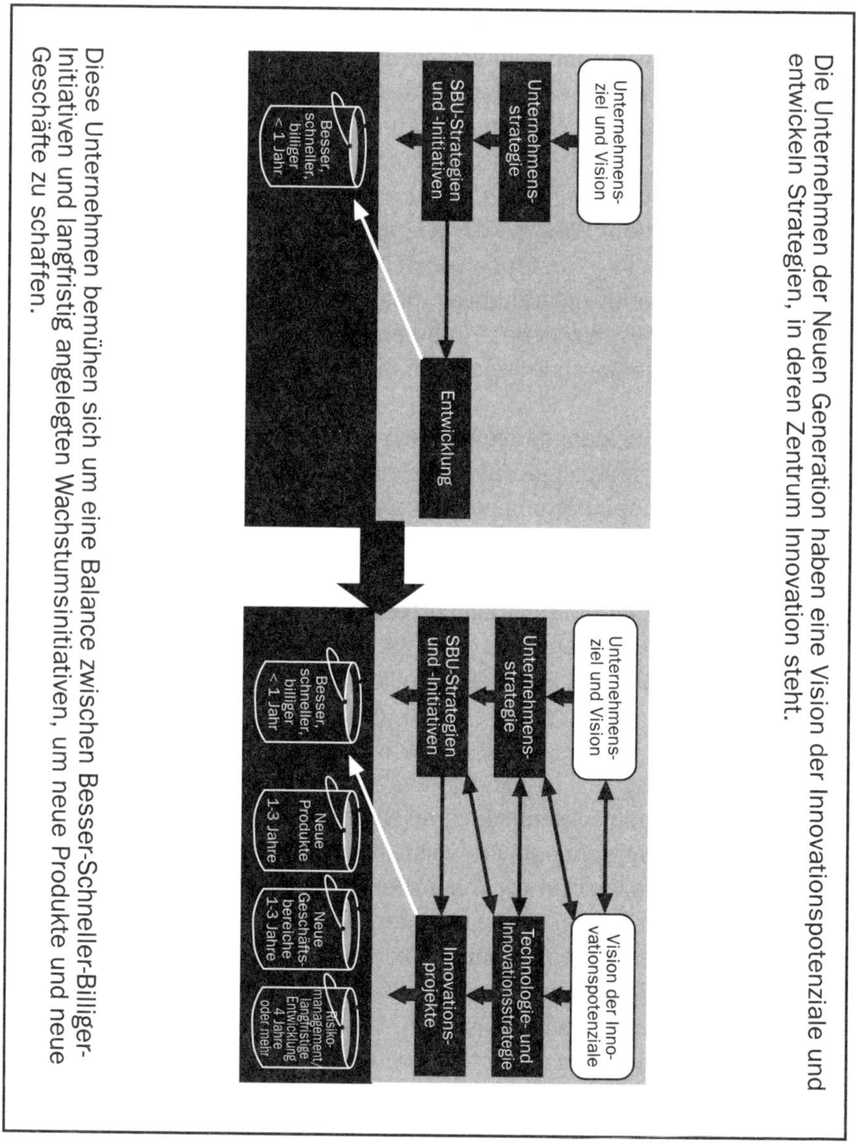

Abb. 3.4: Wie entwickeln die Unternehmen der Neuen Generation ihre Innovationsstrategien?

Quelle: Arthur D. Little, Inc.

wicklungsabteilungen, von denen erwartet wird, dass sie den Prioritäten des Wettbewerbskampfes gerecht werden. Es gibt keine Innovationsstrategie an sich; und so gelingt es den wenigsten Unternehmen, ihr volles Potenzial auszuschöpfen.

Folgen Sie dem Weg zur Strategie der Neuen Generation

- Setzen Sie wirksame Methoden ein, um die wesentlichen Stärken und Schwächen Ihres Unternehmens sowie die Chancen und Bedrohungen im Umfeld zu bestimmen.

Sicherlich, sogenannte SWOT-Analysen gibt es schon seit einer Weile, aber sie wurden bisher nahezu ausschließlich für einzelne Geschäftsbereiche oder innerhalb einer Funktion oder Abteilung durchgeführt. Um eine schlagkräftige Innovationsstrategie zu entwickeln, müssen bestehende oder potenzielle Partnerbeziehungen und das Gesamtpotenzial des Unternehmens einbezogen werden.

- Entwickeln Sie eine Perspektive sich abzeichnender Technologieentwicklungen und eine klare Vorstellung von möglichen Zukünften.

Nutzen Sie alle Informationsquellen, um Trends und Entwicklungen einzuschätzen. Dazu gehören alle Mitarbeiter, Ihre Partner, Lieferanten, Forschungsinstitute und Veröffentlichungen. Wenn Sie die daraus abgeleiteten Signale richtig deuten, werden Sie wertvolle Anhaltspunkte dafür erhalten, in welchen Bereichen Sie sich engagieren und welche Sie verlassen sollten, welche Technologien Sie weiterentwickeln, erwerben oder abstoßen sollten.

Um Ihre Vision entwickeln zu können, müssen Sie Szenarien entwerfen, die zeigen, wie die Zukunft aussehen könnte und welche Faktoren Sie dieser Zukunft näherbringen werden. Wird beispielsweise ein neues Gesetz verabschiedet werden, mit dem die weitere Reduktion von Emissionen verlangt wird? Oder werden sich neue Standards für die Telekommunikationsindustrie durchsetzen? Wenn das der Fall ist, wie wird sich die Wettbewerbsumgebung in Ihrer Branche verändern? Bringt Ihr wichtigster Konkurrent demnächst eine revolutionäre Innovation auf den Markt? Wie wird sich das auf die Anforderungen an Ihre Produkte und Leistungen auswirken, die sich in der Entwicklung befinden?

- Bereiten Sie Eventualpläne vor und haben Sie Antworten auf die Szenarien parat.

Sollte die Gesetzesvorlage über Emissionen verabschiedet werden, werden einige Ihrer Konkurrenten vermutlich die Produktion einstellen. Sie müssen heute schon entscheiden, welchen Weg Sie gehen werden, um sich auf diese Möglichkeit einzustellen. Sollte das neue Produkt Ihres Konkurrenten auftauchen, bevor Ihr eigenes Produkt auf dem Markt ist, kann es die Nachfrage nach Ihrem Produkt um bis zu 25 Prozent drücken. Sie müssen über einen Plan verfügen, um angemessen auf diese Möglichkeiten reagieren zu können.

- Entwickeln Sie ein überzeugendes Zukunftsbild Ihres Unternehmens, auf das Ihre Strategie hinführt.

Die meisten Unternehmen haben zwar ein sogenanntes „Vision Statement“ formuliert, aber die wenigsten haben die nachvollziehbare Verbindung zur Unternehmensstrategie hergestellt.

Unternehmen der Neuen Generation wie Canon und Millennium Pharmaceuticals haben genau das getan, und die Auswirkungen dieser Verbindung zeigt sich deutlich im Verhalten ihrer Führungskräfte, in ihrer Innovationsfähigkeit und in der Bewertung, die diese Unternehmen an der Börse erhalten. Das Zukunftsbild bleibt nicht hochtrabende Vision, sondern findet sein Pendant in einer durchdachten Kompetenzplattform, in den Partnerbeziehungen, im Innovationsprozess und in der Mittelverwendung.

- Spielen Sie Ihre Stärken aus.

Keine Organisation verfügt über alle Ressourcen, die erforderlich wären, um all ihre Ideen zu verwirklichen, deswegen müssen Sie Ihre ganze Kraft auf die Entwicklung Ihrer Kernkompetenzen konzen-

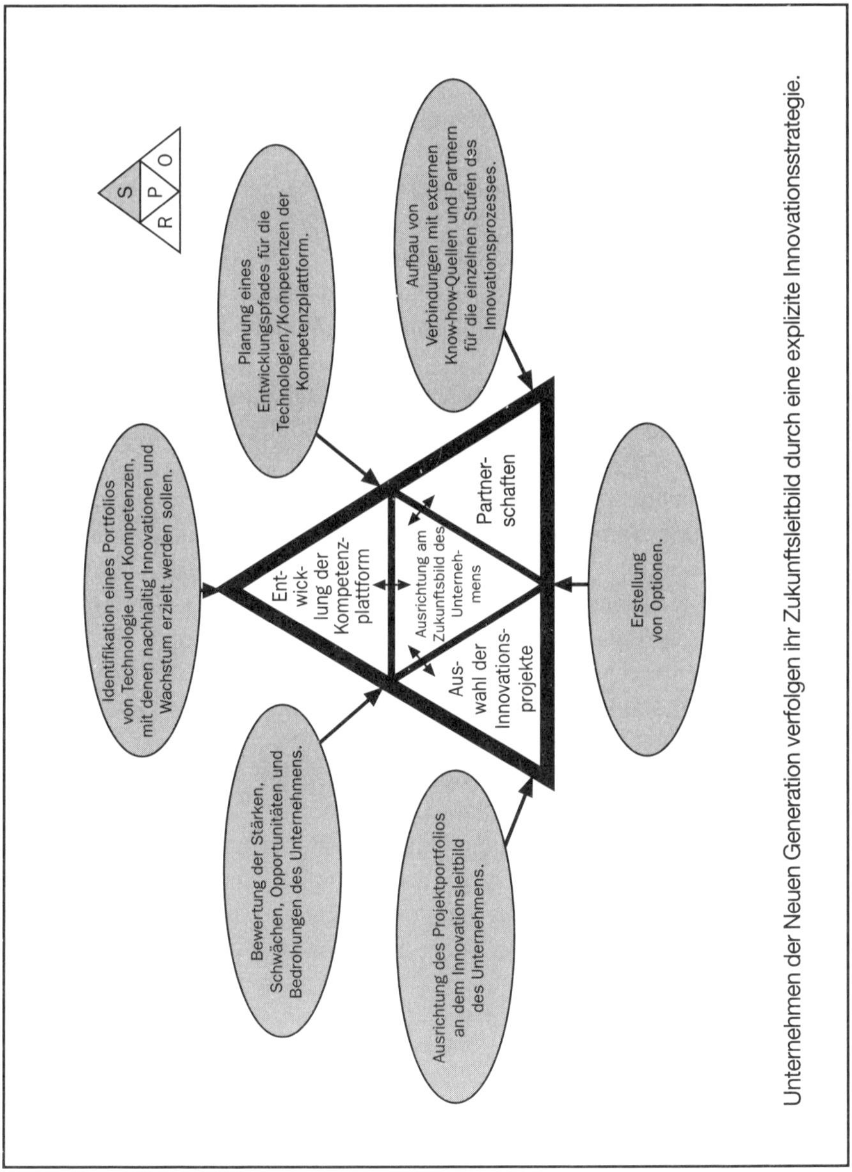

Abb. 3.5: Der Weg zur Innovationsstrategie der Neuen Generation

Quelle: Arthur D. Little, Inc.

trieren und starke Partnerschaften aufbauen, um andere Kompetenzbereiche zu ergänzen. Canon beherrscht diese Technik, wie wir gesehen haben, meisterhaft.

In der Vergangenheit bestimmte das Fachwissen der technischen Führungskräfte die Strategien Canons. Sie kannten die Technologien am genauesten und waren damit auch am ehesten in der Lage, den Horizont nach zukünftigen Entwicklungen abzusuchen und daraus Schlüsse zu ziehen, in welche Richtung sich das Unternehmen weiterentwickeln sollte. Aber dieser Ansatz wird durch die Entscheidung des Unternehmens, sich auf dem Gebiet der Multimedianetze zu engagieren, überholt.

Die eigene Technologiebasis reicht für eine erfolgreiche Innovationsstrategie auf diesem Gebiet nicht aus. Partnerschaften und Allianzen zur Ergänzung der eigenen Plattform werden zu einem immer bestimmenderen Faktor für die Zukunft Canons. Damit verändert sich die Art und Weise, wie das Unternehmen seine Technologie- und Innovationsstrategien entwickelt und umsetzt, entscheidend.

Die Manager Canons sind enthusiastisch angesichts der Aussichten, die das Unternehmen hat und reden keineswegs bescheiden über die neuen Pläne. „Wir beabsichtigen, die Art zu verändern, wie auf Informationen im Netzwerk zugegriffen wird", so ein Sprecher des Unternehmens. „Unsere Kunden sollen sich nicht länger darauf beschränken müssen, Daten von Personal Computer aus zu managen. Stattdessen werden sie in der Lage sein, über Scanner, Drucker, Kopierer, Faxgeräte und Multifunktionsgeräte zuzugreifen und Informationen zu erfassen, zu speichern, zu verteilen, zu manipulieren und zu veröffentlichen." Mit anderen Worten, Canon hat sich den PC vorgeknöpft. Wenn auch mancher die Aussichten dieses Vorhabens belächelt, die Erfolge Canons in der Vergangenheit, denen eine ähnlich ehrgeizige Innovationsstrategie zugrunde lag (Kopierer, Scanner und Stepper beispielsweise) sollten Skeptiker schnell zum Schweigen bringen.

Ein Erfolg aus der jüngeren Geschichte Canons ist ein hervorragendes Beispiel für das Potenzial des Unternehmens: Ein Informationsmanagementsystem, das jedes elektronische Dokument im Computernetz eines Unternehmens anzeigt. Wenn es eingesetzt wird, kann ein Computer verschiedene Dokumente aus den unterschiedlichsten Programmbereichen miteinander verknüpfen, beispielsweise Webseiten mit Dokumenten aus den verschiedensten Dateien mit Inhalten aus Tabellenkalkulationsprogrammen usw.

Canons Ziel ist es, Systeme anzubieten statt nur standardisierte Produkte herzustellen. Das Unternehmen muss deshalb nicht nur den Massenmarkt beliefern, sondern Lösungen für die sehr spezifischen Bedürfnisse individueller Kunden bieten. Die Kundenorientierung hat eine neue Priorität geschaffen, die der Auseinandersetzung mit den Kunden und ihren Bedürfnissen bei der Entwicklung der Unternehmensstrategie Vorrang einräumt.

- **Managen Sie Ihr Netz externer Partner und Know-how-Quellen.**

Die Zusammenarbeit mit externen Partnern, um Lücken in der eigenen Kompetenzplattform zu schließen, erfordert mehr als die richtigen Partner zu finden. Unternehmen der Neuen Generation wie Millennium Pharmaceuticals, Sun Microsystems und DaimlerChrysler haben eine umfassende Partnerschaftsstrategie entwickelt, die integraler Bestandteil ihrer Innovationsstrategie geworden ist.

- **Richten Sie Ihre Innovationsvorhaben an Ihrer Kompetenzplattform, an den Möglichkeiten Ihrer Partner und am Zukunftsbild Ihres Unternehmens aus.**

Der Druck, immer wieder kurzfristig auf Wettbewerbstaktiken zu reagieren, verführt viele Unternehmen dazu, F&E-Projekte mit kurzer Laufzeit überzubetonen.

Unternehmen der Neuen Generation verfügen dagegen über eine Kompetenzplattform und über ein Netz von Partnern, die sie systematisch und mit längerfristiger Perspektive weiterentwickeln und die es ihnen erlaubt, ohne Hektik auch auf kurzfristige Herausforderungen zu reagieren. Der Schwerpunkt ihrer Innovationsstrategie liegt aber auf den größeren Marktpotenzialen, die sie vor ihren Wettbewerbern erkennen. Wenn sie mit Innovationen zuschlagen, benötigen die Wettbewerber viel Zeit um nachzuziehen, denn ihnen fehlen die passende Kompetenzplattform und das Partnernetz.

Wie erlangen Sie die Innovationsprämie?

- Klären Sie die Rollen aller Beteiligten.

Es reicht natürlich nicht aus, die einzelnen Bestandteile zusammenzutragen, um eine Innovationsstrategie verfolgen zu können. Bevor eine Strategie der Neuen Generation umgesetzt werden kann, müssen Sie klären, welche Rollen die einzelnen Beteiligten in diesem neuen Umfeld spielen müssen. Vergewissern Sie sich, dass sich die gesamte Organisation diesem neuen Ansatz verpflichtet, den größtmöglichen Unternehmenswert durch Innovationen zu schaffen und langfristig zu sichern, indem sie ihren Beitrag zum Innovationsprozess beisteuern, Ressourcen gezielt einsetzen, neue Verhaltensweisen entfalten und eine hohe Lern- und Kooperationsbereitschaft beweisen. Kurz, die vorrangige Frage muss für alle Beteiligten lauten: Was genau müssen wir tun, um unsere Innovationsstrategie zum Leben zu erwecken?

Kapitel 4
Halten Sie Schritt
Nahtlos vom Konzept zum Kunden

Nokia, der weltweit renommierte finnische Newcomer im Telekommunikationsmarkt, erntet heute ohne Frage die Früchte eines hervorragend abgestimmten und kraftvollen Innovationsprozesses. Das Unternehmen hat sich von einem kriselnden Konglomerat zu Beginn dieses Jahrzehnts zum weltweit größten Hersteller von Mobilfunktelefonen entwickelt. 1998 verkaufte das Unternehmen über 250 Millionen Mobiltelefone.

Rote Zahlen und schlechte Aussichten bestimmten 1992 den Alltag, als die Unternehmensführung ein Wagnis für das gesamte Unternehmen einging, das überdies mit hohen Investitionen verbunden war. Das Ziel: Es sollte ein Mobilfunktelefon hergestellt werden, das den Zugang zum Internet ermöglicht, über einen integrierten WWW-Browser, einen Taschenrechner, eine Zeituhr sowie über Fax- und E-Mail-Funktionen verfügt.

Nokia war weder eine unbekannte Größe in diesem Markt noch fehlte es an der Unternehmenskultur, um nach den Sternen zu greifen. Es verfügte über die verdiente Reputation, bahnbrechende Technologien einführen zu können. Dennoch schien es zu Beginn so, als habe sich das Unternehmen mit diesem Wagnis überschätzt. Nokia versuchte seine Zukunft durch ein Produkt zu sichern, das fast alle Formen elektronischer Kommunikation vereint. Um dieses Ziel zu erreichen, benötigte das Unternehmen neue Technologieplattformen und neue Partner, und diese beiden Dinge mussten mit einem immer enger werdenden Zeitplan in Übereinklang gebracht werden.

Nokias Führungsmannschaft konnte auf einen bewährten Produktentwicklungsprozess vertrauen, dem ein funktionierender und flexibler Teamansatz zugrunde lag, der das Unternehmen in die Lage versetzte, Ressourcen funktionsübergreifend zu mobilisieren. Doch der entscheidende Trick an der Sache war die Art und Weise, wie dieser Prozess genutzt wurde, um den höchstmöglichen wirtschaftlichen Nutzen zu erzielen. Es war ein Prozess, der den gesamten Weg von der Forschung und Entwicklung bis hin zum Endverbraucher umfasste – einen Ablauf, den wir *vom Konzept zum Kunden* nennen.

Nokias außergewöhnlicher Erfolg zeigte sich auf vielfältige Weise, wobei die Rendite der Aktionäre an exponierter Stelle steht. Wie in Abbildung 4.1 veranschaulicht wird, hat die Wertsteigerung den Branchendurchschnitt um das Zehnfache übertroffen.

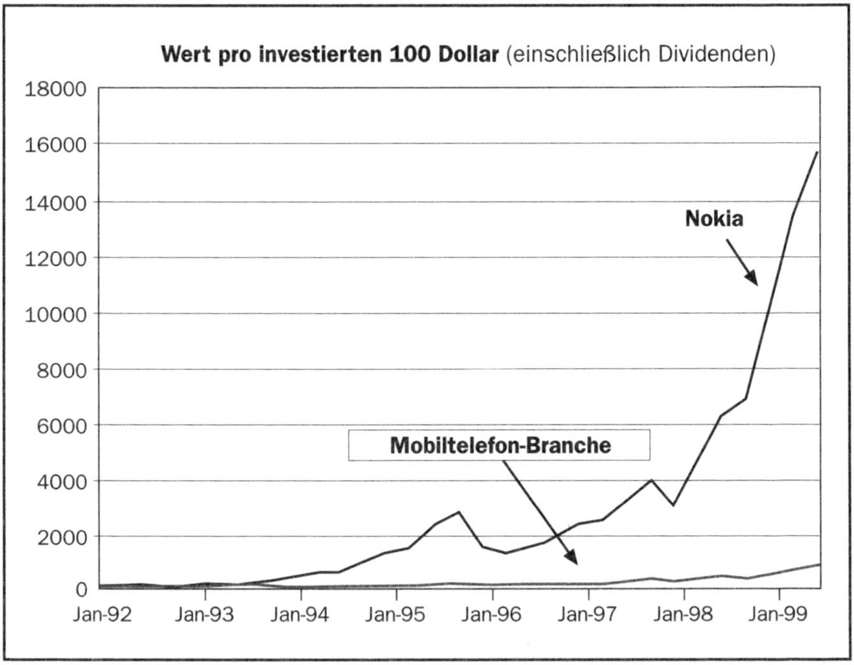

Abbildung 4.1: Rendite der Nokia-Aktionäre im Branchenvergleich 1992–1999 (Wertentwicklung und Dividenden)

Quelle: Tradeline/Dow Jones Interactive, Arthur D. Little-Analyse

Anmerkung: Notierungen und Dividenden sind für diesen Vergleich in Dollar konvertiert worden.

Selbst ein flüchtiger Blick auf das von Nokia entwickelte All-in-one-Mobiltelefon veranschaulicht, wie zügig der Innovationsprozess vonstatten gegangen sein muss, den das Unternehmen nutzte: Unter dem Projektnamen „Responder" entwickelt, landete das Produkt schließlich mit dem Namen „Communicator" in den Verkaufsregalen. Mit einer Preisempfehlung von 1 000 Dollar war es in jeder Hinsicht absolute Spitzenklasse und den Produkten der Konkurrenz um Meilen voraus.

Unternehmen, die ein ähnliches Wachstum von Umsatz und Ertrag sicherstellen wollen, müssen einen ebenso zügigen und flexiblen Innovationsprozess organisieren.

Der Innovationsprozess von Unternehmen der Neuen Generation

- Der Innovationsprozess von Unternehmen der Neuen Generation beginnt mit dem Konzept einer Innovation, das schnell und flexibel umgesetzt wird, und endet mit dem attraktiven Angebot eines hohen Nutzens für ein breites Spektrum von Kunden.

Es handelt sich nicht um den altbekannten budgetgesteuerten, sich von Meilenstein zu Meilenstein vorwärts quälenden Produktentwicklungsprozess. Der Innovationsprozess à la Nokia verläuft vielmehr nahtlos von der Konzept- und Ideenphase bis zum Prototyp und zur Markteinführung.

Er zeichnet sich durch drei ungewöhliche Eigenschaften aus: Die Offenheit der Konzept- und Ideenphase, in der eine möglichst große Zahl von Quellen von Innovationsideen genutzt werden, die Einbeziehung von Partnern in der Entwicklungsphase, um die Ideen möglichst schnell und kostengünstig umzusetzen, und das Fächern von Kommerzialisierungsansätzen, durch die zügig eine breite Palette von Produkten und Dienstleistungen an den Mann gebracht werden, um so einen maximalen Ertrag zu erzielen.

Durch die Offenheit der Konzept- und Ideenphase wird die Wahrscheinlichkeit gesteigert, vielversprechende neue Produkt- und Dienstleistungskonzepte und Geschäftsideen zu finden. In der Kommerzialisierungsphase wird das Ertragspotenzial der Innovation durch Lizenzverträge, neue Vertriebswege und andere Verwertungsformen bis zum letzten ausgeschöpft.

Wir stellen diesen Innovationsprozess als Düse dar, wie in Abbildung 4.2 veranschaulicht. Das oft benutzte Bild eines Trichters, in dem Produktideen durch einen Bewertungs- und Auswahlfilter gezwungen wurden, trifft auf den Innovationsprozess der Neuen Generation nicht mehr zu, es charakterisiert Wertvernichtung.

In der ersten Phase des Innovationsprozesses werden die Antennen des Unternehmens ausgefahren, um eine ungewisse Zukunft zu entschlüsseln. Welche neue Technologien zeichnen sich ab? Welche neuen Maßnahmen und Gesetze plant die Politik? Welche unbefriedigten Bedürfnisse gewinnen Marktbedeutung oder zeichnen sich bei zukünftigen Kunden ab? Ziel ist es, den Ideenkorb immer mit Konzepten und Ideen gefüllt zu halten.

Selbst die klügsten Konzepte und besten Ideen werden oft aus unterschiedlichsten Gründen nicht umgesetzt. Doch im Falle von Nokia wird der randvolle Bestand an Ideen wie ein Augapfel gehütet, um sehr schnell überzeugende Produkte aus dem Regal zaubern zu können. Wenn ein Wettbewerber die Markteinführung eines neuen Produktes plant, ist Nokia in der Lage, dieser Initiative die Spitze zu nehmen, indem das Unternehmen umgehend seine eigene Version auf den Markt bringt.

Die letzte Phase des Innovationsprozesses zeichnet sich durch einen ebenso starken Ideenreichtum aus, nämlich Ideen der Kommerzialisierung.

In den meisten Unternehmen wird darauf gedrängt, das entwickelte Produkt innerhalb eines vorgegebenen Zeitrahmens herzustellen und rechtzeitig vor der Konkurrenz auf den Markt zu bringen. Nur relativ wenig Zeit wird auf mögliche Nutzungen verwandt, die über den offensichtlichen Markt oder die naheliegendste Anwendung hinausgehen. Oft wird das neue Produkt nur möglichst schnell an den Vertrieb übergeben, um so schnell wie möglich das nächste Projekt in Angriff nehmen zu können.

Aufgrund der beträchtlichen Anstrengungen, die eine erfolgreiche Produkteinführung erfordert, denken viele, dass sie diese Phase des Innovationsprozesses kompetent managen. Doch sie bemühen

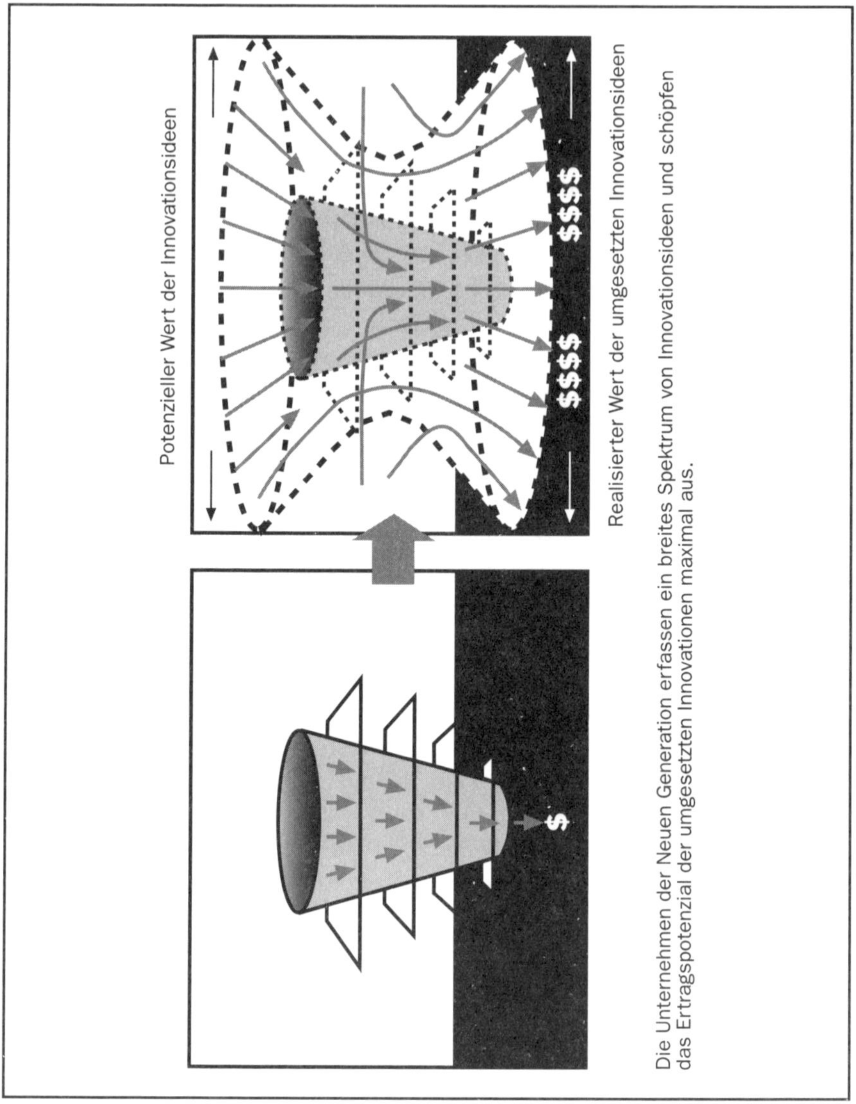

Abbildung 4.2: Der Innovationsprozess von Unternehmen der Neuen Generation: Nahtlos und schnell vom Konzept zum Kunden

Quelle: Arthur D.Little, Inc.

sich nur in den seltensten Fällen darum, zusätzliche Vermarktungs- oder Anwendungsmöglichkeiten zu erschließen, besonders solche, die über den Rahmen der bestehenden Fertigungsmöglichkeiten und Vertriebswege hinausgehen. Und so stehen am Ende des Innovationsprozesses oft zahlreiche ungenutzte Chancen.

Das Unternehmen SC Johnson & Son hat dieses Problem gelöst. Als einer der weltweit führenden Hersteller chemischer Produkte für den Haushalt mit Marken wie Windex, Glade Raumfrisch und Johnson Bohnerwachs war das Unternehmen aus Racine in Wisconsin in der Lage, den Innovationsprozess auszubauen. Dabei stand vor allem die Ausschöpfung neuer geografischer Märkte im Vordergrund. Teams wurden damit betraut, Verträge und Vereinbarungen auszuhandeln, die das Marktpotenzial neuer Produkt- und Dienstleistungsinnovationen wesentlich erhöhten.

Ganz ähnlich verfuhr man im kanadischen Pulp-and-Paper-Forschungsinstitut, besser bekannt als Paprican, nachdem mehrere Studien gezeigt hatten, dass mehr als die Hälfte des Wertes der vom Institut erarbeiteten Verfahrensinnovationen verloren ging, weil die Weiterleitung an die angeschlossenen Papiermühlen zu langsam erfolgte. Daraufhin intensivierten die Geschäftsführung und die Mitglieder von Paprican ihre Bemühungen um die entscheidende letzte Phase des Innovationsprozesses. Diese Bemühungen zahlten sich aus: Über eine dramatische Umsatzsteigerung hinaus, die direkt auf die Verfahrensinnovationen zurückzuführen war, wurden der Zusammenhalt und die Kooperation der Mitglieder von Paprican wesentlich gestärkt und so ihre Innovationsfähigkeit weiter erhöht.

Was spielt sich zwischen den beiden Enden des Innovationsprozesses ab, zwischen Konzept und Kunde? Die Antwort lautet: Schnelligkeit und Flexibilität.

Das wird besonders bei Pfizer, dem in New York beheimateten Pharmakonzern deutlich, der nach Einschätzung von Börsenanalysten heute eines der Top-Pharmaunternehmen weltweit ist. Mehrere Jahre lang entwickelten die Forscher von Pfizer ein Medikament, von dem sie annahmen, dass es zur Behandlung von Angina Pectoris geeignet wäre, weil es die Durchblutung des Herzens anregt. Doch 1992, als sich abzeichnete, dass das Medikament nicht den erhofften medizinischen Erfolg erbrachte, wurde ins Auge gefasst, das Projekt zu beenden.

Doch dann wurden die Forscher auf eine Nebenwirkung des Medikamentes aufmerksam, die sich immer wieder einstellte: Sie konnten beobachten, dass Viagra die Erektionsfähigkeit männlicher Patienten günstig beeinflusst. Die Manager bei Pfizer erkannten die Chance und ließen mit Nachdruck durch weitere klinische Tests diese Nebenwirkung untersuchen.

Sechs Jahre später war daraus ein atemberaubender Erfolg geworden. Die Markteinführung von Viagra im April 1998 schürte weltweite Hoffnungen, und das Produkt wurde rasch zum am meisten verkauften Medikament in der Geschichte. Innerhalb der ersten Woche wurden 36 000 Rezepte für das Medikament geschrieben.

Nicht nur für zigtausend Männer, auch für das Unternehmen war Viagra ein wirkliches Wunder: Von Mai 1997 bis Mai 1998 verdop-

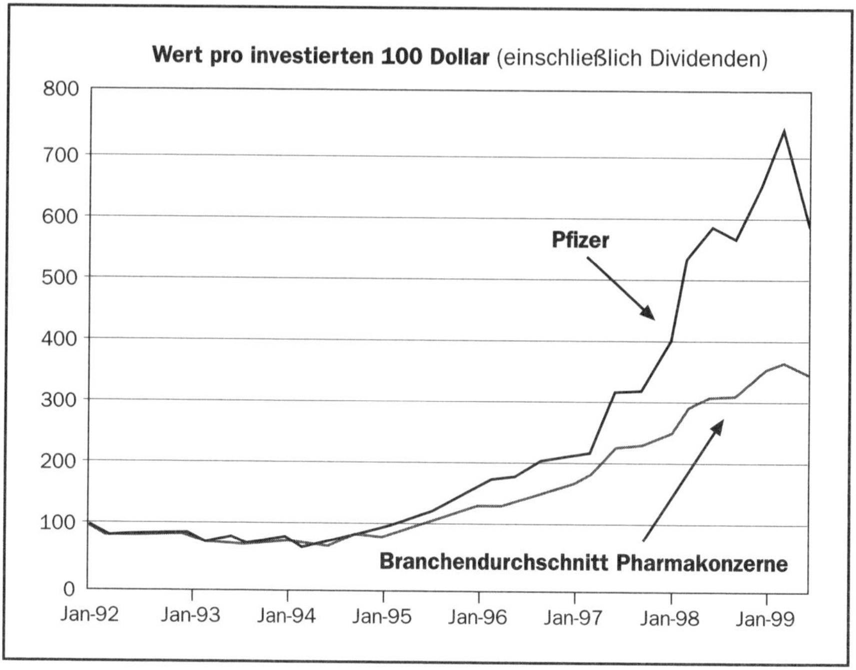

Abb. 4.3: Rendite der Pfizer-Aktionäre im Branchenvergleich

Quelle: Tradeline/Dow Jones Interactive, Arthur D. Little-Analyse

pelte sich der Marktwert von Pfizer auf 135 Milliarden Dollar, und damit hatte das Unternehmen die gesamte Konkurrenz deutlich hinter sich gelassen.

Sind Sie bereit für den Innovationsprozess der Neuen Generation?

- Ändern Sie Ihr Weltbild.

Solange Sie die Produktentwicklung als Trichter ansehen, bei dem unten viel weniger herauskommt als oben hineingetan wird, werden Sie es auch weiterhin mit einem überformalisierten Produktentwicklungsprozess zu tun haben, der Kostenkontrolle über Innovationsleistung stellt. Sie können jedoch die Ideensuche und -ausbeute nicht länger dem Zufall überlassen und die Entwicklung innovativer Produkte nicht länger den Formalismen unterordnen.

Der Innovationsprozess der Neuen Generation erfordert es, über kontrollorientierte und verwaltende Prozeduren hinauszugehen und eine größere Flexibilität in den entscheidenden Bereichen des Projektmanagements zu schaffen. Diese Flexibilität dürfte unter den Mitarbeitern, die gewohnt sind, nach den Kriterien „termingerecht" und „budgetkonform" bewertet zu werden, zunächst kaum auf Verständnis stoßen. Doch Sie sollten sich dadurch nicht abschrecken lassen.

- Schätzen Sie ein, wo Sie stehen.

Wie können Sie beginnen, den Innovationsprozess der Neuen Generation in Ihrem Unternehmen zu implementieren? Stellen Sie sich die folgenden Fragen:

- Werden in meinem Unternehmen Informationen von Kunden, Wettbewerbern, Lieferanten und Partnern sowie Informationen über sie systematisch genutzt, um Innovationsideen abzuleiten?
- Werden in meinem Unternehmen Anregungen und Reaktionen

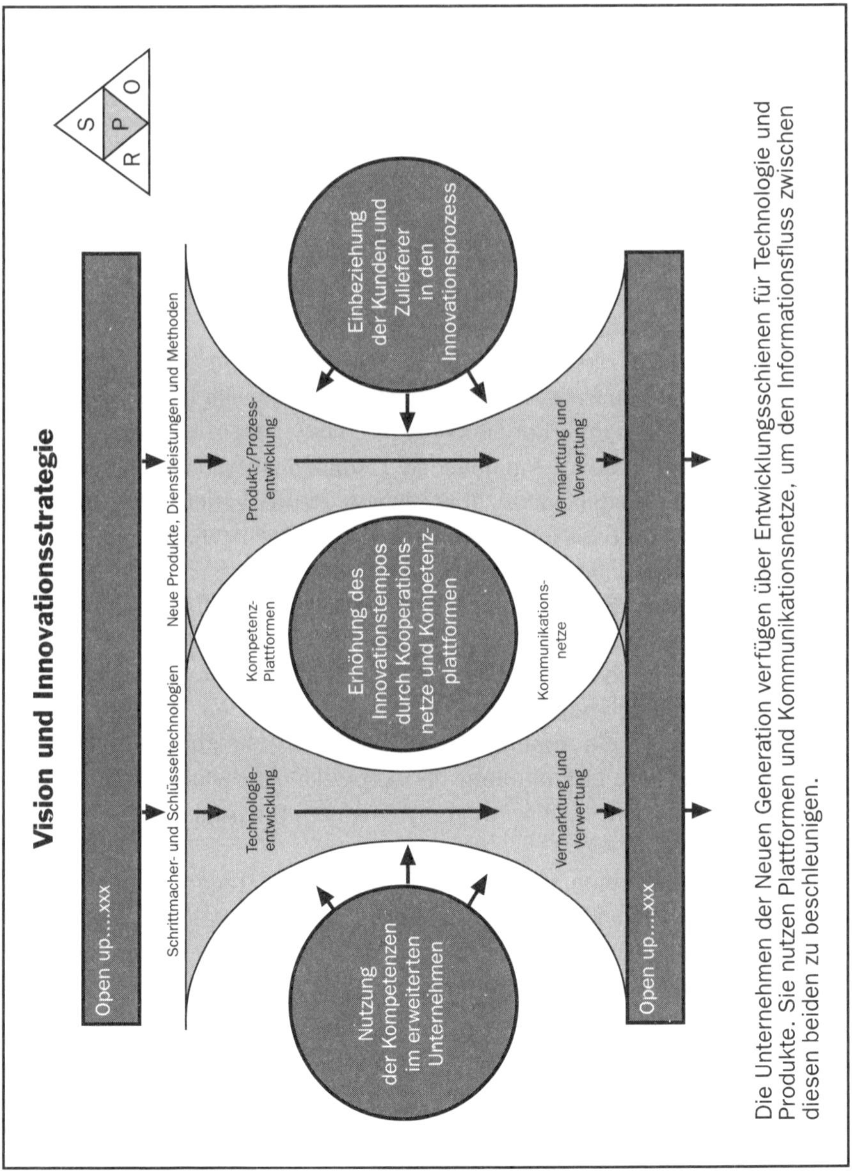

Abbildung 4.4: Der Innovationsprozess der Neuen Generation

Quelle: Arthur D. Little, Inc.

von Kunden, Lieferanten, Partnern und Experten während der Entwicklungsprojekte kontinuierlich eingeholt?

- Wird in meinem Unternehmen die Suche nach Innovationsideen und die strategische Auswahl von weiterzuverfolgenden Ideen ebenso organisiert und für wichtig gehalten wie die Umsetzung in erfolgreiche Produkte und Leistungen?
- Besteht in meinem Unternehmen eine aktive Interaktion zwischen den Forschern, Entwicklern, Konstrukteuren, Fertigungsverantwortlichen, Vertriebsmitarbeitern usw. mit dem Ziel, die Innovationsleistung zu optimieren?
- Gehört die systematische Verfolgung und Antizipation von Markt- und Technologietrends zu den Entwicklungsaufgaben in meinem Unternehmen?
- Gehört der systematische Gedankenaustausch mit Kunden über Bedürfnisse, strategische Herausforderungen, Kostenstrukturen, Nutzerpotenziale zu den Aufgaben unserer Vertriebs- und Marketingorganisation?
- Haben die Projektleiter der Entwicklungsvorhaben in meinem Unternehmen volle Managementkontrolle über die erforderlichen Ressourcen und Projektstrategien (im Rahmen gebilligter Projektpläne)?
- Gehört die systematische Suche nach externen Know-how-Quellen, Lizenzgebern und Entwicklungspartnern zum normalen Entwicklungsverhalten in meinem Unternehmen?

Die meisten Manager, die sich diesen Fragen stellen, erkennen, dass in ihrem Unternehmen die Ideenphase des Innovationsprozesses in einem Vakuum erfolgt und ihre Vertriebs- und Marketingmitarbeiter mit Scheuklappen herumlaufen.

Bei dieser Beantwortung der Fragen werden Sie vielleicht das eine oder andere Mal zögern. Das könnte damit zusammenhängen, dass Sie, wie die meisten anderen Führungskräfte auch, bisher Ihre Aufmerksamkeit auf die mittlere Phase des Innovationsprozesses konzentrierten, die Produktentwicklung. Das Management dieser Phase kann relativ einfach durchorganisiert werden, und die Ergebnisse sind relativ einfach zu bewerten. Ist jedoch die Konzept- und Ideenphase nicht integriert, so ist die Effektivität der Produktentwicklung ohne Bedeutung. In vielen Unternehmen ist die Isolation zwischen den Entwicklern und den Mitarbeitern in Vertrieb und Marketing besonders in der Initialphase des Innovationsprozesses perfekt. Informationen werden nicht mitgeteilt, und jeder arbeitet entsprechend seinen eigenen fachspezifischen Vorstellungen. In der Phase der Kommerzialisierung schließlich mangelt es an der kreativen Suche nach neuen potenziellen Märkten, Kunden und Partnerschaften.

Wie können Sie diese Schwächen des Innovationsgeschehens in Ihrem Unternehmen überwinden und einen nahhtlosen Innovationsprozess in Gang setzen?

Folgen Sie dem Pfad zum Innovationsprozess der Neuen Generation

- Nutzen Sie die gesamten Möglichkeiten des erweiterten Unternehmens.

Teilen Sie Wissen und Erkenntnisse mit den Partnern und Verbündeten Ihres Unternehmens und beobachten Sie Ihre Konkurrenten und deren Schritte genau. Mit anderen Worten, versuchen Sie, überall einen guten Nährboden zu bereiten. Überdies sollte Ihr Unternehmen enge Beziehungen zu Universitäten und Wissenschaftlern pflegen und das Umfeld ständig nach neuen Trends und Technologien absuchen. Unternehmen der Neuen Generation nutzen ein aktives Beziehungsnetz, um frühzeitig an neue Ideen zu kommen und einen Innovationsvorsprung herauszuholen.

- Wenden Sie sich Ihren Kunden zu, um Ideen zu finden.

Schicken Sie Ihre Entwickler vor Ort, um Kunden treffen und kennenlernen zu können und deren Bedürfnisse zu verinnerlichen. Integrieren Sie wichtige Kunden in den Innovationsprozess Ihres Unternehmens durch gemeinsame Brainstormings. Wenn Sie herausfinden, was Ihre Kunden über bereits vorhandene Produkte und Dienstleistungen denken, so dürfte das, was sie Ihnen zu sagen haben, für die eine oder andere Überraschung gut sein, und Sie werden unausweichlich auf die nächste innovative Idee stoßen, die Ihr Unternehmen benötigt.

- Aktivieren Sie die Ideenfindung

Sie dürfen nicht zulassen, dass die Eigenarten und Probleme der Initialphase den ganzen Innovationsprozess aus der Bahn werfen. Die Anforderungen der Konzeptentwicklung und Ideenfindung unterscheiden sich von den konkreten Fortschrittsmessungen der Entwicklungsphase fast in jedem Punkt. Die Ergebnisse bleiben zunächst unklar, ebenso wie der Wert jeder einzelnen Idee. Typischerweise findet nur eine von fünf Ideen den Weg bis in die Entwicklungsphase, und selbst viele dieser „Überlebenden" scheitern schließlich noch.

Viele Manager beweisen nur wenig Geduld, wenn es um die vielseitigen Abstimmungen und Sondierungen in der Ideenfindungsphase geht: Für sie sind gescheiterte Konzepte eine enorme Verschwendung von Zeit und Geld. Wenn es nach ihnen ginge, hieße es: „Sortieren Sie nur die Gewinner aus – und zwar schnell."

Doch das ist leichter gesagt als getan. Unternehmen der Neuen Generation sind in der Lage, die Konzeptentwicklungs- und Ideenfindungsphase ständig in Gang zu halten und dadurch im Laufe der Zeit ihre Treffsicherheit zu erhöhen. Für sie sind Szenarien, Optionen und die Interaktion mit Kunden und Partnern in dieser Phase „a way of life".

Der Ideenfluss muss kanalisiert werden, und zwar erstens durch die Etablierung hinreichender Kriterien, die festlegen, wonach eigentlich gesucht wird, und zweitens durch eine Vorgehensweise, mit der so schnell und so objektiv wie möglich sortiert werden kann, was gefunden wurde.

Die Führungskräfte der Hilti AG zum Beispiel haben erkannt, dass die Verbindung dieser beiden Ansätze der Schlüssel ist, um die Ideenphase dynamisch und effizient zu gestalten. Das in Liechtenstein ansässige Unternehmen Hilti ist einer der weltweit führenden Hersteller von professionellen Bohr- und Schlagbohrmaschinen für die Baubranche. Aus einem ehemals eher kleinen Familienbetrieb wurde ein Unternehmen, das in mehr als 100 Ländern präsent ist und 12 000 Mitarbeiter beschäftigt. Der Gewinn der Hilti-Gruppe belief sich 1998 auf 262 Millionen Schweizer Franken. Das entspricht einer Steigerung um 13 Prozent im Vergleich zum vorangegangenen Jahr.

Der strategische Fokus des Unternehmens richtet sich vor allem auf die Suche nach Innovationsideen vor Ort bei den Kunden in der Bauindustrie. „Kundenprobleme erkennen“ und „die Nase mit Innovationen vorn haben“ sind Steckenpferde des Unternehmens. Die Mitarbeiter werden ermutigt, enge Beziehungen zu den Kunden zu pflegen, die Konkurrenz genau zu beobachten und die Trends zu verfolgen. Durch seine direkte Vermarktungsstrategie gelingt es dem Unternehmen, die Anwendung seiner Produkte und Lösungen vor Ort zu erleben und Innovationspotenziale zu erkennen.

All diese Anstrengungen tragen zum kontinuierlichen Ideenstrom bei, der lebenswichtig für den Innovationsprozess der Neuen Generation ist. Ein Problem jedoch entwickelte sich daraus, dass Hilti zwar ein weites Netz für die Ideenausbeute gespannt hatte, dem Unternehmen aber eine systematische Vorgehensweise fehlte, um das Mittelmäßige vom Genialen zu unterscheiden. Das bedeutete, dass alle Ideen, ob kundenbezogen oder zukunftsbezogen, riskant oder sicher miteinander konkurrierten. Statt einen klaren Screeningprozess zu nutzen, wurden die Manager von einer Überfülle an Ideen geradezu erschlagen, und diejenigen, die den stärksten Fürsprecher hatten, machten in der Regel das Rennen.

Hiltis Manager erkannten, dass das Unternehmen seine bewährte Fähigkeit, Innovationen hervorzubringen, mit einer konsequenten strategischen Ausrichtung kombinieren musste. Ihnen war bewusst, dass sie einige entscheidende Fragen stellen mussten. Zum Beispiel: Welche Märkte verfügen über attraktive Wachstums- und Differenzierungspotenziale? Welches sind die Kernkompetenzen des Unternehmens, auf deren Basis zukünftige Produkt- und Dienstleistungsangebote entwickelt werden sollen? Und wo verfügt das Unternehmen über die Marktposition, um Innovationen durchsetzen zu können?

Um diese Fragen beantworten zu können, schufen die Hilti-Manager ein Geschäftsfeldportfilio, in dem die bestehenden und potenziellen neuen Geschäftsfelder nach ihrem Innovationspotenzial und der

Hilti-Marktposition eingestuft sind. Nun sitzen Führungskräfte aus allen Bereichen des Unternehmens regelmäßig zusammen, um zu bestimmen, für welche der Geschäftsfelder mit hoher Priorität nach Innovationsideen gesucht werden soll. Zwei Fragen sind in diesem Zusammenhang entscheidend: Ist der Bereich groß und wächst er? Und – verfügt Hilti über die tatsächlichen oder potenziellen Stärken, um in den als attraktiv und innovationsträchtig eingestuften Geschäftsfeldern überzeugend agieren zu können?

Das Ergebnis dieser Initiative der Geschäftsführung war überwältigend. Die Manager des Unternehmen sind nun in der Lage innovative Ideen schnell und präzise ausfindig zu machen, und die Mitarbeiter können ihre Aufmerksamkeit und Kreativität auf die fruchtbarsten Projekte konzentrieren, die den Kernkompetenzen und dem besonderen Fachwissen des Unternehmens entsprechen. Wo zuvor subjektive Entscheidungsfindung vorherrschte und die Entwicklung von Ideen unübersichtlich machte, findet nun ein zielführender Innovationsprozess statt.

- Erhöhen Sie das Innovationstempo durch Nutzung von Beziehungsnetzen und Kompetenzplattformen!

Geschäfte wandeln sich mit immer höherer Geschwindigkeit. Sie müssen mithalten. Der Lebenszyklus von Produkten und Dienstleistungen ist so kurz und die Notwendigkeit weiterer Kostensenkungen so permanent geworden, dass ein dauerhafter Wettbewerbsvorteil von bestehenden Produkten und Leistungen kaum noch zu erreichen ist. Wurde ein solcher Vorteil früher in Jahren gemessen, so sind es heute oft nur noch Monate. Die einzige Möglichkeit, auch unter diesen Voraussetzungen an der Spitze zu bleiben, heißt: Halten Sie Ihren Innovationsprozess in Gang.

Erinnern Sie sich an Pfizer. In der unter heftigem Wettbewerbsdruck stehenden pharmazeutischen Industrie war auch dieses Unternehmen bis vor kurzem eines unter vielen. Als das Unternehmen schon in den späten achtziger und zu Beginn der neunziger Jahre begann, die Suchphase seines Innovationsprozesses auszuweiten, erhöhte sich die Zahl der Innovationen im Vergleich zum Rest der pharmazeutischen Industrie drastisch.

Beginnend mit dem Jahre 1994 lag Pfizer in puncto Börsenbewertung vor allen anderen bedeutenden Konzernen der Pharmaindustrie. Als schließlich Viagra auf den Markt kam, und sich zudem ein gewaltiger Nachschub an neuen Produkten abzeichnete, schossen die Börsenkurse in die Höhe – die Innovationsprämie stand.

Bei Nokia ist ähnliches zu beobachten. Das Unternehmen hat bereits dank seiner spezifischen Kompetenzplattform in der Mobilfunktechnologie ungeahnte Höhen erreicht und kann sich dabei vor allem auf seine Communicator-Linie verlassen. Doch die Manager im Hause Nokia lehnen sich nicht selbstzufrieden zurück. Sie wissen genau, wie nahe die Konkurrenz dem Unternehmen auf den Fersen ist – und sie wissen um die tatsächliche Bedeutung von Innovationen und die sich daraus ergebende Fragestellung: „Wie können wir unseren derzeitigen Wettbewerbsvorteil verteidigen und in unserem speziellen Geschäftsfeld neue Vorsprünge herausholen?“

- Stellen Sie Fragen, die für Ihre Innovationsprämie wirklich von Bedeutung sind.

Während Sie die Ideen- und Konzeptphase zu Beginn des Innovationsprozesses Ihres Unternehmens und die Kommerzialisierungsphase am Prozessende in den Griff zu bekommen versuchen, vergewissern Sie sich, dass Sie die folgenden Fragen beantworten können:

- Erlaubt Ihre Marktposition es Ihnen, die in Entwicklung befindlichen Produkte und Dienstleistungen schnell und profitabel einzuführen?
- Welche Auswirkungen haben die neuen Entwicklungen auf Ihre Produktpalette und Ihr Dienstleistungsangebot?
- Verfügen Sie über angemessene Produktionskapazitäten, über die notwendige Logistik und können Sie Mengendegressionseffekte ausschöpfen?
- Wie steht es um das internationale Marktpotenzial Ihrer innovativen Produkte und Leistungen? Haben Sie Zugang zu einem hinreichend großen geografischen Marktgebiet?
- Welchen Wert hat Ihre innovative Lösung für Kunden in verwandten oder völlig anderen Märkten?

Wie erlangen Sie die Innovationsprämie?

- Bestehen vielversprechende Aussichten auf Lizenzverträge oder auf eine enge Zusammenarbeit mit anderen Unternehmen?
- Kann die Vermarktung durch die in Ihrem Unternehmen vorhandene Organisationsstruktur vorangetrieben werden, oder wäre eine Ausgründung, eine Veräußerung oder ein Joint-Venture vielversprechender?
- Verfügen Sie über geeignete Mitarbeiter, die in der Lage sind, die Innovation erfolgreich auf den Markt zu bringen?
- Welche weiteren Ressourcen und Leistungen werden notwendig, um die nötige Durchsetzungskraft für die neuen Produkte oder Dienstleistungen aufzubringen?

Kapitel 5
Beschleunigen Sie das Tempo
Investieren Sie in Innovationen

In der Chrysler-Organisation gibt es einen Bereich, der sich Advanced Technology nennt. Ein kleiner Bereich, gemessen an seinem bedeutenden Auftrag, Konzepte für Chrysler-Fahrzeuge zu entwickeln, die erst in fünf oder zehn Jahren das Licht der Welt erblicken werden.

Insider im Unternehmen sprechen häufig von „der Spitze des Eisbergs“, weil seine geringe Größe über die riesigen Ressourcen hinwegtäuscht, die dieser Geschäftsbereich in Bewegung setzen kann, wenn es darum geht, mit Nachdruck an einer Idee oder Innovation zu arbeiten.

Vor nicht allzulanger Zeit fragte ein Besucher, nur halb scherzhaft, ob der Vergleich mit dem Eisberg angemessen sei, weil er Assoziationen zum Untergang der Titanic wecke. Ein Chrysler-Manager antwortete: „Nun ja, der Eisberg hat überlebt ...“ Im Grunde ist es Chrysler nur deswegen gelungen zu überleben, weil der Konzern die Ressourcen des gesamten „erweiterten Unternehmens“ erschloss – ein Begriff, den Chrysler in einem Anflug hellseherischer Fähigkeiten bereits vor Jahren prägte.

Die Aktionäre preisen die Erfolge, die durch Chryslers umfassendes Ressourcenmanagement erzielt wurden, wie in Abbildung 5.1 zu sehen ist, in der Chrysler mit dem Branchendurchschnitt in den Jahren 1992–1999 verglichen wird.

Danach kommt das Zusammengehen mit der Daimler-Benz AG auf gleichberechtigter Basis, das vielleicht die größte Anerkennung der Innovationsstrategie von Chrysler darstellt.

Der Ressourcenbegriff von Unternehmen der Neuen Generation

Die für Innovationen bereitgestellten Ressourcen bei Unternehmen der Neuen Generation sind nicht nur die Kostenpositionen in der Gewinn- und Verlustrechnung oder die Budgetzahlen des nächsten Jahres. Sie beschränken sich auch nicht nur auf das direkte Anlagevermögen in der Bilanz – die Laboratorien, die Bürogebäude, die Ausstattung, die die Mitarbeiter im Innovationsprozess verwenden.

Zu den Ressourcen zählen vielmehr auch die Zulieferer, Partner und Kunden. Dazu kommen das Wissen, die Kompetenzen und die

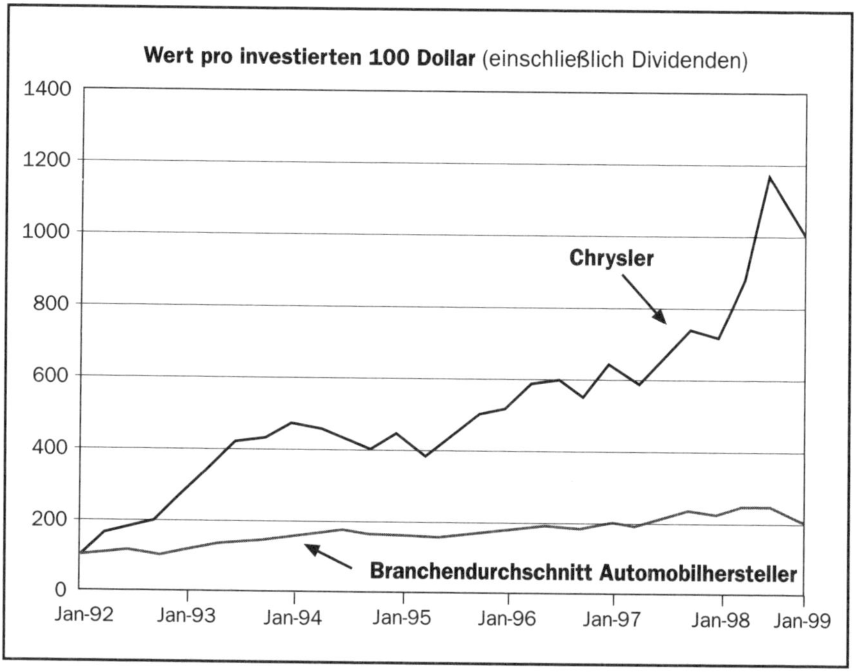

Abbildung 5.1: Rendite der Chrysler-Aktionäre im Branchenvergleich 1992–1999 bis zur Fusion mit Daimler-Benz (Wertentwicklung plus Divenden)

Quelle: Tradeline© Dow Jones Interactive, Arthur D. Little-Analyse

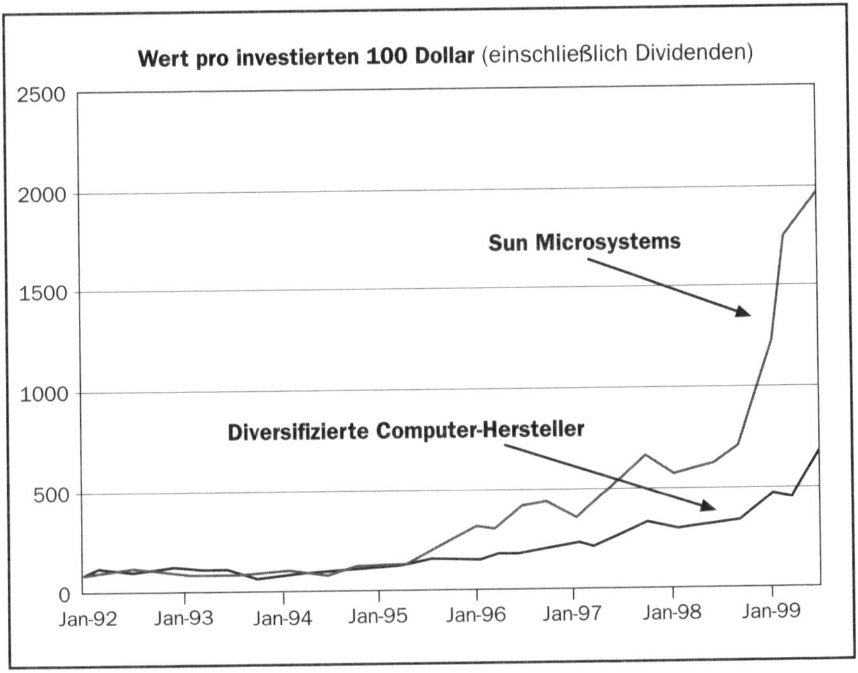

Abbildung 5.2: Rendite der Sun Microsystems-Aktionäre im Branchenvergleich 1992–1999 (Wertentwicklung plus Dividenden)

Quelle: Tradeline© Dow Jones Interactive, Arthur D. Little-Analyse

Technologien eines Unternehmens. Die Herausforderung, aber auch die Chance besteht darin, alle diese materiellen und immateriellen Ressourcen dynamisch für die Innovationsstrategie eines Unternehmens einzusetzen.

- Zu den Ressourcen von Unternehmen der Neuen Generation gehören die Zulieferer

Es ist kein Wunder, dass mehr als 300 potenzielle Zulieferer Schlange stehen, um Geschäfte mit Sun Microsystems zu machen. Der Computer-Riese mit Hauptsitz in Palo Alto, Kalifornien, gibt über vier Milliarden Dollar für Beschaffung aus, die an eine Handvoll von Zulieferern, angeführt von Sony, Seagate, Solectron, Samsung und Zytec, gehen. Und für Sun ist das Geld gut angelegt. Denn das Unternehmen hat es geschafft, seine eigenen Kosten drastisch zu reduzieren und gleichzeitig die Leistungsfähigkeit der Produktentwicklung zu erhöhen und die Logistik zu optimieren.

Beispiel eins: Die Forschungs- und Entwicklungsabteilung von Sun lud Ingenieure von Zytec, Seagate und Solectron ein, sich am Design und an der Entwicklung neuer Computerboards und einer Reihe anderer Produkte für Netzwerke und Server zu beteiligen. Diese Teamarbeit hat dazu beigetragen, die Entwicklungszeit um die Hälfte zu reduzieren, und Sun kann heute neue Produkte in weniger als einem Jahr auf den Markt bringen.

Beispiel zwei: Sony hat eine eigene Fertigungsstätte in der Nähe von San Diego gebaut, in der Monitore für Sun Computersysteme produziert werden. Die räumliche Nähe hat dazu geführt, dass Kunde und Zulieferer dank gemeinsamer Anstrengungen die Bestell-Vorlaufzeit von vier auf kaum mehr als zwei Wochen reduzieren konnten.

Beispiel drei: Sun verkauft seine Computerprodukte in etwa 170 Ländern. Durch diesen weltweiten Vertrieb wurde das Problem, der Nachfrage gerecht zu werden, immer größer. Unterschiedliche alphanumerische Tastaturen mit Symbolen einer Vielzahl von Sprachen werden benötigt, weil die am meisten verbreiteten Sprachen – Englisch, Französisch, Japanisch und Deutsch – einfach nicht den Bedürfnissen aller Kunden gerecht werden. Um zu verhindern, dass die Lagerbestände ins Unermessliche stiegen, kam ein Zulieferer auf die glänzende Idee, die Tastaturen zunächst mit unbedruckten Tasten herzustellen. Wenn die Bestellungen eingehen, kann der Zulieferer die unbedruckten Tasten noch mit den entsprechenden Symbolen bedrucken und damit die Nachfrage in Rekordzeit befriedigen. Das Lagerrisiko durch unverkaufte Tastaturen konnte dadurch eliminiert werden.

Wie bei Sun, so bedeutet das Management der Zulieferer bei Chrysler keineswegs, dass einseitige Befehle erteilt werden. Stattdessen gibt es einen Dialog, eine symbiotische Zusammenarbeit, inspiriert durch gegenseitigen Nutzen und gestützt durch die Erkenntnis, dass das Überleben sehr wohl davon abhängen kann, wie gut beide Seiten in Projekten und Programmen zusammenwirken können.

Wer trägt die Kosten der Entwicklung von Zulieferteilen? Der Prozentsatz, den Chrysler trägt, wird in freundschaftlichen, aber harten Verhandlungen mit den Zulieferern ausgehandelt. In größeren Projekten beträgt der Anteil etwa 50 Prozent, aber es gibt zahlreiche Ausnahmen. Tom Moore, Chef der Advanced Technology-Einheit erinnert sich an einen Fall, in dem 85 Zulieferer mit Chrysler-Ingenieuren zusammenarbeiteten, um ein Elektroauto zu entwickeln und zu bauen, und in dem die Zulieferer 50 Prozent der Kosten trugen. Mehr als 500 Leute, die formal keine Chrysler-Mitarbeiter waren, nahmen an diesem gemeinsamen Prozess teil.

Im Falle einer Fahrzeugstudie, so fährt Moore fort, trug der Bremsenhersteller die gesamten Kosten der Bremsenentwicklung, während Chrysler die Entwicklungskosten der Federung und Aufhängung übernahm.

Die Projektkosten für die Sitze wurden gleichmäßig verteilt, während das äußere Design zu 60 Prozent von Chrysler, zu 40 Prozent vom Zulieferer finanziert wurde.

Die Rechte an den Innovationen, die gemeinsam mit Zulieferern zustande kommen, hängen üblicherweise davon ab, wie die Finanzierung geregelt wurde. Wenn Chrysler alle Entwicklungskosten trägt, behält das Unternehmen das Recht, eine Erfindung zum eigenen Gebrauch zu nutzen – wobei der Zulieferpartner nicht daran gehindert wird, sie für andere Anwendungen zu nutzen. Wenn das Zulieferunternehmen die Kosten getragen hat, behält es die Rechte, aber Chrysler darf die Erfindung nutzen.

Derartige Arrangements sind in anderen Bereichen nicht unüblich. An einer Universität beispielsweise können Wissenschaftler die Laboratorien, Forschungseinrichtungen und Bibliotheken nutzen und auf das geistige Eigentum und andere Ressourcen der Universität zurückgreifen, um ihrer eigenen Forschungsarbeit nachzugehen, und dann die Früchte ihrer Entdeckungen mit der Institution teilen, an der sie gearbeitet haben.

Bei Chrysler wählen die Projektmanager zu Beginn zwei oder drei wichtige Zulieferer aus und beschäftigen sie bis zum Abschluss des Projektes. So lange sie „den Ball nicht fallen lassen", wie Moore es ausdrückt, oder eine neue Erfindung auftaucht, gegen die sie nichts zu bieten haben, wissen diese Zulieferer, dass sie langfristig dabei sind – vielleicht fünf oder zehn Jahre.

Sie wissen auch, dass sie all ihre Aufmerksamkeit auf dieses eine Projekt konzentrieren müssen, während die Konkurrenz vielleicht nur eine Tür weiter an einem anderen Projekt mitarbeitet. Die Entscheidung, welcher Zulieferer in welches Projekt einbezogen wird, liegt bei den Technikern und Projektmanagern Chryslers und hängt von den Leistungen in der Vergangenheit ab, nicht von persönlichen Beziehungen zu alten Kommilitonen oder Kollegen in dem einen oder anderen Zulieferbetrieb. Alle Abmachungen werden mit den entsprechenden verantwortlichen Abteilungen, Vertrieb eingeschlossen, abgesprochen.

Bei Chrysler hat das Management der Zulieferer zu einer zweiten Aufgabe geführt: Sie werden darin trainiert, ihre eigenen Zulieferer ähnlich zu managen. Die Bedeutung dieser Aufgabe ist alles andere als zweitrangig. „Wir werden manchmal durch die dümmsten Zufälle vier Ebenen tiefer in größte Schwierigkeiten gebracht", sagt Moore. So zeigte beispielsweise eine Benzinstandanzeige, die in dem Jeep Grand Cherokee eingesetzt wurde, dass noch Kraftstoff im Tank sei, obwohl der Tank schon leer war. Es stellte sich heraus, dass Chrysler ein Subsystem kaufte, das den Kraftstofftank, die Pumpe und die Sensoreinheit umfasste. Das Problem war die Sensoreinheit, die der Tankanzeige mitteilt, wieviel Kraftstoff noch im Tank ist.

Um das Problem zu beheben, setzte ein Chrysler-Team bei dem Zulieferunternehmen an, das das Subsystem lieferte. Dort schickte man das Team zum Hersteller der Sensoreinheit, der Chrysler wiederum an den Zulieferer der elektronischen Teile verwies. Von dort aus gelangte das Team zu dem Unternehmen, das die gedruckte Leiterplatte herstellte. Als sie mit dem Problem konfrontiert wurden, erkannten die Verantwortlichen dieses Zulieferunternehmens vierten Grades: „Nun, da Sie davon sprechen: unser Tintenlieferant hat seine Rezeptur verändert, aber wir sind nicht davon ausgegangen, dass das zu Problemen führen könnte."

Natürlich führte es zu Problemen. Die anders zusammengesetzte Metallictinte, die für das Bedrucken der Leiterplatten benutzt wurde, war nicht so haltbar wie die frühere Rezeptur und nutzte sich schnell ab. Dieser Defekt machte die ganze Leiterplatte funktionsunfähig und damit auch die Elektronik und die gesamte Tankanzeige. Das Unternehmen, das die Tinte herstellte, hatte nicht die leiseste Ahnung, dass sein Produkt letztendlich für den Gebrauch in einem Auto bestimmt war.

Zum guten Schluss arbeitetete die Tankanzeige des Grand Cherokee hervorragend, aber die Erfahrung führte dazu, dass die Chrysler-Manager sehr aufmerksam gegenüber Problemen wurden, die überall in dem komplexen Netz von Zulieferern und Verkäufern auftauchen können. So hat Chrysler im Endeffekt ein noch größeres erweitertes Unternehmen zu managen, indem es seine Zulieferer ersten Grades darin trainierte, den Zulieferern der nachfolgenden Ebenen zu vermitteln, wie wichtig es ist, ständig ein Auge auf die Arbeit jedes ihrer Zulieferer zu haben.

Wie hat sich die Kooperation mit den Zulieferern für Chrysler ausgezahlt? Die Geschichte der Gesundung des Autoherstellers nach dem drohenden Konkurs ist fast schon legendär, und auch wenn niemand so weit gehen würde, dieses Wiedererstarken nur auf die symbiotischen Beziehungen mit einigen kooperativen Zulieferern zurückzuführen, so sind die engen Beziehungen nichtsdestoweniger Teil der Vorwärtsstrategie, mit der Chrysler erfolgreich und innovativ Neuland in der Automobilindustrie beschritt.

- Zu den Ressourcen von Unternehmen der Neuen Generation gehören Partner.

Die Unternehmen der Neuen Generation beweisen eine große Bereitschaft, in ihrem Streben nach der Innovationsprämie partnerschaftlich mit anderen Unternehmen zusammenzuarbeiten. Das bedeutet, dass Informationen und Wissen geteilt werden, statt sie als geheimzuhaltenden Besitz zu behandeln. Es bedeutet auch, dass man lernt, Partnern mit Respekt zu begegnen und so mit ihnen zusammenzuarbeiten, dass vor allem Projekte verfolgt werden, die sich für beide Seiten als gleichermaßen nützlich erweisen.

Sun Microsystems verfügt über ein besonderes Talent, sich die Unterstützung seiner zahlreichen Partner zu sichern. So arbeiten zum

Beispiel schon seit 1996 Sun und Novell zusammen, um Netzwerksoftware und die Java-Technologie miteinander zu kombieren, damit die Kunden in die Lage versetzt werden, Anwendungen für ihre Internet- oder Intranetseiten herzustellen. Ein zusätzlicher Nutzen entsteht im Rahmen dieser Partnerschaft zwischen Novell und Suns Geschäftseinheit JavaSoft dadurch, dass die Entwicklung anderer Technologien wie der Stimmerkennungssoftware und der Sprachsynthese vorangetrieben wird.

Als Unternehmen, das sich dem Status der Neuen Generation in Windeseile annähert, erlaubt Sun Microsystems nicht, dass sich Innovationen nur auf die eigenen vier Wände beschränken oder durch interne Forschungs- und Entwicklungsbudgets bestimmt werden. Stattdessen dehnen sich Innovationen vorwärts und rückwärts entlang der Wertkette aus, die Zulieferer, Partner und Kunden einschließt.

- Zu den Ressourcen von Unternehmen der Neuen Generation gehören Menschen und ihre Kompetenzen.

Häufig gelingt es Organisationen nicht, ihre traditionelle Sichtweise über die Rollen, die Menschen spielen können, abzulegen: Wissenschaftler arbeiten in Laboratorien, Maschinisten an der Drehbank, Buchhalter arbeiten am Computer. Alle leisten ihren Beitrag in ihren festgelegten Arbeitsbereichen, und damit hat es sich.

Heute gibt es jedoch eine Leistungsebene, die durch Teams ermöglicht wird, die wir als Netzwerke bezeichnen. Diese Netzwerke bestehen aus Mitarbeitern, die neben ihrer Tagesarbeit bereit sind, an der Verwirklichung spezieller Innovationsprojekte mitzuwirken – solchen, die ihr besonderes Fachwissen erfordern. Kapitel 6 wird sich intensiver mit diesen Teams auseinandersetzen, hier wollen wir einen Blick auf die Technologieclubs bei Chrysler werfen.

Die Mitwirkung von Chrysler-Mitarbeitern in Technologieclubs findet ihre Entsprechung im Unternehmen, wo den Führungskräften auf höchster Ebene Verantwortung für Bereiche übertragen wird, die von ihren üblichen Pflichten weit entfernt sind. Dem für Einkauf zuständigen Mitglied der Führungsmannschaft beispielsweise wird die Aufgabe zugewiesen, die Plattform für Großfahrzeuge zu überwachen, der Produktionschef überwacht die Produktion der Minivans.

Neben dem Vorteil einer zusätzlichen Betreuung sorgt dieses Arrangement für mehr Querverbindungen. Auf diese Weise entstehen Aufgabenbeziehungen auf der höchsten Ebenen, die dem Ziel des Unternehmens förderlich sind, Teamarbeit und gegenseitige Inspiration zu steigern. „Es gibt fast nichts im Unternehmen, was ein einzelner Mitarbeiter oder eine einzelne Abteilung einseitig leisten könnte", sagt Tom Moore. „Es ist alles im weitesten Sinne ein Gruppenprozess."

- Unternehmen der Neuen Generation managen interne und externe Ressourcen auf innovative Weise.

Alle Ressourcen von Unternehmen der Neuen Generation liegen brach, bis ihnen die Mittel zuteil werden, mit denen sie in Handlungen umgesetzt werden können. Der Umfang und die Ernsthaftigkeit, mit der sich der Einzelne im erweiterten Unternehmen dem gemeinsamen Ziel verschreibt, entscheidet über den Unterschied zwischen einer Leistung, die dem Status der Neuen Generation entspricht und der durchschnittlichen Leistung eines herkömmlichen Unternehmens.

Lucent Technologies, ein Unternehmen mit Sitz in Murray Hill, New Jersey, entwickelt Kommunikationssysteme, Software und Mikroelektronikkomponenten. Im Jahre 1997 erreichte es einen Umsatz von 26 Milliarden Dollar. Zusammen mit den Bell Laboratories erhält Lucent im Schnitt drei neue Patente *pro Arbeitstag*, von denen ein großer Teil den 24 000 brillianten und hochmotivierten Forschern zu verdanken ist, die in den Bell Laboratories arbeiten. Der hohe Innovationsgrad ist und bleibt ein Neidobjekt für andere Unternehmen, die nur davon träumen können, diese Innovationsleistung einmal zu erreichen.

Lucent wendet annähernd zwölf Prozent seines Jahresumsatzes für Forschung und Entwicklung auf. 1998 wurde die Tochter Lucent Venture Partners gegründet, ein Fond, der mit einem 100 Millionen Dollar Risikokapital ausgestattet ist und kleine Firmen sucht und unterstützt, die an vielversprechenden neuen Technologien in Bereichen arbeiten, die für den Mutterkonzern von Interesse sind. Lucent gelangt auf diese Weise an Informationen und profitiert von Forschung, die zu kostspielig, zu riskant oder zu zeitaufwendig wäre, um sie intern zu verfolgen.

Ein anderer Pionier der Neuen Generation, Cisco Systems, hat ebenfalls massiv in kleine Firmen in der Hightech-Industrie investiert. Seit 1993 steckte Cisco annähernd sieben Milliarden Dollar an Risikokapital in Unternehmen, die in Zukunft mit großer Wahrscheinlichkeit zu seinen besten Kunden für Internet-Switches und Routers gehören werden. Cisco hat nicht unbedingt das Ziel, Risikokapital als ersten Schritt einzusetzen, um kleinere Firmen zu übernehmen. In vielen Fällen hofft das Unternehmen lediglich, Zugang zu Innovationen und Technologien der kleineren Firmen zu erlangen. Mit Investitionen in Firmen wie CLASS Data Systems in Israel hat Cisco seinen Wirkungsbereich weltweit ausgebaut und eine Diversifikationsstrategie eingeschlagen, die ihm genügend Schubkraft für das nächste Jahrhundert verleihen wird.

Sind Sie bereit für das Ressourcenmanagement der Neuen Generation?

- Ändern Sie Ihr Weltbild.

Teil des Geheimnisses einer wirksamen Ressourcennutzung ist die mentale Einstellung. Sie müssen lernen, über die traditionellen Grenzen Ihres Unternehmens hinaus und außerhalb funktionaler Silos zu denken. Sie sind nicht länger auf die Ressourcen der Forschungs- und Entwicklungsorganisation Ihres Unternehmens beschränkt, Sie können und müssen alle Menschen und Möglichkeiten im Auge behalten, die im Beziehungsgeflecht von bestehenden und potenziellen Geschäftspartnern einen Beitrag zu Ihrer Innovationsstrategie leisten können.

Externe Ressourcen sind nicht im Besitz Ihres Unternehmens, so dass Sie nicht automatisch annehmen können, dass sie sofort verfügbar sein werden. Aber die Chancen stehen gut, dass Sie in der Lage sein werden, mit ihren Partnern Wissen und Erfahrung zu teilen, zu erschließen oder auszuschöpfen, wenn Sie Ihre Karten richtig ausspielen.

Tom Moore erklärt, wie das bei Chrysler funktioniert: „Noch bevor wir wissen, was wir wollen oder wie wir es verwirklichen wollen, stellen wir ein Team aus Zulieferern zusammen, und dann erarbeiten wir es gemeinsam."

Als Chrysler begann, auf seine sogenannte Co-Invention-Politik in Zusammenarbeit mit den Zulieferern zu setzen, schüttelten die Konkurrenten den Kopf und beharrten darauf, dass man diesen Außenstehenden nicht trauen könne. Die Argumente, derer sie sich bedienten, sind in einer Vielzahl von Unternehmen wieder und wieder ins Feld geführt worden: Lassen Sie Außenstehende von einer sich anbahnenden Erfindung wissen und Sie können sicher sein, dass sie so schnell wie möglich der Konkurrenz davon berichten. Sie werden all Ihre Geheimnisse verlieren.

Diese Einstellung, die einst auch bei Chrysler verbreitet war und in einer Vielzahl von Unternehmen in den Vereinigten Staaten und weltweit noch heute vertreten wird, stellt ein schier unüberwindliches Hindernis für hohe Innovationsleistung dar. Das Risiko, dass man Geheimnisse preisgibt, besteht immer, aber im Normalfall, so Moore, sei es vernachlässigbar.

„Hier bei Chrysler hatten wir nur undichte Stellen, wenn Mitarbeiter uns verließen", sagt er. Der Vorteil überwiegt das Risiko bei weitem, wenn Zulieferer und Partner ihre Erfahrungen und ihre Kompetenz in den Innovationsprozess einfließen lassen.

„Nehmen wir an, Johnson Controls (eines der Unternehmen, das Sitze für Chrysler herstellt) soll die Prototypen für ein neues Fahrzeugkonzept zur Verfügung stellen", nennt er ein Beispiel. „Dann sagen wir nicht einfach: ‚Gut, wir wollen einen Sitz, der folgendermaßen geformt ist und so und so viel wiegt.' Wir versorgen Johnson Controls nicht nur mit Spezifikationen. Stattdessen beziehen wir sie mit ein, überlassen ihnen Büroräume, in denen sie arbeiten können, und erläutern die Philosophie des gesamten Fahrzeuges. Wir wollen, dass sie verstehen, wie sie die Sitze auf die Innenausstattung, das Chassis, die Struktur und die Sicherheitsmerkmale des Fahrzeugs, die Armaturen und das gesamte Fahrerlebnis des Kunden abstimmen können." Das eingehende Verständnis des gesamten Projektes führt dazu, dass der Zulieferer eine bessere Arbeit bei der Entwicklung von Teilen leisten kann. Auf diese Weise kann er dazu beitragen, das übergeordnete Ziel, das mit diesem Fahrzeug verwirklicht werden soll, zu erreichen.

Trotz all dieser Partnerschaften behält Chrysler die Kontrolle über das Produkt. „Nehmen wir an, wir wollen einen neuen Sitz, den man manuell verstellen kann. Wir lassen uns von JCI keinen teuren Sportsitz aufdrängen. Wir kontrollieren das Paket in Bezug auf Merkmale, Gewicht und Kostenrahmen", fügt Moore hinzu. Das Vorgehen ist ein kontinuierlicher Designprozess, in dem der Zulieferer seinen Auftrag in ständiger Absprache mit Chrysler verwirklicht und dabei ständig Anpassungsleistungen vollbringen kann, wenn während der Projektentwicklung Änderungen erforderlich werden.

Wir glauben, dass diese Vorgehensweise für die Unternehmen der Neuen Generation zum Standard werden wird. Das grundlegende Prinzip lautet, nichts für selbstverständlich zu halten. Die Manager der Neuen Gerneration können es sich nicht leisten anzunehmen, dass jeder Zulieferer über das kleinste Detail der benötigten Informationen verfügt; sie müssen sich vergewissern, dass niemand im Unklaren darüber bleibt, welche Produkte benötigt werden und wie sie genutzt werden sollen.

Die Forschungs- und Entwicklungsmanager der Neuen Generation müssen jedoch nicht nur bereit sein, wichtige Informationen über Produktentwicklung und -nutzen mitzuteilen, sie müssen auch den Vorschlägen der Zulieferer zur Entwicklung innovativer Produkte und Dienstleistungen Beachtung schenken. Fünfhundert Menschen aus verschiedenen Zulieferbetrieben, die zu Chrysler kommen, um dort an einem Elektroauto mitzuarbeiten, stellen ein enormes intellektuelles Potenzial dar, das nicht durch Vorurteile gelähmt werden darf. Es kommt darauf an, Flexibilität zu ermöglichen und die Zulieferer auf ein gemeinsames Ziel einzustimmen anstatt sie zu gängeln.

- Schätzen Sie ein, wo Sie stehen.

Hier ist eine Liste von Fragen, die Ihnen helfen soll zu verstehen, ob Sie in der Ressourcennutzung richtig liegen.

- Werden in meinem Unternehmen als Aktiva auch Mitarbeiterqualifikationen, Wissen und Kompetenzen gemanagt?

- Werden in meinem Unternehmen F&E-Aufwendungen als Investitionen statt als Kosten betrachtet (unabhängig von der buchhalterischen Zuordnung?)
- Ist es in meinem Unternehmen üblich, Know-how und Kompetenzen auch außerhalb der eigenen Organisation zu suchen und zu nutzen?
- Gibt es Partner- und Kooperationsbeziehungen, die von meinem Unternehmen bewußt zur Ermöglichung und Beschleunigung von Innovationen gepflegt werden?
- Kann man sagen, dass unsere Lieferanten lieber mit unserem Unternehmen als mit unseren Konkurrenten zusammenarbeiten?
- Beziehen wir unsere Lieferanten in die Entwicklung neuer Produkte und Leistungen mit ein, um deren Ideen zu nutzen?
- Organisiert unser Unternehmen den Gedankenaustausch mit externen Know-how-Trägern zur Suche nach und Bewertung von Innovationsideen und Entwicklungsprojekten?
- Haben wir um die Kernkompetenz meines Unternehmens herum ein Beziehungsnetz von Experten aufgebaut, um Innovationschancen frühzeitig ergreifen zu können?

Seien Sie nicht überrascht, wenn Ihre Antworten auf diese Fragen nicht besonders schmeichelhaft sind. Die meisten Manager geben zu, dass ihr Unternehmen den Begriff Ressourcen eng fasst. Sie neigen dazu, sich auf materielle oder quantifizierbare Vermögenswerte zu beschränken, wie zum Beispiel Produktionsstätten, den Maschinenpark oder die Finanzen; und sie neigen dazu, die immateriellen Vermögenswerte, wie das Wissen ihrer Mitarbeiter oder externe Partnerschaften, zu ignorieren. Die meisten Manager realisieren, dass sie sich trotz eines grundsätzlichen Bekenntnisses zu Innovation dagegen sträuben, in Projekte zu investieren, die keine schnell sichtbaren und messbaren Ergebnisse erwarten lassen.

Wie wir gesehen haben, ist Chryslers Beziehung zu seinen Zulieferern sehr fruchtbar. Aber auch wenn der Nutzen einer solchen Politik auf der Hand liegt, schrecken die meisten Manager davor zurück, Projektpläne mit externen Zulieferern oder Partnern zu teilen. Sie empfinden es nicht nur als schwierig, das Wissen ihrer eigenen

Mitarbeiter als wertvolles Gut anzusehen, sie übersehen auch das Wertschöpfungspotenzial, das sich aus dem Wissensaustausch mit externen Partnern ergeben kann. Um Geheimnisse zu wahren und die Kontrolle zu behalten, schlagen die meisten Unternehmen den enormen Nutzen aus, der sich aus dem Austausch von Wissen, dem Ausprobieren von Ideen anderer und dem Teilen von Erfahrungen ergeben kann.

Gehen Sie den Weg, den Unternehmen der Neuen Generation in der Nutzung von Ressourcen gehen

- Betrachten Sie Ressourcen nicht nur nach finanziellen Gesichtspunkten.

Ja, das Budget quantifiziert wichtige Ressourcen, aber wenn Sie nur den finanziellen Aspekt im Auge behalten, übersehen Sie vielleicht den Beitrag, den Ihre Zulieferer, Partner, Kunden und Mitarbeiter zu Ihrer Innovationsleistung liefern können. Wenn Sie die F&E als Cost Center behandeln, wird sie sich auch als solches verhalten. Wenn Sie Ihre F&E dagegen als wichtige Ressource behandeln, wird sie Ihnen helfen, die Innovationsprämie zu erringen.

- Schaffen Sie Hindernisse aus dem Weg.

Seien Sie bereit, Mauern niederzureißen und halten Sie die Türen für Ihre Zulieferer, Partner und Kunden auf, um ihnen Zugang zu wichtigen und relevanten Informationen zu gewähren, über die Sie verfügen. Das muss natürlich auf Gegenseitigkeit beruhen: Auch Sie benötigen Informationen über Produkte, Verfahrensabläufe und den möglichen Nutzen neuer Erfindungen, die sich im Besitz Ihrer Zulieferer und Partner befinden.

Investieren Sie in Ihre Mitarbeiter und deren Kompetenzen, um eine Innovationsplattform zu schaffen.

Um einen Ausspruch aus der Präsidentschaftskampagne von Clinton aus dem Jahr 1992 aufzugreifen: „Es geht um Menschen, verstanden?"

Gleichgültig wie klug durchdacht Ihre Innovationsstrategie und Ihre Innovationsprozesse sind, entscheidend ist die Ausführung.

Dazu benötigen Sie die besten Mitarbeiter an den wichtigsten Stellen im Unternehmen, die Kompetenzen von Weltklasse dort zum Einsatz bringen, wo Innovation und Wachstum erzeugt werden. Die Entwicklung Ihrer Human Ressourcen muss geplant werden, um die Kompetenzplattform zu schaffen, die zur Erreichung Ihrer strategischen Ziele nötig ist. Investitionen sind vor allen Dingen für die Entwicklungsebenen 3 und 4 Ihrer Kompetenzplattform (siehe Kapitel 3, Plattform-Ebenen) gefordert, denn hier benötigen Sie Menschen, die die Innovationen marktreif machen und sie im Markt umsetzen können.

Auf den Plattform-Ebenen 1 und 2 sehen die Anforderungen etwas anders aus. Hier steht die Weiterentwicklung technologischer und anwendungsorientierter Kompetenzen und die Bildung von Kooperations- und Beziehungsnetzen im Vordergrund, die Investitionen dienen dazu, Potenziale im Unternehmen aufzubauen und externe Kompetenzen an das Unternehmen zu binden und in die Innovationssuche mit einzubeziehen.

Stellen Sie sicher, dass Sie das geistige Eigentum Ihres Unternehmens optimal einsetzen

Geistiges Eigentum in Form von Patenten, Know-how und Kompetenzen erhält in innovativen Unternehmen immer mehr Beachtung und Gewicht. Dort findet eine Schwerpunktverlagerung vom klassischen Asset-Management des Anlage- und Umlaufvermögens zum Asset-Management der Kompetenzen und des Wissens statt. Sogar die Finanzämter haben erkannt, dass der Transfer von geistigem Eigentum ein besteuerbarer Wertfluss sein kann. So sind innovative Unternehmen dazu übergegangen, in ihre Leistungsziele auch die Entwicklung und Nutzung immaterieller Werte aufzunehmen. Dazu setzen sie Balanced Scorecards ein.

Bei Unternehmen wie 3M, die Intellectual-Property-Management schon seit Jahren professionell betreiben, besteht die Herausforderung heute darin, dieses Management über die eigenen Grenzen auszudehnen und Innovationen einzubeziehen, die in Partnerschaft mit anderen entwickelt wurden.

Unternehmen müssen Wissen und Erfahrung zwischen ihren verschiedenen Standorten und Geschäftseinheiten transferieren, um den größtmöglichen Nutzen daraus zu ziehen. Sie müssen den Wert von einzelnen Elementen geistigen Eigentums, vor allem aber von möglichen Kombinationen dieser Elemente, einschätzen lernen. Daraus leitet sich die Erkenntnis ab, in welche Kompetenzbereiche es sich zu investieren lohnt. Das muss die Grundlage eines geplanten Ausbaus der Kompetenzplattformen des Unternehmens werden. So wird das Asset-Management von Unternehmen der Neuen Generation selbst zu einer wert- und ertragserzeugenden Aktivität, durch die der optimale interne und externe Einsatz geistigen Eigentums sichergestellt wird.

Die Unternehmensbewertung und die hohe Kapitalisierung dieser Unternehmen an der Börse mag manchen traditionellen Finanzier und Investoren unheimlich vorkommen, aber wer den überragenden Wert von Ideen und Know-how berücksichtigen kann, weiß, dass es sich in den meisten Fällen nicht um eine Luftblase handelt.

- Entwickeln Sie Pläne zum Ressourcenmanagement.

Entwickeln Sie für all Ihre Vermögenswerte – sowohl die materiellen als auch die immateriellen – Pläne der Ressourcenentwicklung. Sie können und sollten die immateriellen Vermögenswerte wie Kundentreue, Markenbewusstsein, Präferenzen der Zulieferer, Partnerschaften und Loyalität der Mitarbeiter aktiv managen – im gleichen Ausmaß wie die materiellen Ressourcen. Auch wenn diese Pläne sehr flexibel sein müssen, erfordern sie dennoch, dass Sie über Strategien und Programme verfügen, um diese Ressourcen auszubauen (oder aber sie abzuschreiben), und dass Sie über klare Kriterien verfügen,

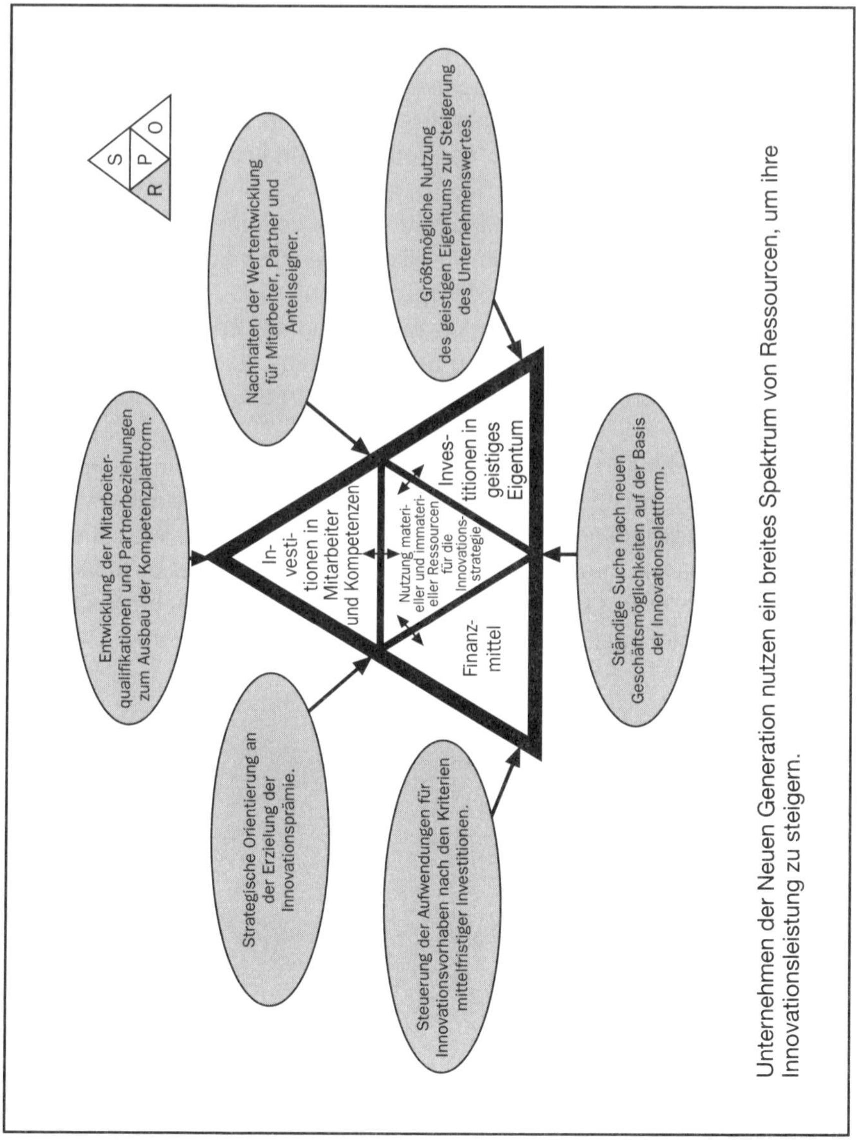

Abb. 5.3: Der Weg zur umfassenden Ressourcennutzung für die Umsetzung der Innovationsstrategie

Quelle: Arthur D. Little, Inc.

um Investitionen in diese Vermögenswerte bewerten und steuern zu können.

Heute bewerten Unternehmen die meisten Investitionen anhand strenger Return-on-investment-Vorgaben. Das ist das am einfachsten zu handhabende Werkzeug, um den Erwartungswert von Innovationen auszudrücken.

Wenn Sie jedoch in Innovationen investieren, ist klar, dass Sie sich nicht allein mit diesem Werkzeug begnügen können, weil es einfach nicht den wichtigsten Anliegen gerecht wird: dem kommerziellen und technischen Chancenmanagement und den erwarteten Ergebnissen, die von einer deutlichen Kostensenkung (leicht zu messen) bis hin zum Shareholder Value und der angestrebten Innovationsprämie reichen.

Verbinden Sie daher die quantitativen Elemente traditioneller Bewertungsmethoden wie Cashflow- und Risikoanalyse mit systematischen qualitativen Einschätzungen. Das führt zu einer Mischung aus quantitativen Bewertungen und Näherungen und erlaubt Ihnen, den Nutzen aller Ressourcen, die zum Erfolg Ihres Unternehmens beitragen, miteinander zu vergleichen und Prioritäten zu setzen.

Kapitel 6
Variieren Sie das Tempo
Schaffen Sie weltweite Netze von Innovatoren

30 Kilometer vor den Toren von Pittsburgh, Pennsylvania, befindet sich ein weltbekanntes Forschungs- und Entwicklungszentrum. Das Alcoa Technical Center mit einer Belegschaft von 700 Mitarbeitern und einem Budget von 100 Millionen Dollar, ist der Ursprung zahlreicher Innovationen – der ersten bleifreien Aluminiumlegierung zum Beispiel. 1997 von Alcoa entwickelt, gab diese Legierung den Weiterverarbeitern ein hochfestes, aber zugleich umweltfreundliches Material an die Hand.

Auch wenn das Unternehmen ursprünglich als Aluminum Company of America bekannt war, so ließ die immer weiter fortschreitende Globalisierung keinen Zweifel daran, dass Alcoa nicht isoliert in den Vereinigten Staaten verharren konnte. Der Schritt von General Motors und Ford in der Automobilindustrie, die den Markt mit dem größten Potenzial für Aluminiumprodukte darstellte, hin zu einer globalen Beschaffungsstrategie und Produktentwicklung beschleunigte die Bemühungen von Alcoa, sich selber international aufzustellen.

In der Tat waren immer mehr Marktsegmente von Alcoa – von der Getränkedose bis hin zum Flugzeug – auf ganz ähnliche Weise von der raschen Globalisierung betroffen. Mit großen Kunden wie Coca-Cola, die ihre Zukunft mit internationalem Wachstum sichern, konnte Alcoa es sich nicht leisten, sich auf Nordamerika zu beschränken. Das europäische Airbus-Industriekonsortium wurde zu einem wichtigen Kunden in einer Industrie, die lange Zeit von Boeing dominiert war.

Eine weltweite Expansionspolitik und eine grenzüberschreitende Integration bedeuteten, dass Alcoas Innovationsmanagement auch in den letzten Winkel des nun weltweit operierenden Unternehmens hineinreichen musste. Es war nicht länger möglich, innovative Entwicklungen nur auf das Entwicklungszentrum in der Nähe von Pittsburgh zu beschränken. 1997 kamen Alcoas Führungskräfte, unter ihnen auch der Vorstand Technik Frank Ledermann, zu dem Schluss, dass das Unternehmen ein weltweites Netz von Innovatoren benötigte, die über Standorte und Unternehmensbereiche hinweg zusammenarbeiten und Wissen und Ideen austauschen würden, wobei es sich nicht unbedingt nur um Alcoa-Mitarbeiter handeln sollte. Mit anderen Worten, Alcoa entwickelte seine Organisation gemäß der Prinzipien der Neuen Generation.

Frank Ledermann holte Dr. Greg Smith als verantwortlichen Direktor für den zentralen Technologiebereich ins Unternehmen und beauftragte ihn damit, die globale Unternehmensinitiative in Gang zu setzen.

Smith hatte von Anfang an vor, das Technik-Center mit den Geschäftsbereichen des Unternehmens und mit den Produktionsstätten eng zu verzahnen, um eine effektive Unterstützung gewährleisten zu können. Wie Smith sagt, war es das Ziel, „einen kraftvollen Innovations- und Technologiemotor zu schaffen".

Um dies zu erreichen, formte er unternehmensweite Teams, die sicherstellen sollten, dass der Innovationsprozess quer durch das gesamte Unternehmen so reibungslos wie möglich verlief. Als Steuerungsforum wurde das Alcoa Technology Board ins Leben gerufen, auf dem die verantwortlichen Führungskräfte die Richtung bestimmen und ihr Augenmerk auf die Aktivierung von Innovation im Unternehmen richten können. Wie können Innovationsstrategie und Visionen der Unternehmensentwicklung miteinander in Einklang gebracht werden? Welche Ziele will das Unternehmen erreichen? Ist die strategische und operative Planung der verschiedenen Geschäftsbereiche auf diese Ziele ausgerichtet?

Die operative Planung für die Geschäftsbereiche wird von Gremien entwickelt, die als Technology Management Review Boards (TMRB) bezeichnet werden. Die meisten der TMRB, in deren Reihen sowohl die kaufmännische als auch die technische Führung vertreten ist, sind für mehrere Geschäftseinheiten zuständig, um so gemeinsam Initiativen und Investitionen zu fördern, zum Beispiel im Bereich der Schmelzprozesse, der Veredelung, der Legierungen, des Extrudierens und der Weiterverarbeitung. Diese TMRB entwickeln die Strategie, bestimmen über die Entwicklung und den Einsatz von Technologien und treiben Ideenfindung und Innovationen voran.

Neben mehr prozessorientierten Gremien gibt es anwendungsorientierte TMRB für die Märkte der Luftfahrttechnik, der Automobilindustrie, der Bauindustrie und der Verpackungsindustrie. Alain Belda, Alcoas CEO, sagt dazu: „Die Geschäftseinheiten müssen enger in die prozessorientierten Bereiche hineinwirken. Wir benötigen mehr Sog aus dem Markt."

„Der Schlüssel zum Erfolg der TMRB", so Greg Smith, „bestand darin, sie in notwendige strategische Entscheidungen miteinzubeziehen. Nachdem die ersten TMRB ihre Strategien und Ziele definiert hatten, erkannten die anderen Geschäftseinheiten die Vorteile und folgten dem Beispiel. Im nächsten Schritt ging es dann darum, die Strategien umzusetzen. Wir erkannten, wo Schwachstellen lagen und wie wir sie durch einen Transfer erprobter Anwendungen und bereits existierender Lösungen von einem Bereich zum anderen oder aber durch gemeinsame Entwicklungsarbeit beheben konnten."

Alle diese vernetzten Teams arbeiten so an Kompetenzplattformen für die Innovationsstrategie von Alcoa. Bei Alcoa ist eine Plattform die bewusste Kombination von Technologien und Fähigkeiten, die entscheidende Auswirkungen auf das Unternehmensergebnis haben. Dazu Smith: „Überall im Unternehmen begegnen wir der Einstellung ‚Wir wissen wie'. Wir treffen diese Einstellung im Human Ressourcen- und im Wissensmanagement genauso an, wie in den Ingenieur- und Entwicklungszentren, in der Produktion, aber auch außerhalb des Unternehmens bei unseren Partnern."

Über die Schaffung einer nahtlosen Zusammenarbeit im gesamten erweiterten Unternehmen hinaus startete Alcoa eine konsequente Kampagne zur Produktivitätssteigerung und steigerte den Gewinn durch eine kontinuierliche Optimierung und die Einführung des Alcoa Production System (APS). Dieses System hat die Abschaffung von Zwischenlagern und anderen unnötigen Aufwendungen, eine Make-to-use-Produktion, zuverlässige und effiziente Herstellungsverfahren sowie eine fortschreitende Automation zum Ziel. Ein solches System kann in einem Umfeld von Interessens- und Revierkämpfen und bereichsbezogenen Besitzansprüchen nicht funktionieren.

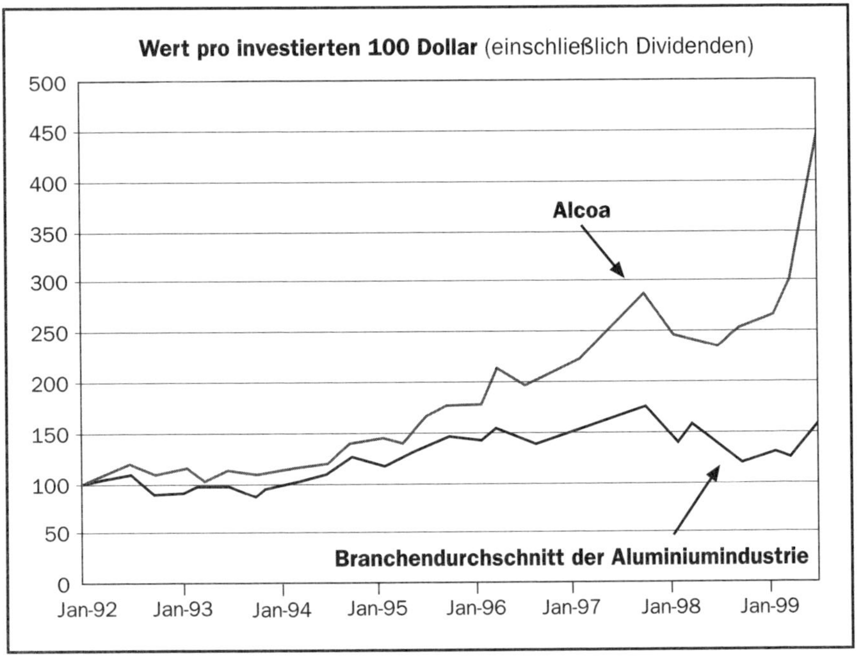

Abbildung 6.1: Rendite der Alcoa-Aktionäre im Branchenvergleich 1992–1999 (Wertentwicklung plus Dividenden)

Quelle: Tradeline© Dow Jones Interactive, Arthur D. Little-Analyse

Die Ergebnisse der vielfältigen Produkt-, Prozess- und Organisationsinnovationen schlagen sich nicht zuletzt auch in dem steigenden Unternehmenswert nieder. Wie Abbildung 6.1 zeigt, bestätigt die Wertentwicklung zwischen 1992 und 1999 die positive Bewertung der Führungsarbeit und Innovationsbereitschaft durch die Wall Street.

Auch über das Aluminiumgeschäft hinaus nutzt Alcoa seine innovativen Methoden. Closure Systems International (CSI) zum Beispiel, ein Tochterunternehmen von Alcoa, das ursprünglich Flaschendeckel und andere Metallverschlüsse herstellte, erwarb im Jahre 1986 das Unternehmen H-C Industries, Inc. Dieses Unternehmen verfügte über eine patentierte Formtechnik für Plastikverschlüsse. Alcoa bediente sich der H-C-Technologie und entwickelte Flaschenverschlüsse aus Kunststoff, die mit einem Siegelring versehen sind und erkennen lassen, ob eine Flasche bereits einmal geöffnet wurde. So wurde das Unternehmen zum weltweit führenden Hersteller von manipulationsgeschützten Verschlusssystemen für alkoholfreie Getränke.

Auch wenn neue Ideen und Entdeckungen immer noch in erster Linie von einem engen Kreis von Alcoa-Mitarbeitern kommen, definiert das Unternehmen seine Netze von Innovatoren inzwischen auf eine Art und Weise, die weit über die Unternehmensgrenzen hinausgehen. Jeder, der am erweiterten Unternehmen beteiligt ist – Kunden, Zulieferer und Partner – ist berechtigt und willkommen, an der Innovationsoffensive mitzuarbeiten. Kunden wie Coca-Cola und Boeing, die Alcoa ihrerseits zu Innovationen drängten, sind nun ebenso zu einem Teil von Alcoa geworden, wie Alcoa Teil ihres erweiterten Unternehmens geworden ist. Ob es darum geht, Kosten im Produktionsprozess eines Kunden zu senken oder bei der Entwicklung neuer Konzepte und Produkte zu helfen, Alcoa steht mit der gesamten Palette seiner Innovationen bereit.

Unternehmen der Neuen Generation definieren Organisation neu

- Die Unternehmensorganisation der Neuen Generation ist fließend.

In einem Unternehmen der Dritten Generation bewegen sich Ideen ohne Mühen von einem Teil des Unternehmens zum anderen, von der Geschäftsführung zu den Mitarbeitern, von den Kunden, Zulieferern und Partnern ins Unternehmen und umgekehrt, ohne dass sie ein kompliziertes Berichtssystem durchlaufen müssten und ohne unterschwellige Abwägungsprozeduren. Selbst wenn das Unternehmen einen weiten geografischen Bereich abdeckt und verschiedene Kulturen, Sprachen und Informationssysteme unter seinem Dach vereinigt, gelangen innovative Ideen schnell und reibungslos zu denen, die sie benötigen und produktiv nutzen können. „Tut uns leid, aber das ist nicht unsere Aufgabe“, oder „Das ist eine großartige Idee, doch versuchen Sie bitte, die Finanzabteilung davon zu überzeugen“, sind Re-

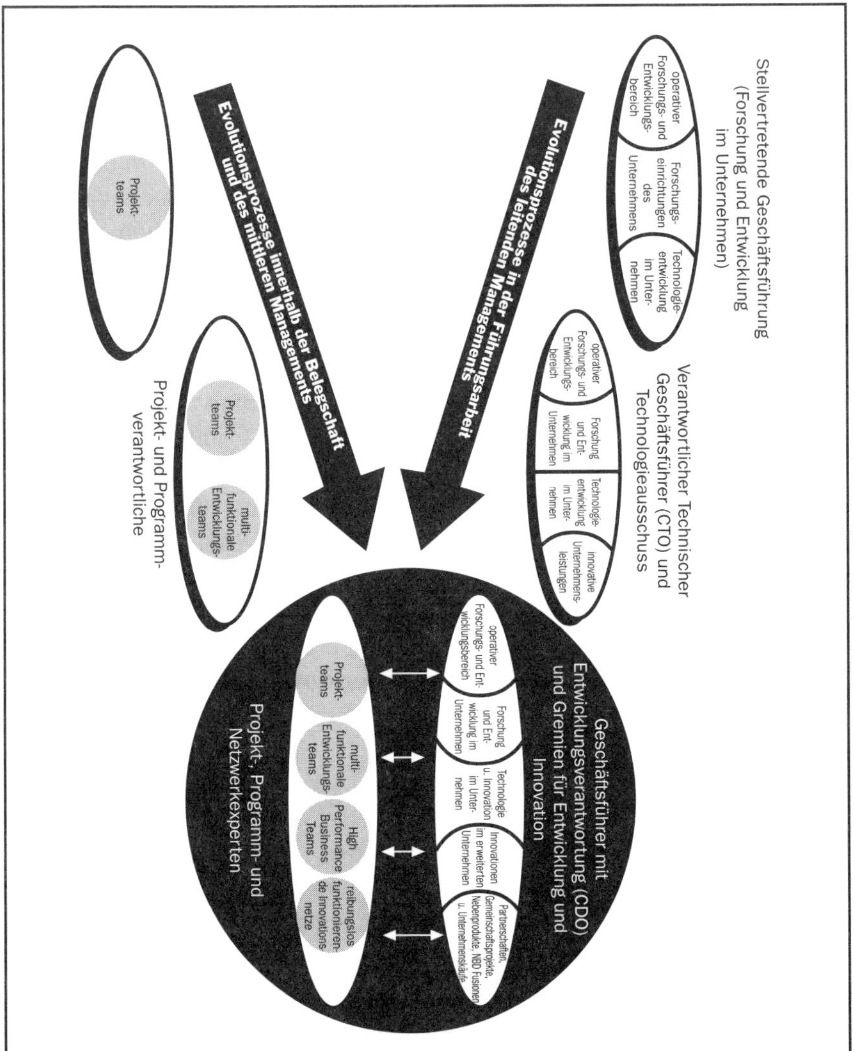

Abb. 6.2: Unternehmen der Neuen Generation verfügen über eine flexible Organisation, in der Innovationsführerschaft, Kooperationsnetze und Partnerschaften eine entscheidende Rolle spielen.

Quelle: Arthur D. Little, Inc.

aktionen, die Sie in einem Unternehmen der Neuen Generation nicht hören werden.

- Unternehmen der Neuen Generation brauchen innovationsbewußte Führung

Die Rolle der Führungskräfte im Innovationsmanagement ist entscheidend. Sie geht weit über ein zentrales oder dezentralisiertes Management der Forschungs- und Entwicklungsfunktion und anderer Unternehmensfunktionen hinaus.

Die Aufgabe des Chief Development Officers (CDO), des Vorstandes oder Geschäftsführers Entwicklung im weitesten Sinn zeichnet sich durch die Verantwortung für den gesamten Innovationsprozess von der Führungsspitze bis zur Basis und vom Konzept zum Kunden aus, ebenso wie für die Technologie-, Produkt- und Prozessentwicklung. Er muss sich darum bemühen, den Ertrag aus den Investitionen in Innovationsvorhaben zu steigern und die Zusammenarbeit der Ressourcen innerhalb und außerhalb des Unternehmens zu verbessern.

CDOs sind nicht nur auf Technik fixierte Autokraten. Sie sind vielmehr mit dem Trainer einer hervorragenden Fußballmannschaft zu vergleichen. Wir finden sie nicht auf dem Spielfeld im Zweikampf mit dem Gegner, aber sie schaffen den Rahmen, der es dem gesamten Unternehmen Fußballteam möglich macht, die Liga anzuführen.

Es ist die Aufgabe des CDOs, die Spieler des Teams zu begeistern und zu motivieren. Wie ein Trainer gibt der CDO Informationen, Hinweise und Ansporn von der Seitenlinie. Er spricht Herz und Verstand ebenso an wie die Fähigkeiten und die Kraft der Spieler in den Schlüsselpositionen, wobei es unbeträchtlich ist, ob es sich hier um eigene Mitarbeiter oder externe Partner handelt.

Die SAP AG ist ein Unternehmen, in dem dieses Coaching funktioniert. Es hat seine Belegschaft seit 1997 um mehr als 40 Prozent vergrößert und ist ein hervorragendes Beispiel für Vernetzung und Teamarbeit. Das Unternehmen legt größten Wert auf das Coaching neuer Mitarbeiter und bemüht sich, ein Umfeld zu schaffen, das Kreativität und Initiative fördert. Die Teamarbeit im Unternehmen setzt eine Organisation voraus, die Fehler verzeiht, auf der anderen Seite aber die unternehmerische Verantwortung aller für Ergebnisse sorgt. Dr. Hermann Kagermann, Vorstandsvorsitzender von SAP, sagt: „Wir alle empfinden SAP als unser Baby, und darum liegt es uns sehr am Herzen, was unsere jüngeren Kollegen daraus machen."

Der CDO darf nicht isoliert agieren. Soll die innovative Kraft eines Unternehmens zur Entfaltung gelangen, muss überall im Unternehmen eine neue Kultur der Wissbegierde um sich greifen, und das Verlangen nach neuen Ideen muss allgegenwärtig sein. Alle Manager müssen bereit sein, Verantwortung zu übernehmen, und in ein gemeinsames Innovationsmanagement involviert sein. „Die Unternehmensleitung in das Technologie- und Innovationsmanagement miteinzubeziehen, ist", so glaubt Frank Lederman, Vorstand Technik bei Alcoa, „die einzige Möglichkeit, die Forschung und Entwicklung effektiver zu gestalten und das Tempo zu erhöhen, mit dem Innovationen überall im Unternehmen umgesetzt werden können."

S.C. Johnson, der Hersteller chemischer Produkte für den Haushalt, vertritt eine ähnliche Auffassung, wenn es um das Ausräumen von Hindernissen gegen Innovationen geht. William D. Perez, Präsident und CEO, hat eine klare Botschaft an das Unternehmen formuliert: „Wir müssen den entscheidenden Innovationsvorsprung für alle Produkte und Leistungen verwirklichen, die wir an unsere Kunden liefern." Das heißt, die Kunden sollen den Produkten von S.C. Johnson im Blindtest, ohne Angabe der Hersteller, den Vorzug geben. Nur auf diesem Wege werden innovative und hochwertige Produkte auch in Zukunft das Markenimage stärken können. Das ist weit entfernt vom alten Ansatz, der bei General Electrics vertreten wurde. Hier ging es nur darum, mit Hilfe des starken Markennamens Elektrogeräte auf den Markt zu werfen und die nachhaltige Innovationsleistung des Unternehmens spielte eine untergeordnete Rolle.

Ein innovationsorientiertes Management wird auch im Geschäftsbereich „Energizer" der Eveready Battery Company spürbar. Pat Mulcahy, Präsident und Chief Executive Officer, erläutert: „Wir verfügen über ein Innovationsgremium, in dem die verantwortlichen Manager aus den Bereichen Technologie, Marketing und der kaufmännischen Geschäftsführung sitzen. Sie bestimmen den Innovationskurs, und zwar nicht nach Gefühl oder aufgrund von Meinungen, sondern aufgrund von Wissen, das aus Markt-, Kunden- und Wettbewerbsbeobachtungen gewonnen wird. Betrachten Sie unseren Innovationsprozess und Sie werden verstehen, wie sich das Unternehmen in Zukunft entwickeln wird. Wir werden ein völlig neues Unternehmen sein."

Joe McClanathan, ehemaliger CDO und nun stellvertretender Aufsichtsratsvorsitzender, unterstrich diese Botschaft, als er vor den Mitarbeitern des Unternehmens betonte: „Innovation ist kein einmaliges Projekt. Es gibt keinen Anfang und kein Ende. Es ist eine Kultur, eine Haltung, ein grundlegender und allumfassender Wunsch, die Art zu verbessern, wie wir unsere Produkte und unser Geschäft weiterentwickeln." Wie das Innovationsgremium, so informieren auch die Marketingverantwortlichen und die für die Zusammenarbeit mit den Zulieferern und den Partnern Verantwortlichen den CDO über die Innovationsanstrengungen. So wird die Suche nach Innovationen weit über das Unternehmen ausgedehnt. Dieses direkte Interesse von Joe McClanathan macht es leichter, Vorbehalte gegen Innovationen beiseite zu räumen, und stellt sicher, dass eine innovative Grundhaltung an der Spitze des Unternehmens verankert wird.

- Die Unternehmensorganisation der Neuen Generation wird von Kooperations- und Beziehungsnetzen bestimmt.

Der Einsatz der verantwortlichen Führungskräfte mag von großer Bedeutung und motivierend sein, doch die Arme und Beine, Augen und Ohren, die die eigentliche Innovationsleistung des Unternehmens der Neuen Generation vollbringen, sind die Kooperations- und Beziehungsnetze über die Verantwortungsbereiche hinweg.

Diese Netze basieren auf der gegenseitigen Anerkennung von Fähigkeiten und Beiträgen, ersetzen jedoch nicht die vorhandenen organisatorischen Strukturen und Prozesse. Sie bedürfen einer vielfältigen informellen Kommunikation wie lockere Treffen, E-Mails, Austausch von „Think pieces" und ähnliches, und sie erfordern einen Stimulator, der von Zeit zu Zeit Lösungsansätze aufzeigt, Schlussfolgerungen zieht oder eine neue Richtung weist. Diese Position entwickelt sich aus der Anerkennung und Gefolgschaft der Kollegen, und nicht aufgrund von Status und Autorität.

Zu diesen Netzen gehören Mitarbeiter aus unterschiedlichen hierarchischen Ebenen und Funktionsbereichen. Sie arbeiten verantwortlich zusammen, sind jedoch nicht „ernannt". Die Mitwirkung ergibt sich vielmehr aus einem allgemeinen Interesse oder einer Thematik, die die Menschen miteinander verbinden und es als erstrebenswert erscheinen lassen, an einem oder mehreren dieser Netze teilzuhaben und einen aktiven Beitrag zu leisten. Natürliche Knotenpunkte dieser Netze sind Menschen, die eine Aufgabe für das gesamte Unternehmen wahrnehmen und die bereichsübergreifende Kompetenz und hohes Verantwortungsbewusstsein in sich vereinen.

Unternehmen können die Bildung von solchen Netzen stimulieren, indem sie informelle Kommunikationsstrukturen fördern und die Initiatoren für den Aufbau solcher Netze unterstützen. Die Netze umfassen in der Regel auch Menschen außerhalb der eigenen Reihen, wie Zulieferer, Kunden oder kluge Köpfe aus Forschungsinstituten. Die Mitglieder dieser Netze können dauerhaft mitwirken, oder sich sporadisch einklinken.

In der Praxis kann man drei Typen von Netzen unterscheiden:

1. Beobachtungsnetze setzen sich mit zukünftigen Entwicklungen auseinander, und ihre Mitglieder tragen Beobachtungen über Kunden, Märkte, die Branche, Technologien und die Produktionstrends zusammen. Sie entwickeln neue Ideen und Konzepte und pflegen Beziehungen innerhalb und außerhalb des erweiterten Unternehmens.

2. Kompetenznetze sind darauf aus, eine Führungsposition für wichtige Bereiche der Innovationsplattform des Unternehmens zu erringen und auszubauen. Sie fühlen sich für die Entwicklung der Plattformen ebenso verantwortlich wie für die schnelle Umsetzung von Innovationen, die prompte Nutzung von Technologien und die aktive Begleitung von Projekten.

3. Entwicklungsnetze unterstützen die Innovationsschwerpunkte und -vorhaben des Unternehmens. Sie sorgen dafür, dass angemessene Ressourcen bereitgestellt werden und dass die richtigen Teams für Projekte zum Einsatz gelangen. Sie bringen nützliche Kapazitäten ein. Sie kümmern sich darum, dass die Technologiepipeline und das Portfolio von Produktentwicklungsprojekten gefüllt bleiben, und sie schaffen beim Management ein Bewusstsein für die Stärken und Schwächen, die Chancen und Bedrohungen des Unternehmens. Sie drängen darauf, die für die Innovationsstrategie erforderlichen Technologien und Kapazitäten zügig weiterzuentwickeln. Sie üben so Einfluss auf den Einsatz von Ressourcen aus und bestimmen die Entwicklungsrichtung des Unternehmens mit.

Bei Chrysler werden solche Netzwerke Technology Clubs genannt, eine Bezeichnung, die Außenstehende oft missverstehen (Tom Moore sagt, die Konkurrenten hätten zunächst gedacht, dass es sich hier um Freizeittreffs handele). In Wirklichkeit bestehen diese Teams aber aus hochgradig motivierten Mitarbeitern, die jeweils über Wissen in einem speziellen Bereich des Fahrzeugbaus verfügen – zum Beispiel das Chassis, die Lenkung, das Audiosystem betreffend – oder die spezifische technologische Bereiche abdecken, wie zum Beispiel die Spracherkennung oder alternative Brennstoffe. Die Technology Clubs sind für das Unternehmen von unschätzbarem Wert, da ihre Beiträge sowohl für die Leistungsfähigkeit als auch die Produkte von Chrysler zu enormen Innovationsvorsprüngen führen.

Die Technology Clubs wirken als Katalysator für die Weitergabe und Verteilung von Informationen zwischen den verschiedenen Bereichen des Unternehmens. Die Abteilung Advanced Technology von Tom Moore überprüft den Fortschritt der eigenen Entwicklungsarbeit zusammen mit den jeweiligen Technology Clubs, sucht ihren Rat und setzt auf ihre Ideen. In der Vergangenheit, erzählt Moore, sei sein Bereich seinen eigenen Weg gegangen und habe über Projekte erst nach deren Abschluss mit anderen Bereichen im Unternehmen gesprochen. Inzwischen profitiert der Bereich während aller Phasen des Entwicklungsprozesses vom Wissen der Technology Clubs und kommuniziert freizügig die eigenen Erkenntnisse und Entwicklungen, um so anderen Teilen des Unternehmens von Nutzen zu sein.

Die Technology Clubs beziehen auch die wichtigsten Zulieferer und Partner außerhalb des Unternehmens mit ein. Chrysler sucht z. B. nach Erkenntnissen über neue Technologien und Entwicklungen, indem die Technology Clubs enge Beziehungen zu wissenschaftlichen Forschungseinrichtungen pflegen. Wie viele andere Unternehmen, von der pharmazeutischen bis zur Luft- und Raumfahrtindustrie, weiß Chrysler, dass die Zusammenarbeit mit externen Forschungseinrichtungen sich in Form neuer Ideen und Kenntnisse auszahlen kann, und dass es die Suche nach neuen, qualifizierten Mitarbeitern erleichtert. Bei Chrysler wissen die für Produkt- und Technologieentwickung verantwortlichen Teams tatsächlich, was man im Unternehmen Chrysler und im Partnerkreis „weiß". Die Technology Clubs halten das gesammelte Wissen und die Erfahrung des erweiterten Unternehmens bereit. Die Mitglieder der Clubs fühlen sich gemeinsam für die Innovationsleistung des Unternehmens verantwortlich, und ihre Erfolgsbeteiligung spiegelt ihren Erfolg auch materiell wieder.

- Die Unternehmen der Neuen Generation bauen auf Partnerschaften.

Die Unternehmen der Neuen Generation pflegen Partnerschaften sowohl extern als auch intern. Es muss sich aus der Perspektive aller Beteiligten lohnen, eine solche Partnerschaft aufrecht zu erhalten. Eine erst kürzlich in der Zeitschrift Harvard Business Review erschienene Studie zeigt allerdings, dass mehr als zwei Drittel aller Partnerschaften die Erwartungen beider Seiten nicht erfüllen konnten. Ein Scheitern kann vermieden werden, wenn die Auswahl der Partner nach Gesichtspunkten der Komplementarität, der gemeinsamen Interessen und der Kooperationskultur erfolgt.

Die Robert Bosch GmbH ist ein positives Beispiel für ein Unternehmen, das in dieser Hinsicht die notwendige Vorsicht walten lässt. Bosch ist der führende Hersteller für elektrische und elektronische Fahrzeugkomponenten. Bosch zählt schon seit Jahrzehnten zu den wirklichen Giganten unter den Zulieferern der Automobilindustrie.

Die Pionierarbeit hochkompetenter und loyaler Mitarbeiter prägte den Ruf von Qualität und Innovationsfähigkeit, der dem Unternehmen vorauseilt. Im gleichen Maße, wie die Globalisierung von Märkten und die Erhöhung der technologischen Anforderungen voranschreitet, geht Bosch mit Bedacht ausgewählte Partnerschaften ein, die oft über die Grenzen der Automobilindustrie hinausgehen.

Eine solche Partnerschaft besteht beispielsweise mit der Deutschen Telekom und Debis, dem IT-Tochterunternehmen von DaimlerChrysler, um im Bereich der Fahrzeug-Navigationssysteme gemeinsam ein Produkt mit dem Namen DYNAPS zu entwickeln, eine Kombination aus Autoradio, Mobiltelefon und Navigationssystem. Von einer

Vielzahl von Messstationen erhält das Navigationssystem Informationen über Verkehrsdichte und Verkehrsfluss im gesamten Straßennetz. Auf Basis dieser Informationen errechnet das computergestützte System dann für die mit DYNAPS ausgerüsteten Fahrer Navigationsvorschläge und gibt ihnen die Möglichkeit, eine Alternative zu überlasteten Strecken zu wählen.

Branchenkenner mutmaßen, dass Fahrzeug-Navigationssysteme wie DYNAPS bis zum Jahr 2010 ein Marktvolumen von mehreren Milliarden Dollar jährlich erreichen werden.

Die Entwicklung von Subsystemen für den Kraftfahrzeugbau ist ausgesprochen kostenintensiv, auf der anderen Seite sind die zu erwartenden Gewinne hoch. Obwohl Bosch einen beachtlichen Prozentsatz seines Umsatzes wieder in Forschung und Entwickung investiert, hat das Unternehmen erkannt, dass es bahnbrechende Innovationen schneller und günstiger durch Partnerschaften überall auf der Welt realisieren kann.

Im Bereich des Anti-Blockier-Systems (ABS), in dem Bosch Pionierarbeit geleistet hat, ist das Unternehmen Partnerschaften mit den japanischen Firmen Nabco Ltd., Jidosha KiKi Co. und der Nippon ABS Ltd. eingegangen. Bosch verfügt inzwischen über 50 Prozent des Kapitals von Nippon ABS Ltd. Im Bereich der Lenkung arbeitet das Unternehmen in einem Jointventure mit ZF zusammen, wobei ZF Branchenführer im Bereich Schaltungen und Getriebe ist. Es zeichnet sich bereits ab, dass hydraulische Lenksysteme von elektrohydraulischen und elektronischen Systemen abgelöst werden. Beide Unternehmen kombinieren auf diesem Gebiet ihr Know-how, um einen Innovationsvorsprung herausarbeiten zu können.

Durch Partnerschaften und Kooperationen wie diese wird Bosch auch in Zukunft ein extrem innovatives Unternehmen bleiben.

Ein Beispiel für die Organisationsform der Neuen Generation: Boston Scientific

Peter Nicholas und John Abele begegneten sich vor 20 Jahren zufällig an der Seitenauslinie eines Fußballplatzes in Boston, Massachusetts, während sie ihren Kindern beim Spiel zusahen.

Peter Nicholas war Geschäftsmann und John Abele Wissenschaftler. Es dauerte nicht lange bis sie entdeckten, dass ihre Fähigkeiten und Interessen vielsprechend miteinander zu vereinbaren waren, und das Unternehmen Boston Scientific war geboren.

Als das Unternehmen 1979 gegründet wurde, war es darauf spezialisiert, innovative medizinische Apparaturen zu produzieren. Es hat sich längst vom Außenseiter zum erfolgreichen Konzern mit einem Umsatz von 1,5 Milliarden Dollar entwickelt und nimmt eine führende und wegweisende Rolle in der Entwickung medizinischer Apparaturen ein.

Aber dieser Weg war steinig. 1988 zum Beispiel wies das Unternehmen bei einem Umsatz von annähernd 100 Millionen Dollar

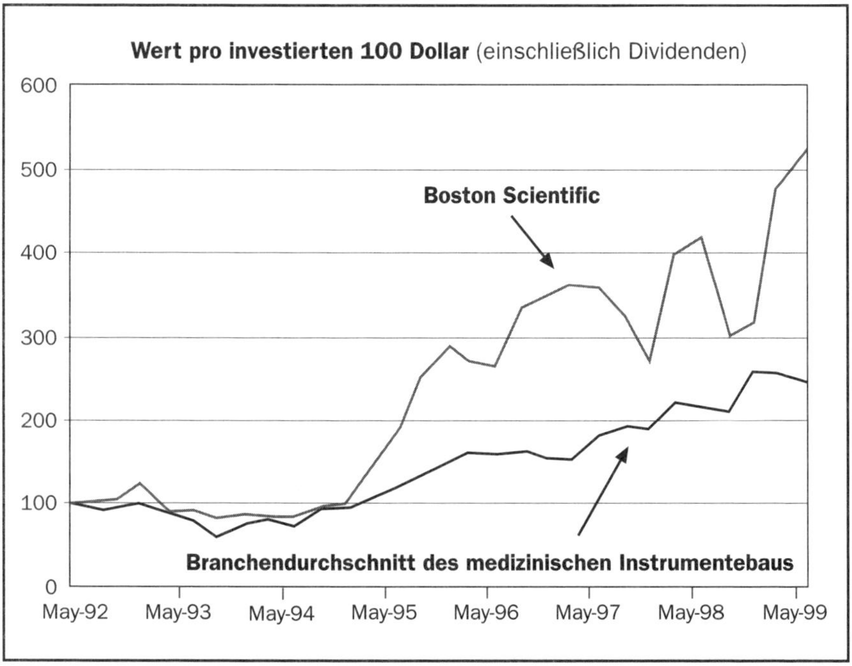

Abbildung 6.3: Rendite der Boston Scientific-Aktionäre im Branchenvergleich 1992–1999 (Wertentwicklung plus Dividenden)

Quelle: Tradeline© Dow Jones Interactive, Arthur D. Little-Analyse

einen Verlust von 900 000 Dollar aus. Doch schon fünf Jahre später erreichte es bei einem Umsatz von 380 Millionen Dollar einen Gewinn von 70 Millionen Dollar. Boston Scientific konnte das Wachstum des Umsatzes und seinen Marktanteil kontinuierlich steigern – unter anderem auch mit Hilfe einiger geschickter Unternehmensaufkäufe.

Der tatsächliche Grund für den Erfolg des Unternehmens jedoch ist die Organisationsentwicklung im Geist der Neuen Generation. Art Rosenthal, der 1994 zum Vorstand Technik berufen wurde, war die treibende Kraft dafür.

Als Rosenthal den Posten übernahm, war die Forschungs- und Entwicklungsabteilung eng mit der Unternehmenszentrale verbunden und wurde von der Marketingabteilung gesteuert. „Die Forschung und Entwicklung bestand zum größten Teil aus Mitarbeitern aus der Produktion, die die Entwicklung als Nebenbeschäftigung betrachteten", erklärt Art Rosenthal, „die Mitarbeiter der Forschung und Entwicklung hatten keinen Kontakt zu den Anwendern unserer Instrumente, und die Marketingabteilung agierte darüber hinaus als Abfangjäger".

Art Rosenthal überzeugte das Management davon, die Forschung und Entwicklung von Boston Scientific zu dezentralisieren. Die einzelnen F&E-Gruppen wurden den Geschäftseinheiten zugewiesen. Damit waren sie „näher am Kunden" und konnten sich stärker um die relevanten Technologien für ihren speziellen Bereich kümmern. Nur Technologien, die überall im Unternehmen zur Anwendung gelangten, wurden in einer Forschungs- und Entwicklungszentrale zusammengefasst.

Wurden Unternehmen erworben, so wurden sie nach neuen Technologien durchforstet. Art Rosenthal nennt als Beispiel den Erwerb von SCIMED Life Systems im Jahre 1995: „Von anderer Seite wurde SCIMED als rein kardiologisches Unternehmen eingeschätzt, wir dagegen betrachteten es als technologische Plattform, die wir für andere Geschäfte würden nutzen können."

Um den kreativen Ideenfluss aufrechterhalten zu können und um sicherzustellen, dass die neuen Technologien schnell überall im Unternehmen Verbreitung finden, setzte Art Rosenthal ein Technology Executive Council ein, das sich alle sechs Wochen zwei Tage lang zusammenfindet. Jedes Mitglied des Gremiums bringt die Perspektive seiner Abteilung in die Diskussion ein, wenn es darum geht, welcher Etat für die unterschiedlichen Projekte bereitgestellt werden soll. Im

Rahmen dieser Sitzungen haben die Teilnehmer Gelegenheit, Wissen zu „teilen" und die Kollegen über ihre Beiträge zur technologischen Plattform zu informieren.

Auf den ersten Blick handelt es sich um eine paradoxe Zielsetzung: Eine zentrale Übersicht zu erhalten, während die unterschiedlichen Forschungs- und Entwicklungsbereiche näher an den Ort des Geschehens rücken und größere operationale Freiräume erhalten. Doch wie Art Rosenthal sie beschreibt, sind diese Bereiche die Verbindung zwischen wissenschaftlicher Arbeit, technologischen Lösungen und den Endverbrauchern der Produkte – „eine Form des organisierten Chaos, doch es funktioniert hervorragend".

Sind Sie bereit für die Organisation der Neuen Generation?

- Ändern Sie Ihr Weltbild.

Die Entwicklung und das Verhalten von Organisationen zu steuern, ist keine leichte Aufgabe. Doch auch hier gilt: Am Anfang steht eine Veränderung der Denkweise.

Die Organisation der meisten Unternehmen ist über Jahre hinweg als Folge schlechter und guter Ideen und Verhaltensweisen entstanden. Sie wird von Ansichten und Haltungen geprägt, die sich aus dem Einfluss starker Persönlichkeiten und unternehmenspolitischen Vorstellungen ergeben. Um ein Unternehmen so zu verwandeln, dass es zu hoher Innovationsleistung in der Lage ist, muss Teamarbeit kultiviert und Risikobereitschaft belohnt werden. Diese Haltung muss an der Basis ebenso präsent sein wie im Topmanagement.

Was zum Beispiel wird in der Firmenliteratur über die Organisation des Unternehmens ausgesagt? Spiegelt sie ein Unternehmen wider, das sich nach vorn bewegt, oder wird hier ein Unternehmen deutlich, das von Regeln, Traditionen und Beschränkungen geprägt ist? Sieht das Unternehmen über den eigenen Tellerrand hinaus oder betont es die Notwendigkeit, linientreu zu bleiben und den gewohnten Regeln zu folgen?

Motivieren Sie Ihre Vertriebsmitarbeiter durch überzeugende Visionen, oder bremsen Sie sie durch Kostensenkungsmaßnahmen? Erwarten Sie von Ihrer Forschung und Entwicklung bahnbrechende Ideen oder erzeugen Sie Angst davor, dass ein Projekt scheitern könnte? Welche Standards werden durch die Leistungsbewertung in ihrem Unternehmen gesetzt?

Die Signale, die Sie aussenden, sowohl in schriftlicher Form als durch Ihr Handeln und durch die Werte, die Sie setzen, spiegeln die Botschaft wider, die Sie zum Thema „Innovation“ transportieren. Wenn Sie von Ihren Mitarbeitern innovative Kompetenz erwarten, müssen Sie Ihren Worten Taten folgen lassen.

- Schätzen Sie ein, wo Sie stehen.

Wie können Sie beginnen, die Organisation eines Unternehmens der Neuen Generation aufzubauen? Stellen Sie sich die folgenden Fragen:

- Wie oft sitzen die Manager aller Geschäftsbereiche im Unternehmen zusammen, um Wissen auszutauschen und unterschiedliche Positionen abzustimmen?
- Gehören die wichtigsten Mitarbeiter der Forschung und Entwicklung zu unserer Führungsmannschaft oder stehen sie im Abseits?
- Steht unsere Marketingabteilung dem Ideentransfer zwischen den Mitarbeitern der Forschung und Entwicklung und den Kunden im Weg?
- Ist „Innovation“ tatsächlich ein Bestandteil unserer Unternehmenskultur oder ist sie nur eine leere Worthülse?
- Haben die Führungskräfte in unserem Unternehmen den Wunsch innovativ zu handeln, schaffen es aber nicht, diese Botschaft an die Mitarbeiter weiterzuleiten?
- Oder haben die Mitarbeiter die dringende Notwendigkeit von Innovationen erkannt, müssen sich aber noch immer mit budgetfixierten Führungskräften auseinandersetzen?
- Werden innovative Ideen auf dem Weg vom Konzept zur Vermarktung in den verschiedenen Stadien häufig von komplizierten Regeln aufgehalten und gehen irgendwann auf dem Weg verloren?

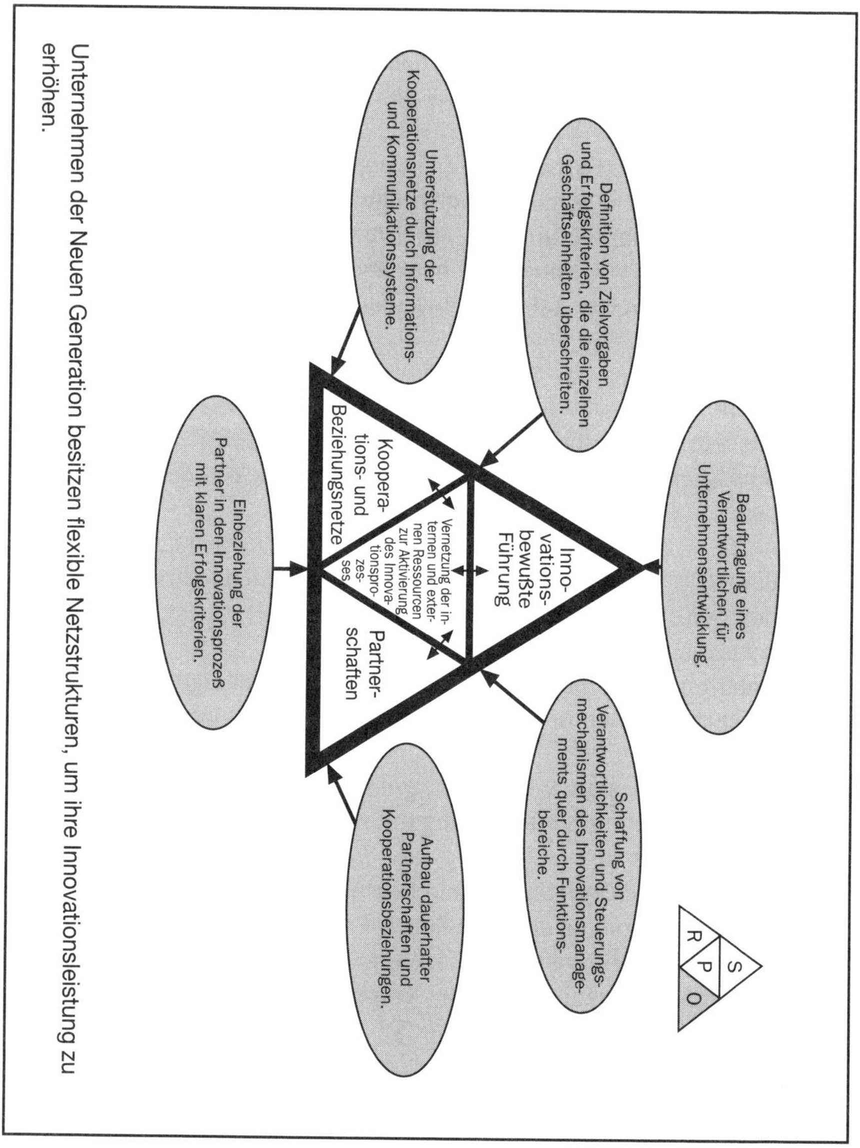

Abbildung 6.4: Der Weg zur vernetzten Organisation innovativer Unternehmen

Quelle: Arthur D. Little, Inc.

- Haben wir Mitarbeiter beauftragt, Innovationshindernisse beiseite zu räumen?
- Wird unsere Innovationsbereitschaft von allen Kollegen geteilt oder müssen wir uns immer wieder abmühen, sie zu überzeugen?
- Verfolgt unser Unternehmen aktiv eine eigene Vision für die Zukunft oder reagiert es nur auf die Konkurrenten?
- Verfolgen wir unsere Ziele im Unternehmen im Alleingang oder inspirieren wir das gesamte Team zum Erfolg?
- Haben Budgets in unserem Unternehmen die Wirkung, Initiativen zu beschneiden und Abweichungen zu bestrafen?
- Operiert unser Unternehmen „in seiner eigenen Welt" oder beobachtet es ständig das gesamte Geschäftsumfeld?
- Sind die für den Erfolg von Innovationen maßgeblichen Mitarbeiter in unserem Teams vertreten?
- Werden Ihre Technikverantwortlichen aus strategischen Entscheidungen herausgehalten oder wirken sie dabei mit, um Innovationen nach vorn treiben zu können?

Unternehmen der Neuen Generation verfügen über eine flexible Organisation, in der Innovationsführerschaft, Kooperationsnetze und Partnerschaften eine entscheidende Rolle spielen.

Obwohl die Bedeutung horizontaler Organisationsstrukturen in den letzten zehn Jahren zunehmend anerkannt wurde, fällt vielen Managern die positive Beantwortung dieser Fragen schwer. Sie stellen fest, dass sie nicht an der Spitze einer vernetzten Organisation stehen, sondern dass sie es mit einer Gruppe isolierter Funktionsbereiche zu tun haben, die völlig verschiedene Strategien verfolgen. In einem solchen Unternehmen fließen innovative Ideen nicht reibungslos vom Ideenstadium über die Entwicklung bis hin zur Produkteinführung. Sie werden stattdessen blockiert: Durch unterschiedliche Verantwortlichkeiten und Interessen, die sich während der Phasen des Innovationsprozesses bemerkbar machen, durch Kommunikationsprobleme und durch einen unterschiedlich starken Einsatz für Innovation.

Viele Manager empfinden es als besonders schwierig, als sinnvoll erkannte Kooperationsnetze in die Praxis umzusetzen. Mitarbeiter wollen ihr Wissen oft für sich behalten und sind kaum bereit, dieses Wissen mit anderen Abteilungen zu teilen – erst recht nicht mit externen Partnern. Wenn sie dennoch bereit sind, gemeinschaftlich zu arbeiten, werden sie von den kurzsichtigen Vorstellungen mancher Führungskräfte im mittleren Manager gebremst, die die Notwendigkeit innovativen Handelns nicht erkennen wollen. Viele von ihnen müssen früher oder später spüren, dass sie selbst das eigentliche Hindernis auf dem Weg zu einem vernetzten, innovativen und erfolgreichen Unternehmen waren.

Folgen Sie dem Weg zur Organisation der Neuen Generation.

- Lassen Sie im Unternehmen Innovationsführerschaft entstehen.

In vielen Unternehmen gibt es bereits eine deutlich ausgeprägte Bereitschaft zu Innovationen – auf Vorstandsebene. Wo das bereits der Fall ist, muss diese Bereitschaft so kommuniziert werden, dass ein frischer Wind durch das gesamte Unternehmen weht, der Innovationsfreudigkeit vermittelt.

Diese Bereitschaft muss aber nachhaltig sein und darf nicht von der kleinsten Schwierigkeit erschüttert werden. Denn die Mitarbeiter fragen sich ständig, ob die Geschäftsführung die Energie aufbringen wird, um sich langfristig für diese Innovationsstrategien einzusetzen. Oder wird sie wieder zur Routine des Tagesgeschäfts zurückkehren? Kann sie auch nur annähernd das Maß an Engagement beweisen, das den Sony-Führungskräften zugeschrieben wird, die behaupten, sie würden 80 Prozent ihrer Zeit auf Innovationen verwenden? Wenn das der Fall ist, muss die Geschäftsführung die Innovationsinitiative dauerhaft und sichtbar ergreifen. Ergänzend dazu müssen Netze von innovationswilligen Mitarbeitern und Partnern entstehen, die sich aktiv um Innovationen und Entwicklungsinitiativen kümmern.

- Setzen Sie einen Verantwortlichen für Unternehmensentwicklung (Chief Development Officer, CDO) ein.

Selbst wenn die Geschäftsführung über eine ausgeprägte Innovationsvision verfügt, besteht ein unzweifelhafter Bedarf an einem Kristallisationspunkt, von dem das Management der entstehenden Innovationsnetze ausgeht. Bevor ein Verantwortlicher für Unternehmensentwicklung sich allerdings Hoffnungen machen kann, unternehmensweit innovative Kräfte freisetzen zu können, muss die Geschäftsführung sich die folgenden grundlegenden Fragen stellen:

- Welche Art von Vollmachten und Einfluss benötigt der Verantwortliche für Unternehmensentwicklung, um effektiv zu sein?
- Welche Mitarbeiter müssen ihm zuarbeiten?
- Über welche Ressourcen muss er verfügen können?
- Welchen Einfluss muss er auf strategische und operative Entscheidungen ausüben können?
- Wie müssen seine Leistungsvorgaben und -anreize aussehen?

Die Antworten auf diese wichtigen Fragen werden natürlich in jedem Unternehmen etwas unterschiedlich ausfallen, aber das Verhalten und die Position des Verantwortlichen für Unternehmensentwicklung werden einen entscheidenden Einfluss auf das Innovationsklima haben.

- Bestimmen Sie, welche Innovationsnetze Ihr Unternehmen benötigt und managen Sie sie mit Nachdruck.

Die Unternehmensleitung muss zunächst herausfinden, welche Arten von Innovationsnetzen benötigt werden. Dann sollten die Mitarbeiter zur Mitarbeit in den Teams eingeladen werden, für die sie eine wesentliche Fähigkeit einbringen können, so dass jedes Team als Ganzes die für seine Aufgabe erforderliche Erfahrung und das benötigte Fachwissen des Unternehmens widerspiegelt.

Derartige Netze dauerhaft zum Funktionieren zu bringen, erfordert eine gute Kommunikationsinfrastruktur, um zwanglose Diskussionen zwischen ihren Mitgliedern zu ermöglichen, die ja alle in ihre tägliche Arbeit eingebunden bleiben und vielleicht in mehreren Teams mitmachen.

- Gestalten Sie Partnerschaften, die dauerhaft sind

Über die Enttäuschungen und Fehlschläge von Jointventures, strategischen Allianzen und anderen Formen von Partnerschaften ist schon sehr viel geschrieben worden. In vielen Fällen stellt sich im Rückblick heraus, dass zwar viel Mühe aufgewandt wurde, um die Partnerschaft auszuhandeln, um die finanziellen und rechtlichen Aspekte zu gestalten und um die Synergien zu bestimmen und zu realisieren, dass aber viel zu wenig daran gedacht wurde, die Innovationsleistung der Partnerschaft zu sichern, geschweige denn zu erhöhen. Verantwortlichkeiten dafür bleiben unklar und Ziele und Erfolgsmaßstäbe undefiniert. Erfolgreiche Innovatoren widmen gerade diesen Aspekten von Partnerschaften die größte Aufmerksamkeit; sie sorgen dafür, dass die Organisationen gut aufeinander abgestimmt sind, dass die operativen Details genau durchdacht sind und dass die Verbindungen funktionieren, um die gemeinsame Innovationsleistung dauerhaft zu entwickeln.

- Bauen Sie die Netzwerke so auf, dass sie der Unternehmenssituation angepasst sind.

Der Aufbau der Netzwerke muss so erfolgen, dass sie den größtmöglichen Nutzen bringen und die geringsten Reibungsverluste erzeugen. Ein erfolgreiches Pilotnetzwerk ist meistens ein überzeugender Einstieg, um die Akzeptanz für weitere Netzwerke in der Organisation zu schaffen.

Alcoa beispielsweise nutzt unterschiedliche Ansätze für die verschiedenen Netzwerke. So sind beispielsweise die *„Like Technologies Teams“* (LLT) des Bereichs Hütten in erster Linie um die Haupttechnologien gruppiert, die genutzt werden, während die Standorte in diesen Teams zusammengefasst sind. Jedes Werk ist durch seinen Verantwortlichen für Technologie vertreten. Wenn es für notwendig erachtet wird, können Ad-hoc-Teams einberufen werden, um ein spezifisches Problem zu lösen oder eine wichtige, zeitlich begrenzte Aufgabe zu übernehmen. Es kann auch über längere Zeit ein bestehendes Team beauftragt werden, ein langfristiges Programm zur Leistungssteigerung zu entwickeln und umzusetzen.

Jerry Roddy, weltweiter Technologiedirektor im Bereich Metall von Alcoa, sagt, dass der Einsatz der Like Technologies Teams es möglich macht, dass „die Leute in den verschiedenen Werken wissen, wen sie anrufen können, wenn ein Problem auftaucht. Aber LTT sind auch sehr effektiv, wenn es darum geht, eine innovative Technologie weltweit einzuführen".

„Ein zusätzlicher Vorteil", fährt Roddy fort, „ist, dass wir bei jeder Akquisition, die Alcoa irgendwo auf der Welt tätigt, eine „Heimat" für die aufgekauften Unternehmen und ihre Bereiche haben. Wir können sofort mit der erforderlichen Integrationsarbeit beginnen und Technologien und erfolgreiche Verfahren von uns zu ihnen und umgekehrt transferieren."

John Sibly, Roddys Kollege im Bereich Raffinerien, bemerkt, dass es, um diesen Technologietransfer in Gang zu bringen, von wesentlicher Bedeutung sei, „über gute Audit-Verfahren zu verfügen, die von den Netzwerken benutzt werden kann. Sie müssen in der Lage sein, schnell herauszufinden, wo wir uns heute befinden und an welchen Punkten noch gearbeitet werden muss." „Sind die Defizite einmal identifiziert", fügt Greg Smith hinzu, „können die Plattformen und Netzwerke beginnen, sie zu schließen. Und in diesem Stadium setzt die wirkliche Innovationsleistung ein, indem wir auf Brainstorming-Sitzungen oder die Erarbeitung von Szenarien zurückgreifen."

In anderen Bereichen des Unternehmens haben die Alcoa-Manager Netzwerke um Verfahrensschritte organisiert, wie im Falle der Aluminiumbarren, die Alcoa für den eigenen Gebrauch und für den Verkauf produziert. „Das Barrennetzwerk bei Alcoa ist eines der schon länger erprobten Netzwerke, und es funktioniert ausgezeichnet", sagt Smith. „Das Team wird gut geführt, und es hat Messverfahren entwickelt, die es ermöglichen, dass im gesamten Unternehmen die wirkungsvollsten Praktiken schnell ausgetauscht werden. So wissen wir immer, wo und wie wir unsere Innovationsbemühungen konzentrieren müssen."

- Schaffen Sie klare Verantwortlichkeit für das Managements externer Allianzen und Partnerschaften.

Unternehmen der Neuen Generation verlagern ihre Aufmerksamkeit von vertikalen organisatorischen Strukturen hin zu horizontalen Strukturen, die eine Zusammenarbeit mit Partnern verschiedenster Art ermöglichen. Weil die extremen Partnerbeziehungen entscheidend für die Innovationsfähigkeit sind, benötigen sie weit mehr Aufmerksamkeit, als sie gegenwärtig in den meisten Unternehmen erhalten. Sie können vor allem nicht durch Einkäufer oder die Rechtsabteilung geschaffen werden, die die Innovationsstrategie des Unternehmens nicht verinnerlicht haben.

- Entmachten Sie die funktionalen Fürstentümer in Ihrem Unternehmen.

Unternehmen, die den Status der Neuen Generation anstreben, empfinden herkömmliche Hierarchien als inflexibel und ineffektiv. Um ihre Innovationsfähigkeit zu steigern, bauen die Unternehmen mehr und mehr auf funktionsübergreifende Teams und Netzwerke, die Innovationen von der Basis aus vorantreiben und Marktpotenziale als Orientierung für Innovationsideen betrachten.

Die Verknüpfung dieser Teams und Netzwerke führt zu neuen fließenden Strukturen, die nachhaltige Innovationsfähigkeit bewirken. Die hierarchischen Strukturen werden für die Erzeugung von Ideen und deren Weiterentwicklung zu erfolgreichen innovativen Produkten und Leistungen immer hinderlicher und müssen in den Hintergrund treten.

Kapitel 7
Halten Sie das Tempo
Schaffen Sie eine Kultur des Wandels und des Lernens

Der britische Ölkonzern BP ist in den letzten Jahren zu einer stromlinienförmigen Geldmaschine geworden. Es ist heute eines der profitabelsten Unternehmen unter den großen Ölkonzernen und schlägt die Industrie im Hinblick auf die Rendite der Aktionäre in den Jahren 1992–99 um Längen (vgl. Abbildung 7.1). Vor einem knappen Jahrzehnt sah die Zukunft jedoch gar nicht so rosig aus. Zu dieser Zeit war BP ein hochverschuldetes, verwirrendes Konglomerat unterschiedlicher Geschäftsbereiche, die sich in den verschiedensten Feldern betätigten.

Aber wie wurde dieser ehemals schwerfällige Industriegigant in eine wendige, flexible und innovative Orgnisation verwandelt? Indem Lernen zu einer wesentlichen Komponente der Unternehmenskultur wurde, sagt John Browne, der seit 1995 Vorstandsvorsitzender ist. „Lernen ist der Schlüssel zur Fähigkeit des Unternehmens, sich an eine rasant verändernde Umwelt anzupassen", erklärt Browne. „Es ist die wesentliche Grundlage für seine Fähigkeit, Chancen zu erkennen, die andere vielleicht gar nicht sehen, und diese Chancen schnell und umfassend auszuschöpfen."

Als Browne im Juli 1995 seine gegenwärtige Position antrat, kämpfte BP verzweifelt darum, seine finanzielle Gesundheit wiederzuerlangen. Nach einem katastrophalen Jahrzehnt hatten die Schulden zum Ende des Jahres 1992 eine Rekordhöhe von 16 Milliarden Dollar erreicht. Und die Schulden waren nur das offensichtlichste der Probleme, die den Konzern in dieser Zeit plagten. Die Reserven nahmen ab, die bestehenden Ölfelder BPs in der Nordsee und im Norden Alaskas gingen zur Neige, und die Erschließungs- und Entwicklungskosten waren mindestens dreimal so hoch wie die der Konkurrenten.

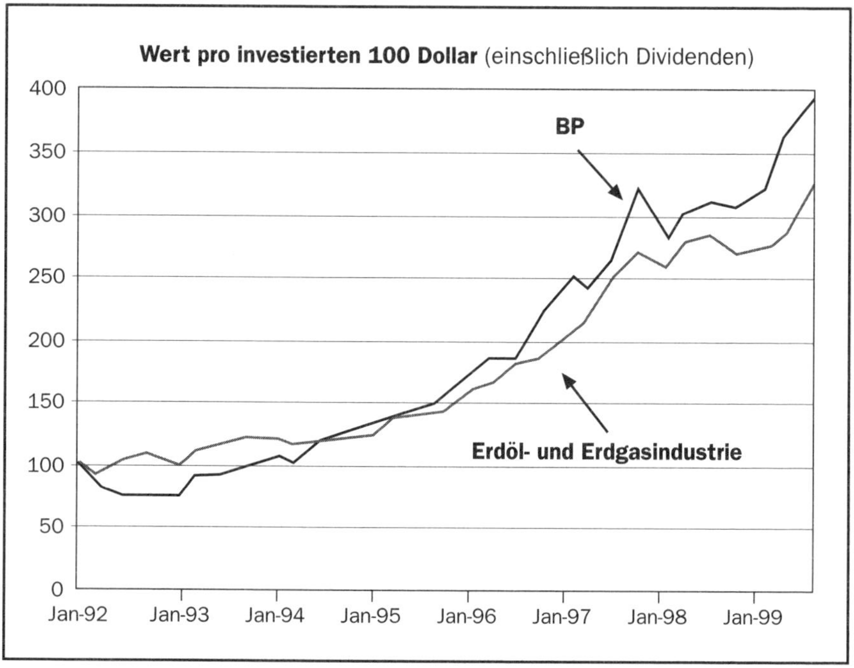

Abbildung 7.1: Rendite der BP-Aktionäre im Branchenvergleich 1992–1999 (Wertsteigerung plus Dividenden)

Quelle: Tradeline© Dow Jones Interactive, Arthur D. Little-Analyse

Anmerkung: Notierungen und Dividenden sind für diesen Vergleich in Dollar konvertiert worden.

Heute dagegen sind die Schulden um fast 60 Prozent gesunken, und BP zeigt eine starke Präsenz in neuen Regionen wie dem Mittleren Osten und Südamerika, kann eine jährliche Wachstumsrate von mehr als fünf Prozent vorweisen und war in der Lage, eine Reihe wichtiger Aufkäufe zu tätigen. Nach Ansicht der BP-Manager ist dieser Wandel ebenso wie der Aufbau einer starken Innovations- und Wachstumsmaschine zu einem großen Teil ihrer Verpflichtung zu einem ständigen, unternehmensweiten Lernen zu verdanken.

Zuoberst auf der Prioritätenliste der BP-Manager steht, eine Organisation zu werden, die sich auf die hohe Kunst versteht, Wissen zu erwerben, zu teilen und zu nutzen. „Das Topmanagement-Team muss die Organisation stimulieren, nicht kontrollieren", so Browne. „Es ist seine Rolle, die strategische Richtung zu bestimmen, zum Lernen zu ermutigen und sicherzustellen, dass es Mechanismen gibt, um das Erlernte unternehmensweit und wirkungsvoll umzusetzen."

Im Zentrum der Lernprozesse bei BP standen die PIT, die Teams zur Leistungssteigerung (*performance improvement teams*). Bei BP muss jeder Mitarbeiter seine persönliche Verantwortung für die Leistung des gesamten Unternehmens erkennen, und die PIT helfen ihm dabei, indem sie Wachstums- und Leistungsstandards entwickeln, die sich über Abteilungen, Unternehmenseinheiten und selbst die Konzerngrenzen hinweg erstrecken.

Einen Sinn für eine unternehmensweite Verantwortlichkeit nahezubringen, ist in einem Konzern wie BP von besonderer Bedeutung, der nach Geschäftsfeldern und Produktionsbereichen gegliedert ist. Der große Vorteil einer nach Produktionsschwerpunkten strukturierten Organisation ist es nach Ansicht der BP-Manager, dass sehr viel Wert auf die optimale Nutzung kapitalintensiver Anlagen gelegt wird. Das große Risiko jedoch besteht darin, dass die Mitarbeiter sich so sehr auf interne Belange konzentrieren, dass sie aus den Augen verlieren, was außerhalb ihres eigenen Horizonts geschieht. Die PIT tragen dazu bei, dieses Risiko aus dem Weg zu schaffen, und sorgen für eine ausgewogenere Entwicklung und Nutzung wissensbasierter und immaterieller Vermögenswerte.

Es ist nicht überraschend, dass die Informationstechnologie eine wichtige Rolle bei den Bemühungen spielt, Lerngemeinschaften bei BP aufzubauen und einen Sinn für den übergreifenden Unternehmenszweck zu entwickeln, indem ein intensiver Wissens- und Erfahrungsaustausch zwischen den Bereichen ermöglicht wird. Und tatsächlich bezeichnet man z. B. das Technologiezentrum im BP-Slang gerne als „gemeinsame petrotechnische Ressource", um hervorzuheben, dass diejenigen, die dort arbeiten, die meiste Zeit für mehr als einen Bereich tätig sind.

Eine andere Methode, um zum Wissensaustausch und zum unternehmensweiten Lernen zu ermutigen, ist das Programm zur Unterstützung der Kollegen (*Peer Assist Program*), mit dem gleichzeitig die Bedeutung der Teamarbeit hervorgehoben wird. Statt einen Experten heranzuziehen, der herausfindet, was getan werden soll, wenn Probleme auftauchen, werden die Mitarbeiter dazu ermutigt, selber nach

Lösungen zu suchen. Und weil ein computergestütztes Netzwerk für die Suche zur Verfügung steht, hat der einzelne Mitarbeiter, der ein Problem lösen will, wirklich weitreichende Möglichkeiten, sich das erforderliche Fachwissen zu beschaffen.

Unternehmen der Neuen Generation wie BP haben erkannt, dass Wissen, sofern es nicht mit anderem Wissen kombiniert und den Mitarbeitern in nutzbarer Form zur Verfügung gestellt wird, nutzlos bleibt und nicht die Urkraft der Innovation hervorbringen kann: Ideen. Also werden Wissens-, Kompetenz-, und Technologienetzwerke genutzt, um in einem dezentralisierten Unternehmensumfeld Wissen und Informationen zugänglich zu machen. Auf diese Weise erhält die gesamte Organisation einen Überblick über die großen Mengen an bestehendem Wissen und ist in der Lage, dieses Wissen gezielt zu nutzen oder neues Wissen durch neue Kombinationen von Informationen zu generieren.

Im Unternehmen der Neuen Generation werden Ideen und neues Wissen auf diese Weise immer wieder in das erweiterte Unternehmen zurückgespeist und für Innovationen genutzt.

Weil Wissensmanagement eine dauerhafte Aufgabe ist und das Lernen kontinuierlich erfolgt, wird das Unternehmen immer intelligenter. Nicht nur die Produkte und Dienstleistungen werden ständig verbessert, sondern der Entwicklungsprozess selber wird immer wirkungsvoller. Kein Wunder, dass der Marktwert solcher Unternehmen überdurchschnittlich steigt.

Der Lernprozess in Unternehmen der Neuen Generation

- Das Lernen in Unternehmen der Neuen Generation ist allumfassend.

Wenn es gefährlicher sein soll, ein bisschen als gar nicht zu lernen, wie Philosophen einst warnten, dann umgehen Unternehmen der Neuen Generation diese Gefahr, indem sie ihre Lernprozesse so umfassend wie möglich gestalten. Die gesamte Energie wird darauf gerichtet, in jedem Winkel des Unternehmens und über die große Reichweite des erweiterten Unternehmens hinweg ein kontinuierliches und beschleunigtes Lernen zu fördern.

Indem es die Strategie, Prozesse, Ressourcen und Organisation überlagert und verbindet, wird das Lernen zur entscheidenden Komponente des Unternehmensmodells der Neuen Generation. Erst mit Hilfe ständiger Lernprozesse ist eine Organisation in der Lage, die Innovationsbereitschaft in eine Innovationsprämie umzuwandeln. Per definitionem erfordert Nachhaltigkeit einen ständigen Fluss neuer Ideen und Einsichten und hohe Effektivität ihrer Umsetzung in Markterfolg.

Aber Quantität darf keinesfalls auf Kosten der Qualität gehen. Das Strömen von Ideen muss deswegen gebändigt werden: erstens durch die Anwendung stringenter Kriterien, die bestimmen, wonach gesucht wird, und zweitens durch den Einsatz effizienter Vorgehensweisen, um das, was gefunden wurde, zu selektieren, zu bündeln und zu kanalisieren.

Kurz, die Innovationsstrategie muss mit einem Innovationsprozess und der kreativen Nutzung der Ressourcen kombiniert werden, und das Ganze muss von einem organisatorischen Umfeld gestützt werden, das effizient und flexibel ist. Der Fluss von Ideen, der auf diese Weise in geordnete Bahnen gelenkt wird, muss auf das kritische Wissen zurückgreifen können.

- Das Lernen in Unternehmen der Neuen Generation nutzt die unternehmensweiten Netzwerke.

Ein wesentliches Element des Wissenstransfers ist das Vorhandensein der zuvor beschriebenen unternehmensweiten Netzwerke. Unternehmen der Neuen Generation nutzen Wissens-, Kompetenz- und Technologienetzwerke, um Ideen ausfindig zu machen und schnell weiterzuentwickeln.

Während der unterschiedlichen Stadien, die BP während seiner Gesundung durchlief, verließ sich die Unternehmensführung in erster Linie auf unternehmensweite Netzwerke, um den Zusammenhalt zu wahren. „Sie können die Struktur verändern, sie in Unternehmenseinheiten aufteilen und die Verantwortungsbereiche verändern, aber das einzige, was ein Unternehmen zusammenhalten wird, sind seine Netzwerke“, sagt David Jenkins, bis vor kurzem Vorstand Technik. „Sie sind wesentlich für das Funktionieren des Unternehmens.“

Bei BP ist man sich besonders nach dem jüngst erfolgten Zusammenschluss mit Amoco bewusst, dass Lernprozesse und Netzwerke es den Unternehmen der Neuen Generation erlauben, die Integration der hinzukommenden Organisation (und Menschen) nach einer Fusion oder einer Akquisition ohne die Unterbrechungen, Streitigkeiten und das Chaos durchzuführen, die derartige Schritte üblicherweise begleiten.

Wenn ein Unternehmen ein anderes aufkauft, will es die Neuerwerbung natürlich so schnell wie möglich in seine eigene Kultur und Organisation integrieren. In der Vergangenheit bedeutete das üblicherweise, dass Führungskräfte in Schlüsselfunktionen des akquirierten Unternehmens eingesetzt wurden, die den Mitarbeitern zeigen sollten, wo es langgeht. Aber das klappte nur selten. Warum? Weil Veränderungen von oben nach unten verordnet wurden und damit Widerstand hervorriefen.

Das Vorgehen eines Unternehmens der Neuen Generation dagegen besteht darin, die Integration durch ein Gefühl der Zusammengehörigkeit zu bewirken. Das akquirierte Unternehmen wird mit den bestehenden Netzwerken verknüpft und in die Lernprozesse einbezogen, mit deren Hilfe seine Mitarbeiter sich die neuen Prozesse und Verhältnisse als gleichwertige Kollegen, nicht als Besiegte, aneignen können. Stolz und Selbstvertrauen der neuen Mitarbeiter werden so erhalten, und ihre Anpassung an die Ziele der neuen gemeinsamen Organisation vollzieht sich schneller und ohne Brüche.

John Browne stellt enthusiastisch fest: „Man kann aus seinen eigenen Erfahrungen lernen. Aber man kann auch von seinen Zulieferern, Partnern und Kunden lernen. Und man kann von Unternehmen lernen, die gar nicht in der eigenen Branche tätig sind. Alle können entscheidende Beiträge leisten."

Der in Liechtenstein ansässige Hersteller von Befestigungssystemen und Elektrowerkzeugen für die Bauindustrie, die Hilti AG, beherrscht die Kunst, von seinen Kunden zu lernen, meisterhaft. Hilti hat erkannt, dass die Menschen, die seine Produkte benutzen, sich am besten dafür eignen, konstruktive Kritik zu üben und bat zwölf erfahrene Installateure industrieller Rohrleitungssysteme, das Hilti-Angebot an Bohrern und Zubehörteilen, die genutzt werden, um Rohrleitungen an Wänden und Decken zu befestigen, zu bewerten. Als

Ergebnis dieser Untersuchung war Hilti in der Lage, signifikante Verbesserungen an seinen Produkten vorzunehmen, und das in der Hälfte der Zeit und mit der Hälfte der Kosten, die üblicherweise für eine Produktentwicklung aufgewendet werden.

Hiltis Lernansatz ist ein Beispiel für die Prinzipien der Neuen Generation. Indem sich das Unternehmen in die Lage seiner Kunden versetzt, kann es aus erster Hand herauszufinden, wo die Innovationspotenziale wirklich liegen.

Sind Sie bereit für die Lernprozesse der Neuen Generation?

- Ändern Sie Ihr Weltbild.

Wenn wir den Begriff „Lernen" verwenden, dann reden wir nicht nur über Informationsmanagement oder Wissenserwerb. Was uns am meisten beschäftigt, ist die Art und Weise, wie das Lernen der Neuen Generation die Grenzen der inkrementalen Verbesserung durchbricht und dem Unternehmen hilft, Innovationen hervorzubringen.

Strategische Innovationen lassen sich nicht erzwingen, indem das Unternehmen eine Innovationsstategie formuliert oder den Innovationsprozess neu gestaltet oder externe Ressourcen einbezieht oder Kooperationsnetze kultiviert. Vielmehr gehört entscheidend dazu, dass das Unternehmen diese Komponenten der Innovationsfähigkeit miteinander in Übereinstimmung bringt und durch kontinuierliches Lernen weiterentwickelt. Lernen zu lernen ist daher die wichtigste Komponente der Innovationsfähigkeit von Unternehmen.

Ein Unternehmen, das danach strebt, durch Innovation nachhaltige Wettbewerbsvorteile und bei den Investoren eine Innovationsprämie zu erzielen, muss in erster Linie seine Fähigkeit entwickeln, den Prozess zu managen, mit dem es Wissen erwirbt und nutzt, um seine Kompetenzplattform zu verbessern. Diese Fähigkeit kann sich nur in einer Umgebung entfalten, in der Wissen und Ideen als strategische Ressourcen anerkannt werden. Kurz, eine Organisation muss ein Klima des Lernens schaffen, das nicht um des Lernens willen, sondern um der Innovation willen existiert.

Wie erlangen Sie die Innovationsprämie?

- Schätzen Sie ein, wo Sie stehen.

Wie können Sie in Ihrem Unternehmen die Lernkultur der Neuen Generation entstehen lassen? Stellen Sie sich die folgenden Fragen:

- Sind organisationales Lernen und Wissensmanagement in meinem Unternehmen bewußt gestaltete und gemanagte Aufgaben und Prozesse?
- Gibt es in meinem Unternehmen einen designierten Verantwortlichen für die Lernprozesse und das Wissensmanagement?
- Sind in meinem Unternehmen alle Mitarbeiter, gleich in welchen Funktionsbereichen und auf welchen hierarchischen Stufen, in die organisationalen Lernprozesse und in das Wissensmanagement involviert?
- Erkennen die Mitarbeiter meines Unternehmens die Wichtigkeit hoher Innovationsleistung und Lernbereitschaft und die ihres eigenen Beitrages dazu?
- Werden Know-how und Wissen in meinem Unternehmen als Besitz der gesamten Organisation angesehen?
- Besteht in meinem Unternehmen ein hoher Teamgeist, bei dem der Teamerfolg mehr zählt als die Profilierung einzelner?
- Gibt es in meinem Unternehmen Anlässe und Zusammenkünfte, um über den Stand des Unternehmens, seiner Produkte und Leistungen und seine Zukunft kritisch zu reflektieren?
- Wird in meinem Unternehmen kritisches Feedback von Kunden, Lieferanten, Partnern und Beratern genutzt, um über neue Innovationsimpulse nachzudenken und sie auszulösen?

Eine Analyse der Lernprozesse und -effektivität im Unternehmen durchzuführen, öffnet vielen Managern die Augen. Lernen wird nicht als eine unternehmensweite Verantwortlichkeit betrachtet. Stattdessen wird es häufig als Aufgabe des einzelnen – oder bestenfalls einer Abteilung – angesehen.

Auch wenn es sinnvoll ist, einen Verantwortlichen für die Lernprozesse im Unternehmen zu beauftragen, so ist die Aufgabe damit nicht abgeschlossen. Selbst das innovativste Unternehmen kann kaum eine Lernkompetenz entfalten, wenn Lernen nicht zur Priorität jedes einzelnen Mitgliedes in der Organisation geworden ist.

Bei der Analyse, wie ihr Unternehmen in puncto Lernleistung abschneidet, erkennen die Manager, die die Analyse tatsächlich durchführen: Lernen erfordert sowohl Zeit zum Nachdenken und Abwägen als auch die Bereitschaft, sich konstruktiver Kritik zu stellen, ja diese geradezu einzufordern.

Selbst wenn Unternehmensführer bereit sind, den Aufwand für Lernprogramme zu erhöhen, nehmen sie sich nicht die notwendige Zeit, um über das Gelernte nachzudenken. Sie blicken nur nach vorn, überzeugt, dass sie ihre Zeit immer am besten nutzen, wenn sie sich um zukunftsweisende Projekte kümmern. Mehr noch, auch wenn sie externe Experten engagieren, die ihnen bei der Gestaltung von Geschäftsprozessen helfen sollen, so fragen sie in den seltensten Fällen diejenigen um ihre Meinung, die am wichtigsten sind – die Zulieferer, Partner und Kunden des Unternehmens.

Folgen Sie dem Weg zum Lernen der Neuen Generation

- Vergewissern Sie sich, dass die Führungsaufgabe in Ihrem Unternehmen auch die Verantwortung für die Lernprozesse beinhaltet.

Kontinuierliches Lernen muss von allen beherrscht werden, die für die Innovationsleistung des Unternehmens verantwortlich sind — ob es sich um den Vorstand Technik, den Verantwortlichen für Unternehmensentwicklung (CDO) oder um jede andere verantwortliche Führungskraft handelt.

Nachdem die Rückendeckung durch die Führungsebene sichergestellt ist, muss die Botschaft der gesamten Organisation vermittelt und das Engagement der Mitarbeiter erworben werden, durch Innovationen die Zukunft des Unternehmens zu sichern. Aber die Mitarbeiter, die mit einem anderen mentalen Modell groß geworden sind, können nicht über Nacht ein neues Modell akzeptieren. Sie werden nur bereit sein, gemeinsame Anstrengungen zu leisten, wenn sie die Prinzipien und Ziele der Neuen Generation verstehen und akzeptieren können.

Die Führungskräfte müssen den Mitarbeitern versichern, dass ihre Fähigkeiten nicht überholt sein werden, sondern dass sie erweitert und fortentwickelt werden, um das Unternehmen in die Lage zu versetzen, durch die gemeinsame Innovationsleistung zu wachsen.

- Unterstreichen Sie die Verantwortung für unternehmensweites Lernen

Auch wenn Führungskräfte die Verantwortung für die Lernprozesse in der Organisation übernommen haben, sind doch die einzelnen Führungskräfte nicht in der Lage, Innovationen zu initiieren. Eine höhere Wertschätzung des Lernens muss sich in der gesamten Organisation etablieren.

- Schaffen Sie Teams, die nachhaltiges Lernen fördern.

In den meisten Unternehmen werden Teams üblicherweise ein Auftrag, ein Ziel und die Mittel zugewiesen, dann werden sie losgeschickt, um sich an die Arbeit zu machen. Wenn sie ihre Aufgabe erfüllt haben, widmen sich die Teammitglieder wieder ihrer normalen Tätigkeit. Dadurch ist die Teamleistung, die sie erreichen, nicht nachhaltig. Die Unternehmen der Neuen Generation dagegen erkennen, dass langfristige Erfolge mehr erfordern als vorübergehende Teams und Projekte. Und so richten sie ständige Teams ein, deren Lernkurve nicht den üblichen, aufgabenbezogenen Anstieg mit anschließendem Fall aufweist sondern stattdessen einen stetigen, kumulativen und nachhaltigen Aufwärtstrend zeigt.

Netzwerke unterstützen die Arbeit der Teams und steuern einen ständigen Wissensstrom bei, mit dem die Kompetenzen der Teams erweitert werden und ihre Leistungsfähigkeit zunehmen kann. Durch diesen Ansatz sinkt auch die Abhängigkeit von Experten. Der Verlust eines Experten bringt in vielen Unternehmen häufig schwerwiegende Verzögerungen von Projekten mit sich, während die Organisation sich bemüht, einen Ersatz zu finden. Die Teamkultur der Neuen Generation gleicht derartige Risiken aus und weil eine größere Zahl von Mitarbeitern und Partnern zur Verfügung stehen, um ihr Wissen und die Erfahrung des erweiterten Unternehmens einzubringen.

- Nehmen Sie sich die Zeit, das bisher Gelernte zu reflektieren.

Zeit zum Nachdenken ist von wesentlicher Bedeutung für das nachhaltige Lernen, das Voraussetzung für die Innovationsfähigkeit von Unternehmen der Neuen Generation ist. Im Gegensatz zu früheren Generationen haben Unternehmen der Neuen Generation wie BP erkannt, dass Dialog und Reflexion lebensnotwendig sind, wenn sie, wie ein BP-Manager es ausdrückt, „wirklich aus dem lernen wollen, was Sie tun."

Der Konkurrent Shell würde diesem Kommentar nicht widersprechen.

In der Gewissheit, dass „die erfolgreichsten Konzerne der Zukunft diejenigen sein werden, die über die am stärksten entwickelte Fähigkeit zum Lernen verfügen", hat Shell ein ganzes Lernzentrum eingerichtet, das in einer speziell gestalteten Umgebung der Diskussion und dem Nachdenken förderlich sein soll.

Shell setzt Gastdozenten, externe Experten und Lerntechnologien ein und plant, Programme anzubieten, die darauf abzielen, die Fähigkeit für Innovationen zu erhöhen und den Mitarbeitern zu helfen, mit Wandel und Mehrdeutigkeit produktiv umzugehen. Indem neue Denkansätze erprobt, Herausforderungen aufgegriffen und Talente und Ressourcen weiterentwickelt werden, hofft Shell, „mehr Situationen zu schaffen, in denen das Unternehmen, seine Mitarbeiter, Kunden, Zulieferer und Partner gleichermaßen Vorteile erzielen werden."

Kapitel 8
Machen Sie das Rennen
Erlangen Sie Innovationskompetenz

Innovation ist die treibende Kraft hinter der längsten Expansionsphase in der Geschichte der amerikanischen Wirtschaft. Das Wachstum, das durch Innovationen in der Unternehmensstrategie und im Kundenmanagement, in der Fertigung, in der Entwicklung neuer Produkte, Prozesse und Dienstleistungen, im Informationsmanagement und in der Unternehmensstruktur ermöglicht wird, beweist, dass die traditionellen Hochs und Tiefs der Wirtschaftszyklen gedämpft, wenn nicht gar überwunden werden können.

Dass Innovationen einen so hohen Nutzen in so großem Ausmaß mit sich bringen, würde Joseph Schumpeter mit Befriedigung erfüllen. Der österreichische Harvard-Wirtschaftsprofessor, den wir in Kapitel 1 zitiert haben, definierte Innovation nicht im Sinne eines einzelnen neuen Produktes, sondern als umfassenden kreativen Prozess – angefangen bei der auf einer neuartigen Kombination von Fähigkeiten und Möglichkeiten beruhenden Idee bis zur Durchsetzung der neuen Produkte und Leistungen am Markt. Schumpeter glaubte, dass wahre Innovationsleistungen genug Macht besäßen, um neues Wirtschaftswachstum auszulösen.

Wir stimmen ihm in dieser Hinsicht zu. Das bemerkenswerte Wachstum, das wir im vergangenen Jahrzehnt in den USA beobachten konnten, stützt seine Theorie. Umgekehrt fallen Wachstumsschwäche und dürftige Innovationsleistung in den meisten europäischen Ländern, besonders in Deutschland, zusammen. Aber wichtiger noch, je mehr Unternehmen die Macht, die von Innovationen ausgeht, erkennen und je mehr sie sich die Prinzipien der Neuen Generation aneignen, die wir in den letzten Kapiteln dargestellt haben, desto sicherer scheint es, dass das Potenzial für nachhal-

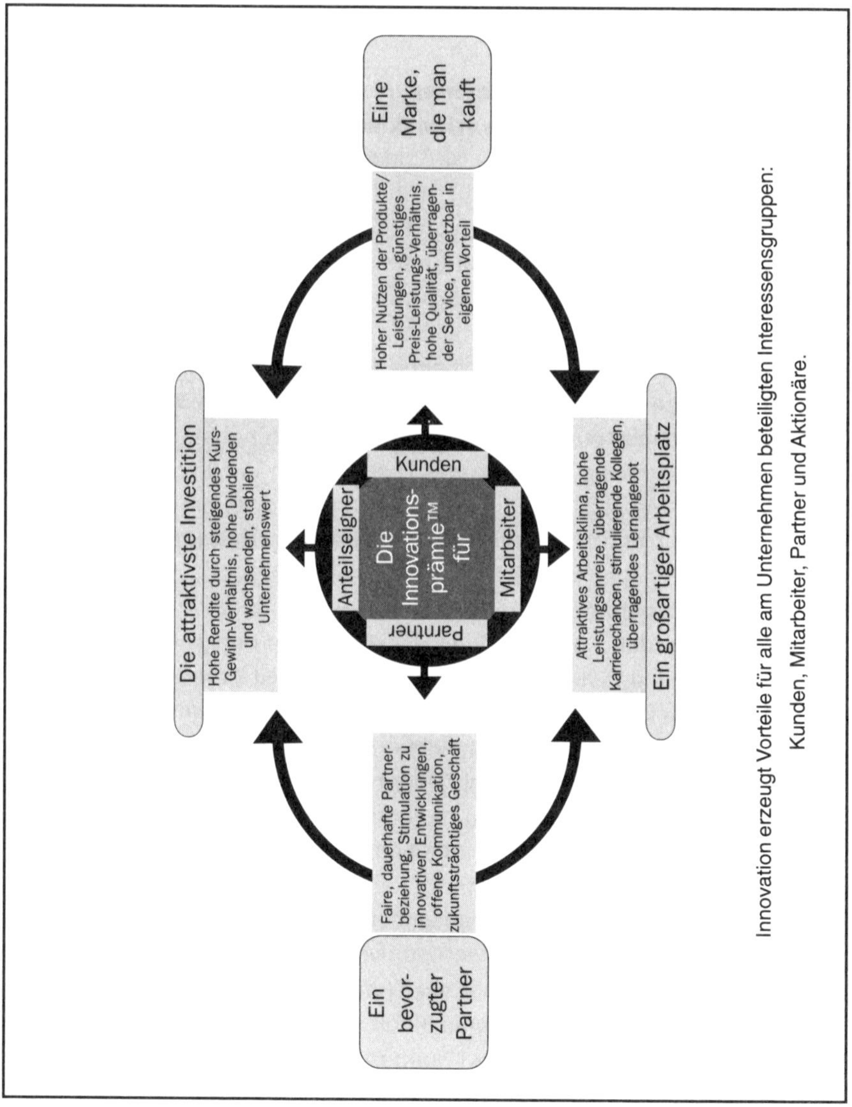

Abbildung 8.1: Nachhaltige Innovationsfähigkeit erfordert die Befriedigung der mit dem Unternehmen verbundenen Interessensgruppe

Quelle: Arthur D. Little, Inc.

tiges wirtschaftliches Wachstum nur durch unsere Vorstellungskraft begrenzt werden kann.

In den vorangehenden Kapiteln haben wir eine Reihe von Unternehmen, die in einer ganzen Bandbreite von Industrien tätig sind, betrachtet und gesehen, wie sie Innovationsleistungen in ihre Strategien, Prozesse, Ressourcen, in ihre Organisation und ihre Lernprozesse einfließen lassen, um sich die Innovationsprämie zu sichern, die Unternehmen der Neuen Generation gegenüber ihren weniger innovativen Wettbewerbern auszeichnet. In diesem letzten Kapitel richten wir unsere Aufmerksamkeit auf eine weitere Komponente nachhaltiger Innovationsfähigkeit: die Befriedigung der mit dem Unternehmen verbundenen Interessensgruppen: Kunden, Mitarbeiter, Partner und Anteilseigner.

Bieten Sie Ihren Kunden eine Innovationsprämie

Die Unternehmen der Neuen Generation erkennen, dass ihre Kreativität den Kunden überragenden Nutzen bringt, indem sie neue Produkte und Dienstleistungen anbieten, die zu höherer Kundenzufriedenheit führen. Sie bemühen sich, noch besser zu werden, indem sie sich auf bestimmte Kundengruppen konzentrieren und diese auf besonders innovative Weise behandeln. Sie unternehmen außergewöhnliche Anstrengungen, um es für ihre Kunden leichter und lohnender – oder sogar begeisternder – zu machen, die Produkte oder Leistungen zu nutzen.

Bei Canon beispielsweise ist es die logische Folge der strategischen Entscheidung, hochwertige Systeme anzubieten statt elektronische Massenprodukte, dass die Wünsche und Bedürfnisse einzelner Kunden mit erhöhter Aufmerksamkeit bedacht werden. Der direkte Kundeneinfluss ist eine wertvolle Ressource, die aktiv gesucht und ausgeschöpft wird, um sowohl die Produkt- als auch die Prozessinnovation voranzutreiben. Die wichtigsten Kunden werden Teil des erweiterten Unternehmens, das wiederum danach strebt, die Vorteile, die die Kunden aus dieser Innovationsdynamik beziehen, zu steigern.

Oberflächlich betrachtet zielt Canon einfach nur auf bestimmte Kundensegmente ab, entwickelt maßgeschneiderte Lösungen, die auf die Vorlieben und das Kaufverhalten dieser Segmente abgestimmt sind und bittet um das Feedback der Kunden, um diesen Prozess noch effizienter und produktiver fortzusetzen. Aber das Einholen von Feedback, über die Kundenorientierung der Produkte, ist nicht der einzige Weg, um Innovationen hervorzubringen und Kundennutzen zu stiften.

Die Unternehmen der Neuen Generation entwickeln ständig neue Methoden, um herauszufinden, warum ein bestimmter Kunde gerade bei ihnen kaufen könnte. Das ermöglicht den Unternehmen wiederum, ihre Stärken sehr erfindungsreich einzusetzen und dem Kunden einen gut argumentierten und attraktiven Vorschlag zu unterbreiten.

Darüber hinaus bemühen sich diese Unternehmen, die wechselseitige Kommunikation mit ihren Kunden zu erhöhen. Sie nutzen einen Mix aus traditionellen Methoden (Verkäuferbesuche und Angebote per Telefon) und neuen technischen Möglichkeiten (Internet, elektronischer Kiosk, elektronischer Handel), und sie bieten den Kunden mehr Möglichkeiten, um ihre Meinung kundzutun.

Einer der vielversprechendsten Wege zu höheren Innovationsleistungen besteht darin, den Verkaufs- und Serviceprozess aus der Sicht der Kunden zu betrachten: Indem sich ein Anbieter auf die andere Seite des Verkaufstisches begibt und die Perspektive des Kunden einnimmt, lernt er sicherzustellen, dass sein Anbieterverhalten in Zukunft so kundengerecht ist, dass eine langfristige Kundenbindung entsteht.

Die Unternehmen der Neuen Generation sind sich der Schlüsselrolle bewusst, die Informationen in der Aufrechterhaltung eines Wettbewerbsvorteils spielen und zeigen eine hohe Bereitschaft, in fortschrittlichste Datenbanksysteme zu investieren, die es ihnen erlauben, kundenbezogene Entscheidungsprozesse zu unterstützen. Dieser zunehmende Wille auf Seiten der Innovatoren, alles zu tun, was erforderlich ist, um dauerhafte Beziehungen aufzubauen, steigert den Nutzen für die Kunden.

Unabhängig von den eingesetzten Techniken, so zeigen unsere Untersuchungen, wirken sich Innovationen *jeglicher* Form positiv auf den Ruf aus, den das innovative Unternehmen am Markt genießt. Darüber hinaus führt ein innovativer Führungsanspruch häufig zu größerer

Loyalität der Kunden, zu einem höheren Markenwert, erlaubt höhere Gewinnspannen und lässt den Marktanteil steigen.

Die Auswirkungen sind konkret meßbar in der Kundendatenbank des Unternehmens, wo sich zeigt, dass nicht nur bestehende Kunden gehalten, sondern auch neue hinzugewonnen werden, was durch das höhere Kaufvolumen und aufgrund von Referenzen niedriger Vertriebskosten wiederum für eine Gewinnsteigerung sorgt.

Ein hervorragendes Beispiel für vielschichtige Kundeninnovation ist Cisco Systems, das weltweit führende Unternehmen für Netzwerklösungen für das Internet. Von der Wirtschaftszeitschrift *Business Week* als „das Unternehmen der Zukunft" bezeichnet, bedient sich Cisco modernster Technologien, um leistungsstarke Netzwerke anzubieten, die Unternehmen mit ihren Kunden und Zulieferern verbinden. Die engen Kundenbeziehungen helfen Cisco wiederum bei seinen Innovationsbemühungen: Die wichtigsten Kunden leisten regelmäßig einen Beitrag zu Ciscos strategischem Planungsprozess. Cisco ist davon überzeugt, dass die Kunden ein besseres Gespür dafür haben, was Cisco entwickeln muss, als seine eigenen Topmanager.

Die steigende Kundenzufriedenheit (85 Prozent der Kunden sagen, sie seien mit den von Cisco bereitgestellten Lösungen zufrieden) ist ein deutlicher Hinweis darauf, dass sich die Kunden Ciscos sehr wohl der Vorteile bewusst sind, die sie durch die innovativen Wege, die der Branchenführer beschreitet, genießen.

Bieten Sie Ihren Mitarbeitern eine Innovationsprämie

Führende Unternehmen haben auch außergewöhnliche Mitarbeiter. Die leistungsfähigsten und intelligentesten Menschen werden von fortschrittlich denkenden, innovativen Unternehmen angezogen, weil nur sie es schaffen, für ihre Mitarbeiter außerordentliche Anreize zu bieten. Unternehmen der Neuen Generation behandeln ihre Mitarbeiter als Individuen und ermöglichen es ihnen, persönliche Bedürfnisse und Interessen mit den Erfordernissen des Unternehmens in Einklang zu bringen, und sie bemühen sich, sinnvolle materielle Anreize und Formen der ideellen Anerkennung einzusetzen – indem sie einen Teil der Mittel, die sie dank ihrer erfolgreichen Innovationsleistungen erwirtschaften, ihren Mitarbeitern zugute kommen lassen.

Die Besten und Intelligentesten lieben das Risiko, das mit Innovationen einhergeht. Sie lieben Aufgaben in dynamischen Organisationen, in denen sie über ein hohes Maß an Verantwortung verfügen und vielfältigen Herausforderungen gerecht werden müssen. Sie lieben die durch kontinuierliches Lernen geprägte Umgebung und die ermutigende Atmosphäre, die zu Kreativität anregt, ohne Ängste zu erzeugen, dass Sanktionen drohen, wenn sich neue Ideen nicht wie erhofft entwickeln.

Ähnlich wie der gegenseitige Nutzen, der sich zwischen Kunden und innovativen Unternehmen einstellt, so treibt auch die intensive Beziehung zwischen Mitarbeitern und Unternehmen einen sich selbst erhaltenden Kreislauf an. Innovative Unternehmen ziehen die besten Mitarbeiter an, die ihrerseits die herausragendsten Leistungen erbringen, was wiederum mehr außergewöhnlich gute Mitarbeiter anzieht, die erneut den Motor der Innovation antreiben.

Im Gegensatz zu traditionellen Unternehmen, die der Vorstellung verhaftet sind, dass die Rendite von Investitionen in Anlagevermögen erfolgsentscheidend sei, erkennen die Unternehmen der Neuen Generation, dass Wettbewerbsvorteile, die nur auf Technologien oder Systemen beruhen, schnell überholt sind. Sie wissen, dass die Mitarbeiter den einzigen Vermögenswert darstellen, der durch erhöhte Nutzung steigt, so dass Unternehmen auf lange Sicht auf der Grundlage ihrer Mitarbeiter miteinander konkurrieren, nicht auf Basis ihrer Technologien.

Mit anderen Worten, innovative Unternehmen haben kompetente Mitarbeiter als wichtigsten Vermögenswert entdeckt, deren Gewinnung, Motivation und Loyalität von entscheidender Bedeutung für den langfristigen Erfolg ist.

Herb Kelleher, der Vorstandvorsitzende der Southwest Airlines, einem Unternehmen, das für seine auf Gegenseitigkeit beruhende Liebesbeziehung mit seinen Mitarbeitern berühmt ist, sagt dazu: „Es geschehen erstaunliche Dinge, wenn Sie Menschen das Gefühl geben, dass sie als Individuen geschätzt werden, wenn Sie ihre Vorschläge und Ideen würdigen und wenn Sie ihnen Ihren Respekt bezeugen, indem Sie von ihnen erwarten, dass sie ihre eigene Weisheit und Urteilskraft einsetzen und nach eigenem Ermessen handeln.“ South-

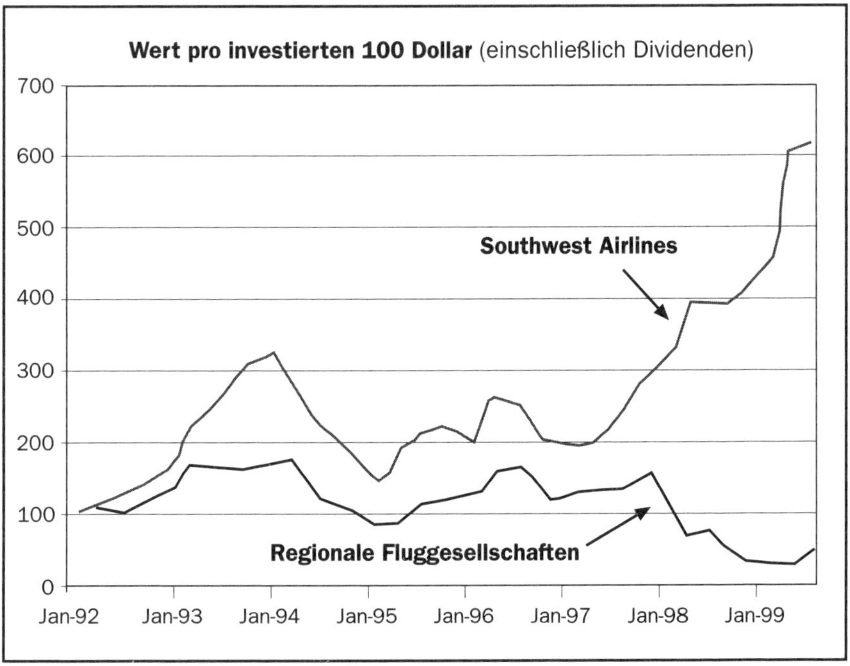

Abb. 8.2: Rendite der Aktionäre von Southwest Airlines im Branchenvergleich 1992–1999 (Wertsteigerung plus Dividenden)
Quelle: Media General Financial Services

west setzt sein Humankapital für kontinuierliche Innovationsleistungen erfolgreich ein. Innovative Unternehmen finden Wege, um die Leistungsfähigkeit ihrer Mitarbeiter über das übliche Maß hinaus zu steigern, indem sie es zulassen, dass Initiativen, Kreativität und Energien freigesetzt werden, die durch eine traditionelle Umgebung viel zu lange eingeengt wurden.

Sie erreichen dies, indem sie Programme anbieten, mit denen individuelle Fähigkeiten und kollektive Kompetenzen entwickelt werden – Programme, die das Angebot herkömmlicher Personalabteilungen bei weitem übersteigen – und dann sicherstellen, dass die angestrebten Ziele erreicht werden. Das Ergebnis ist, dass die Mitarbeiter das Unternehmen als geeignetes Betätigungsfeld betrachten, um ihre persönlichen und beruflichen Ziele zu verwirklichen, und sich überdurchschnittlich einsetzen.

Kontinuierliches Lernen ist für ein Unternehmen der Neuen Generation lebensnotwendig. Durch ein Lernumfeld, das am besten als „Unternehmen als Universität" beschrieben werden kann, bieten führende Unternehmen ihren Mitarbeitern, die danach streben, ihr Selbstwertgefühl und ihre berufliche Leistung zu steigern, die Möglichkeit zum kontinuierlichen Lernen an.

Lernen kann dabei sowohl in Form von Lehrgängen und Kursen als auch als gezielte Fortbildung am Arbeitsplatz oder als Rückblick auf und Bewertung von alltäglichen Erfahrungen stattfinden.

Kontinuierliches Lernen wiederum erhöht die Herausforderung an die Unternehmen, ihre Aktivitäten weiterzuentwickeln und ihren Mitarbeitern neue Aufgaben zu geben. Ständige Erneuerung ist von wesentlicher Bedeutung, damit die Mitarbeiter ihre hohe Leistungsfähigkeit beibehalten. In dem heutigen, sich ständig weiterentwickelnden Umfeld sehen sich die Unternehmen und ihre Mitarbeiter immer häufiger Situationen gegenüber, in denen schnelle Reaktionen erforderlich sind. Unternehmen der Neuen Generation unterstützen ihre Mitarbeiter in jeder Phase der Veränderung, um diesen Wandel als Wachstumschance nutzen zu können.

Ein weiteres kennzeichnendes Merkmal der Unternehmen der Neuen Generation ist die Art und Weise, wie sie die Fähigkeit der Mitarbeiter fördern, informiert und wohlüberlegt mit Risiken umzugehen. Mitarbeiter werden durch eine motivierende Umgebung gestützt, in der keine Sanktionen drohen, wenn sie es wagen, ungewohnte Wege zu gehen – selbst wenn das Endprodukt schließlich im Papierkorb landen sollte.

„Wenn Sie ein innovatives Unternehmen haben wollen, brauchen Sie Leute, die keine Angst haben, Risiken einzugehen", sagt Atul Arya, Planungschef bei BP. „Sie werden niemals innovative Technologien weiterentwickeln können, wenn Sie nicht bereit sind, das Risiko auf sich zu nehmen, das damit verbunden ist, und gleichzeitig die Natur dieses Risikos zu verstehen ... Wichtig ist, dass Sie nicht gleich jemanden suchen, dem Sie den Schwarzen Peter zuschieben können [wenn es nicht so gelaufen ist, wie beabsichtigt]. Sie müssen vielmehr erkennen, dass auch die oberste Unternehmensführung eine ganze Reihe von Risiken eingegangen ist, als sie dem Projekt zustimmte. Und schließlich haben sich die Leute bemüht, es zu schaffen."

„Es ist sehr interessant zu beobachten", fährt Arya fort, „was [in einem Unternehmen] geschieht, wenn etwas schief läuft. Es ist wie bei einem Schiffskapitän. Sieht man an der Spitze ein, dass es eigentlich ihr eigener Fehler war, statt den Leuten im Unternehmen die Schuld zu geben? Es ist der inzwischen überholte Stil, einen Schuldigen zu suchen."

John F. Welch Jr., Präsident und Vorstandsvorsitzender von General Electric, sagt, Ziel sei es, „einen Ort zu schaffen, an dem die Menschen die Freiheit haben, kreativ zu sein." Aber noch benötigen die meisten Menschen Unterstützung und Anleitung, um das notwendige Selbstvertrauen aufzubauen, die Risiken auf sich zu nehmen, die einem Unternehmen zu Wachstum und Innovationen verhelfen. Während der traditionelle Managementschwerpunkt auf Kontrolle lag und das Selbstvertrauen der Mensch abtötete, konzentrieren sich innovative Unternehmen darauf, Risikobereitschaft zu stärken und ihren Mitarbeitern aufzuzeigen, wie sie kluge Risiken eingehen können, sozusagen wohlinformierte und durchdachte Wetten, die sich für das Unternehmen auszahlen.

Die motivierende Umgebung, die für diese Unternehmen typisch ist, ermutigt kreative Mitarbeiter und belohnt ihre Leistungen – und ihre Risikobereitschaft. Mehr noch, innovative Unternehmen stellen sicher, dass dem Fluss von Informationen und Kommunikation, der so wichtig für eine kreative Umgebung ist, nichts im Wege steht.

Kurz, die Vorteile, die Unternehmen der Neuen Generation ihren Mitarbeitern bieten, führen zu hoch motivierten Mitarbeitern mit geringer Fluktuation. Diese Unternehmen üben darüber hinaus auf dem Arbeitsmarkt eine hohe Anziehungskraft aus und können so die fähigsten Nachwuchskräfte rekrutieren. Das Endergebnis ist eine ungewöhnlich talentierte und motivierte Ansammlung von Menschen, die zu höchsten Leistungen fähig sind und das Unternehmen in kürzerer Zeit voranbringen als der Wettbewerb darauf reagieren kann. Es verwundert deswegen nicht, dass die innovativsten Unternehmen in allen Branchen meistens auch diejenigen sind, die als die „besten Arbeitsplätze" gerühmt werden.

Bieten Sie Ihren Partnern eine Innovationsprämie

Partnerschaften aufzubauen ist für Unternehmen der Neuen Generation lebensnotwendig. Angesichts schrumpfender Produktentwicklungszyklen, steigender Entwicklungskosten, rasanter technologischer Veränderungen und zunehmender Kundenansprüche erkennen innovative Unternehmen, dass sie es nicht alleine schaffen können. Und so bauen sie ausgedehnte Netzwerke aus Partnern, Zulieferern und anderen Quellen auf, um sich abzeichnende Innovationschancen schnell auszuschöpfen. Sie schaffen sich Zugang zu internen und externen Fähigkeiten, um den Technlogietransfer und das Tempo der Markteinführung neuer Produkte und Leistungen zu erhöhen.

Neue Wege der Produktentwicklung und neue Distributionskanäle, neue Verfahren und Methoden der Markteinführung erlauben es den Unternehmen der Neuen Generation, die Entwicklung und die Zeit bis zur Markteinführung erfolgsträchtiger Produkte und Leistungen zu verkürzen und Preisprämien und wachsende Marktanteile zu erzielen. Mit anderen Worten, diese ausgedehnten Netzwerke sind von wesentlicher Bedeutung für die Innovationsprämie, die Unternehmen der Neuen Generation erringen und mit ihren Partnern teilen können.

Und wieder begegnen wir dem selbsterhaltenden Kreislauf der Wertschöpfung, den wir schon in den Beziehungen zu Kunden und Mitarbeitern gefunden haben.

Der Erfolg innovativer Unternehmen hängt zunehmend von der Qualität und Langlebigkeit ihrer Beziehungen zu Partnern ab. Ein Schlüsselfaktor ist die Fähigkeit zu wissen, wann und mit wem Partnerschaften eingegangen werden sollten, gekoppelt an faire und gerechte Vereinbarungen, die spezifische Ergebnisse und vernünftige Leistungsmaßstäbe festlegen.

Das strategische Fit ist Grundvoraussetzung, und Allianzen werden von innovativen Unternehmen in erster Linie eingegangen, um Kompetenzlücken zu schließen und die Zeit bis zur Markteinführung verkürzen zu können. Aber im Gegensatz zu den meisten Unternehmen, die Partnerschaften mit Zulieferern eingehen, um sich Beschaffungsvorteile zu sichern oder Entwicklungen auszulagern, schließen innovative Unternehmen entlang der gesamten Wertschöpfungskette Allianzen ab – nicht nur mit Zulieferern, sondern auch mit Kunden,

Konkurrenten und Unternehmen aus anderen Branchen. Indem sie sich außerhalb der üblichen Grenzen der Zusammenarbeit bewegen, können innovative Unternehmen schneller und flexibler sein und haben einen breiteren Zugang zu neuen Technologien und vielfältigeren Ressourcen.

Die Unternehmen der Neuen Generation neigen auch dazu, Lizenzen für Ideen zu vergeben, die sie intern nicht verwirklichen wollen oder können, und stärken damit ihr ausgedehntes Netzwerk von Partnern. In Partnerschaften mit hohem Risiko übernehmen innovative Unternehmen unter Umständen sogar die Anlaufkosten, um einem Jointventure die Zeit und die Ressourcen zu lassen, die es benötigt, um langfristig nachhaltige Ergebnisse für die Partner zu erzeugen.

Von den innovativen Unternehmen, die wir in den vorhergehenden Kapiteln betrachtet haben, sind einige in ihrem Bestreben, die Innovationsprämie zu erringen, bereits weiter vorangekommen als andere, aber alle zeichnen sich durch ihre Bereitschaft zu Partnerschaften aus. Beispielhaft für diese Bereitschaft ist Millennium Pharmaceuticals. Die Bildung von Partnerschaften ist in der pharmazeutischen Industrie nichts Ungewöhnliches, aber Millennium Pharmaceuticals hat in dieser Hinsicht einen neuen Standard gesetzt. Das Biotechnologieunternehmen benötigte von seiner Gründung bis zum Break-even-Punkt nur drei Jahre, und dies hauptsächlich dank seiner Partnerstrategie.

Mit Arbeitsmethoden, von denen man vor zwei Jahrzehnten noch gar nicht zu träumen wagte und die manch ein unbedarfter Beobachter noch immer eher für Science Fiction halten dürfte, kombiniert Millennium fortschrittlichste Technologie mit fortschrittlichster Wissenschaft, um Wirkstoffe gegen bestimmte genetisch bedingte Erkrankungen zu entwickeln. Und es schöpft seine Partnerschaftsstrategie so konsequent aus, dass es bis heute mehr als eine Milliarde Dollar von seinen Partnern erhielt, die ihrerseits ein Vielfaches dieses Betrags mit den neuen Wirkstoffen zu verdienen hoffen.

Millennium rechnet seinen finanziellen Erfolg seiner ungewöhnlichen Fähigkeit zu, in kürzester Zeit die Innovation hervorzubringen, für die seine Partner viele Jahre benötigen würden. Partnerschaften und Allianzen sind keine einseitige Angelegenheit, sondern der Nutzen aus derartigen Verbindungen sollte idealerweise beiden Partnern in gleichem Maße zukommen. So kann Millenniums bemerkenswerte Ansammlung von Partnerschaften nur bedeuten, dass das Unternehmen seinen Partnern tatsächlich ungewöhnliche Vorteile bietet. Auch die anderen Innovatoren ersten Ranges, die wir auf diesen Seiten vorgestellt haben, seien es Canon, Sun Microsystems oder Daimler Chrysler, schaffen denn auch außerordentliche Werte und überragenden Nutzen für Partner. Darin bestehen die messbaren Konsequenzen ihres Bestrebens, ein erweitertes Unternehmen zu schaffen und alle Beteiligten an der Innovationsprämie teilhaben zu lassen. Aber sie betrachten die Beziehungen nicht nur aus einer rein finanziellen Perspektive. Vielmehr erwerben sich innovative Unternehmen Vertrauen und schaffen einen Begeisterungslevel, die es für Kunden, Zulieferer und Partner äußerst attraktiv machen, Teil des erweiterten Unternehmens zu sein.

Bieten Sie Ihren Anteilseignern die Innovationsprämie

Üblicherweise bildet sich der Wert eines Unternehmens an den Finanzmärkten anhand quantitativer und qualitativer Bewertungskriterien wie Umsatz- und Gewinnentwicklung in der Vergangenheit und finanzielle Prognosen für die Zukunft. Die Erhöhung des Marktwertes eines Unternehmens im Verhältnis zu seinen Konkurrenten hat aber noch viele andere Erklärungen, eine davon ist die Steigerung des Marktanteils infolge der besseren Strategie.

Doch die Frage, die uns am meisten beschäftigt, lautet: Welcher Teil des *market value added (MVA)* geht auf die Innovationsleistung zurück? Gibt es so etwas wie eine bewusste Innovationsprämie, einen Kurszuschlag, den die Investoren für innovative Unternehmen zu zahlen bereit sind? Sind alle anderen Voraussetzungen gleich, ist dann der Unternehmenswert eines innovativeren Unternehmens höher als der von weniger innovativen? Wir glauben, dass dies ohne jeden Zweifel der Fall ist.

Sehen wir uns noch einmal das Beispiel der Firma Nokia an. Als das Unternehmen seinen Fokus auf die drahtlose Kommunikationstechnik und die dafür erforderliche Innovationsplattfom richtete und die Bedürfnisse der Kunden besser erkannte und berücksichtigte als die etablierten Hersteller von mobilen Kommunikationsgeräten, wurde das zuvor kaum bekannte Unternehmen aus Finnland zu einem Premium-player in dieser Industrie und zog im weltweiten Umsatz mit Mobiltelefonen am Giganten Motorola vorbei. Der Name Nokia wurde zu einem Synonym für Innovation. Dem Unternehmen gelingt es, seine Konkurrenten im Rennen um die Bereitstellung der sogenannten *smart phones* immer wieder um Längen hinter sich zu lassen.

Eine dynamische Produktentwicklung, einhergehend mit einer gut funktionierenden Unterstützung aus dem gesamten erweiterten Unternehmen, engste Beziehungen zu den Zulieferern sowie die immer auf dem neuesten Stand gehaltene Kompetenzplattform bei Nokia sorgen für den nahtlosen Innovationsprozess vom Konzept zum Kunden. Das macht sich auch für die Aktionäre bezahlt, deren Rendite die der Branche während der vergangenen sechs Jahre um mehr als das Zehnfache überstieg. Der Preis der Aktie kletterte seit ihrer Börseneinführung 1992 von 1,26 auf 108 US-Dollar im Jahr 1998.

In allen Industrien versetzen Innovationen, sei es in den Strategien, im Kundenmanagement, bei den Prozessen oder Produkten und Dienstleistungen, Unternehmen in die Lage, einen enormen Wertzuwachs zu erzielen, der weit größer und dauerhafter als der, den andere Unternehmen durch Konzentration auf Kostensenkungsmaßnahmen erreichen können.

Der Innovationsansatz erfolgreicher Unternehmen kann, wie wir gesehen haben, sehr unterschiedlich sein. Doch es sind die kühnsten und konsequentesten Innovatoren, die die höchste Wertschöpfung vollbringen.

Wenn wir Chrysler mit der Ford Motor Company vergleichen, so wird der Unterschied deutlich. Ford hat auf neue Produkte gesetzt und im Laufe der Zeit einige Erfolge verbuchen können. Chrysler dagegen hat sich nicht nur auf die Produktentwicklung verlassen sondern seine Innovationsleistung auf seine Beziehung zu seinen Lieferanten und Partnern sowie auf den Kundendienst und die Marktsegmentierung ausgedehnt. Das Ergebnis: Während der Marktwert von Ford sich dem des schwerfälligen Rivalen General Motors angenähert hat, ist der Marktwert von Chrysler rapide gestiegen. Es waren Innovationen, die Chrysler in die Lage versetzt haben, die Spielregeln in der Automobilindustrie zu ändern und im Laufe dieser Entwicklung einen zusätzlichen market value added von drei Milliarden Dollar zu schaffen. Dass Chrysler ein attraktiver Kandidat für das Zusammengehen mit Daimler-Benz wurde, ist angesichts dieser Innovationsleistung kein Wunder.

Alles in allem führen innovative Leistungen zu zufriedenen Kunden und stärken die Markenbindung, sie helfen, die leistungsfähigsten Mitarbeiter anzuziehen und zu halten und ein positives Arbeitsklima zu schaffen, sie erleichtern die Zusammenarbeit mit Partnern und versetzen die innovativeren Unternehmen in die Lage, ihren Marktanteil zu erhöhen. All das führt schließlich zu einer höheren Attraktivität für Investoren, denn nachhaltige Innovationsführerschaft verspricht überlegenes Umsatz- und Ertragswachstum für die Zukunft und Absicherung gegen Überraschungsangriffe anderer.

Überall, in der Zusammenarbeit mit unseren Klienten, im Rahmen unserer Untersuchungen der verschiedensten Industriebereiche und in unseren Kontakten mit Investoren und Analysen, konnten wir feststellen, dass die Unternehmen der Neuen Generation, die Innovationen konsequent und effektiv umsetzten, eine überragende Bewertung auf dem Markt erfahren. Diese Unternehmen sind in der Lage, für ihre Kapitaleigner einen schneller wachsenden Wert zu erwirtschaften und genießen in den Augen ihrer Zulieferer und Kunden ein hohes Ansehen.

Birgt die Entscheidung, sich in Richtung auf ein Unternehmen der Neuen Generation zu bewegen, Risiken? Natürlich. Doch hinter jedem Risiko steht eine Chance. Die Chance einer bewussten Innovationsstrategie besteht darin, auf bislang unvorstellbare Weise Erfolg zu haben. Wird das innovative Handeln gut geplant und gemanagt, so wird der Erfolg die Risiken um ein Vielfaches übertreffen. Wachstum und die Teilhaber aller mit dem Unternehmen Verbundenen an der Innovationsprämie rechtfertigen den Einsatz.

Anhang

Anhang A
Die weltweite Arthur D. Little-Studie über Innovation

„Innovation wird in unserem Unternehmen heute im Vergleich zu vor fünf Jahren als viel wichtigerer Faktor für wirtschaftlichen Erfolg eingestuft."

84 Prozent der Unternehmen, die an einer weltweiten Umfrage von Arthur D. Little über Innovation teilnahmen, stimmen dieser Feststellung zu. Das Ergebnis stimmt auch in hohem Maße mit den Erfahrungen unserer Klienten rund um die Welt überein und bestätigt zusammen mit anderen Ergebnissen dieser Studie, dass das Interesse an Innovationsleistungen bereits heute größer ist, als an dem kostenreduzierenden Maßnahmen wie Restrukturierung und Downsizing.

Trotz aller Innovationsbestrebungen waren jedoch weniger als 25 Prozent der befragten Unternehmen mit ihren derzeitigen Leistungen in diesem Bereich zufrieden. Nur wenige glauben, dass sie die hohe Kunst, wirtschaftlichen Nutzen aus Innovationen zu ziehen, wirklich beherrschen.

1997 untersuchte Arthur D. Little 669 Unternehmen, die in zehn Branchen in den Vereinigten Staaten und Kanada, in Lateinamerika, Europa und im Asien-Pazifik-Raum tätig sind. Befragt wurden die Topmanager der jeweiligen Unternehmen, von Vorstandsvorsitzenden und Technischen Geschäftsführern (CTO) über die Geschäftsführer einzelner Unternehmensbereiche bis hin zu Managern einzelner Funktionen wie Forschung, Entwicklung und Marketing.

Diese umfassende Studie bewertete die drei wichtigsten Typen von Innovationen:

Produkt-/Dienstleistungsinnovationen: *Die kreative Entwicklung und Vermarktung grundlegend neuer Produkte und Dienstleistungen, häufig basierend auf neuen Technologien und verbunden mit der Erfüllung von bislang nicht befriedigten Kundenbedürfnissen*

Prozessinnovationen: *Die Entwicklung neuer Verfahren, um Produkte herzustellen oder Dienstleistungen zu liefern, die zu Kosten- oder Qualitätsvorteilen oder zur Verkürzung von Lieferzeiten führen*

Wirtschaftliche Innovationen: *Die Entwicklung neuer Unternehmensbereiche und neuer Wege, Geschäfte zu tätigen, die einen spürbaren Wettbewerbsvorteil mit sich bringen.*

Vier verschiedene Kategorien von Fragen wurden in der Umfrage gestellt:

1. In welchem Umfang haben Unternehmen ihren **strategischen Schwerpunkt** auf Innovationsleistungen verlagert?
2. Was sind die **auffälligsten Hindernisse** für Unternehmen, die Innovationsleistungen erbringen wollen?
3. Was sind die **Schlüsselfaktoren**, die eine Wertschöpfung aus Innovationsleistungen ermöglichen?
4. In welchem Umfang können führende Unternehmen heute **innovative Erfolge messen**?

Schon 1991 führte Arthur D. Little eine Untersuchung durch, die die Ansichten von Topmanagern über Produktinnovation in den Vereinigten Staaten, in Europa und in Japan zum Inhalt hatte. Die Studie ergab, dass es damals als höchste Priorität angesehen wurde, Produkte besser, billiger und schneller herzustellen, und dass das Fehlen angemessener Ressourcen als größtes Hindernis empfunden wurde, um mit Innovationen erfolgreich zu sein.

Seitdem hat sich viel verändert. Die Beschleunigung des technischen Wandels hat eine Informationsexplosion verursacht. Durch die Globalisierung glich sich die Leistungsfähigkeit der vier wichtigsten Regionen immer stärker an. Diese und andere Faktoren trugen dazu bei, dass die Bedeutung anderer Typen von Innovationen in der Wirtschaft zunahm. Arthur D. Little wiederholte daher 1997 die Studie, um zu dokumentieren, auf welche Weise Unternehmen Innovationsleistungen heute erbringen und wie sie Innovationen weltweit managen.

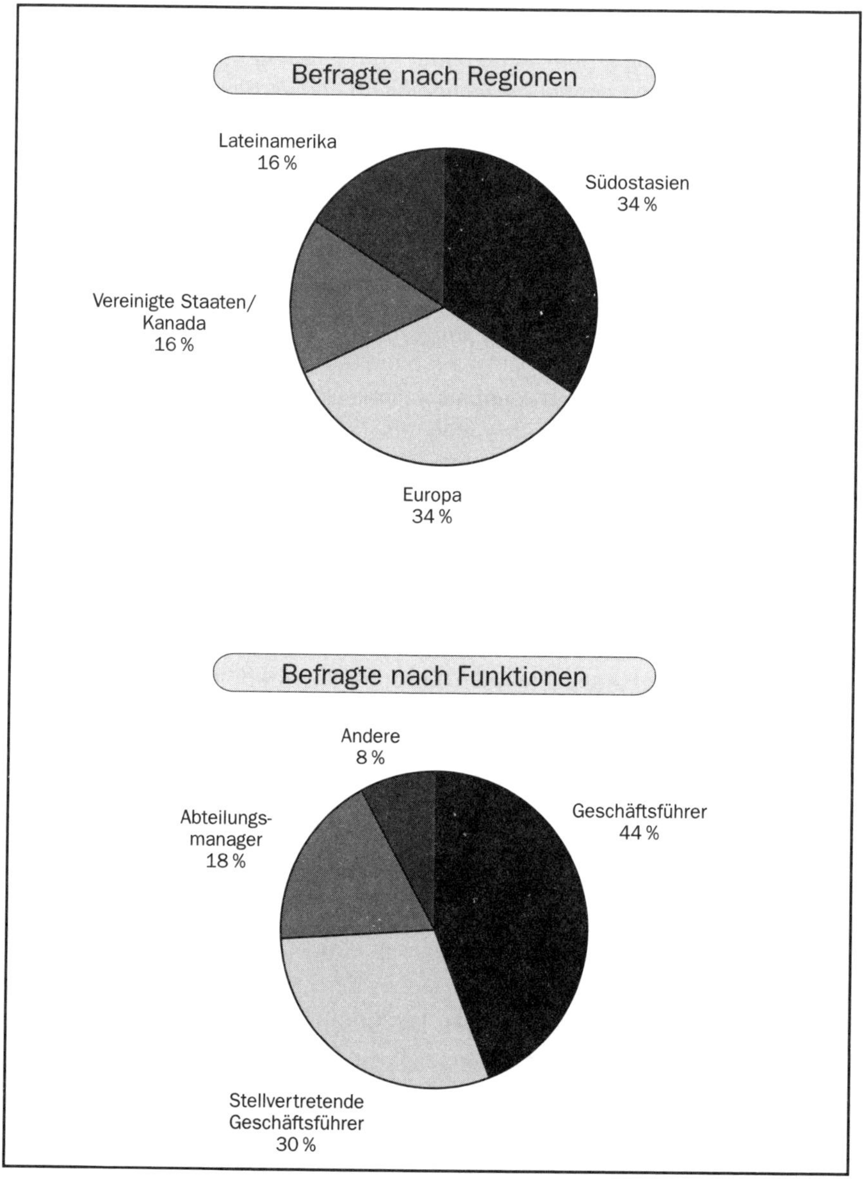

Abbildung A.1: Zusammensetzung der Stichprobe für die Befragung über Innovation

Die vier wichtigen, in dieser Studie vertretenen Regionen sind (Abbildung A.1):

- die Vereinigten Staaten und Kanada
- Lateinamerika (Brasilien, Kolumbien, Mexiko)
- Europa (Belgien, Dänemark, Deutschland, Finnland, Frankreich, Großbritannien, Italien, Norwegen, Österreich, Schweden, Schweiz, Spanien, Ungarn)
- Südostasien (Australien, Hongkong, Japan, Korea, Singapur)

Die Befragten repräsentierten eine breite Palette von Branchen, darunter Maschinen- und Anlagenbau, chemische Industrie, Informations-/Medien-/Elektronikindustrie, Konsumgüterindustrie, pharmazeutische Industrie/Gesundheitswesen, Finanzwirtschaft, Automobilindustrie, Energiewirtschaft/Versorgungsunternehmen, Montanindustrie, Telekommunikationsbranche.

Die meisten Fragen basierten auf einer Fünf-Punkte-Skala, in der eine „1“ eine *geringe Bedeutung* oder *wenig Zustimmung* und eine „5“ *größte Bedeutung* oder *uneingeschränkte Zustimmung* bedeutete.

Die Ergebnisse der Studie

Mit zunehmender Verlagerung des Schwerpunktes von der Kostenreduzierung zu mehr Wachstum erkennen führende Unternehmen weltweit heute die steigende Bedeutung von Innovationsleistungen. Sie unterscheiden dabei zwischen Produkt- und Dienstleistungsinnovationen, Prozessinnovationen und wirtschaftlichen Innovationsleistungen. Vier wesentliche Ergebnisse lassen sich aus der Studie ableiten:

1. Unternehmen räumen Innovationsleistungen einen hohen strategischen Stellenwert ein, aber nur wenige sind der Ansicht, derzeit effektive Innovatoren zu sein.
2. Die zwei auffälligsten Hindernisse, die heute Innovationen im Wege stehen, sind die fehlende Ausrichtung innovativer Akti-

vitäten an der Unternehmensstrategie und die Ineffektivität der Innovationsprozesse.
3. Sechs Erfolgsfaktoren sind für die Verbesserung der innovativen Leistung am wichtigsten.
4. Innovative Leistungen sind messbar und Unternehmen, die sie einer Bewertung unterziehen, erreichen das höchste Maß an Wertschöpfung.

Unternehmen räumen Innovationsleistungen einen hohen strategischen Stellenwert ein, aber nur wenige sind der Ansicht, dass sie derzeit effektive Innovatoren sind.

Die Studie zeigt, dass die Bedeutung von Innovationsleistungen in den vergangenen fünf Jahren erheblich zugenommen hat. Nur wenige Unternehmen glauben jedoch, dass ihre innovativen Fähigkeiten ausreichen, um langfristig erfolgreich zu sein. Dieses Ergebnis legt zwei wesentliche Schlussfolgerungen nahe:

- Die Konzentration auf die Reduzierung der Kosten reicht nicht mehr aus, um in Zukunft nachhaltige wirtschaftliche Erfolge zu erzielen.
- Es gibt unzählige Gelegenheiten für Unternehmen, Wettbewerbsvorteile zu erlangen, wenn sie gezielte Anstrengungen unternehmen, den Innovationsprozess zu beherrschen.

Innovation ist von hoher strategischer Bedeutung ...

Seit unserer weltweiten Studie über Innovationen aus dem Jahre 1991 ist die Bedeutung von Produktinnovationsbemühungen deutlich gestiegen (Abbildung A.2).

Mehr als 80 Prozent aller Befragten stimmten in der Studie im Jahre 1997 zu, dass Innovationen in ihren Unternehmen als wesentlich bedeutenderer Wirtschaftsfaktor betrachtet werden als fünf Jahre zuvor (Abbildung A.3).

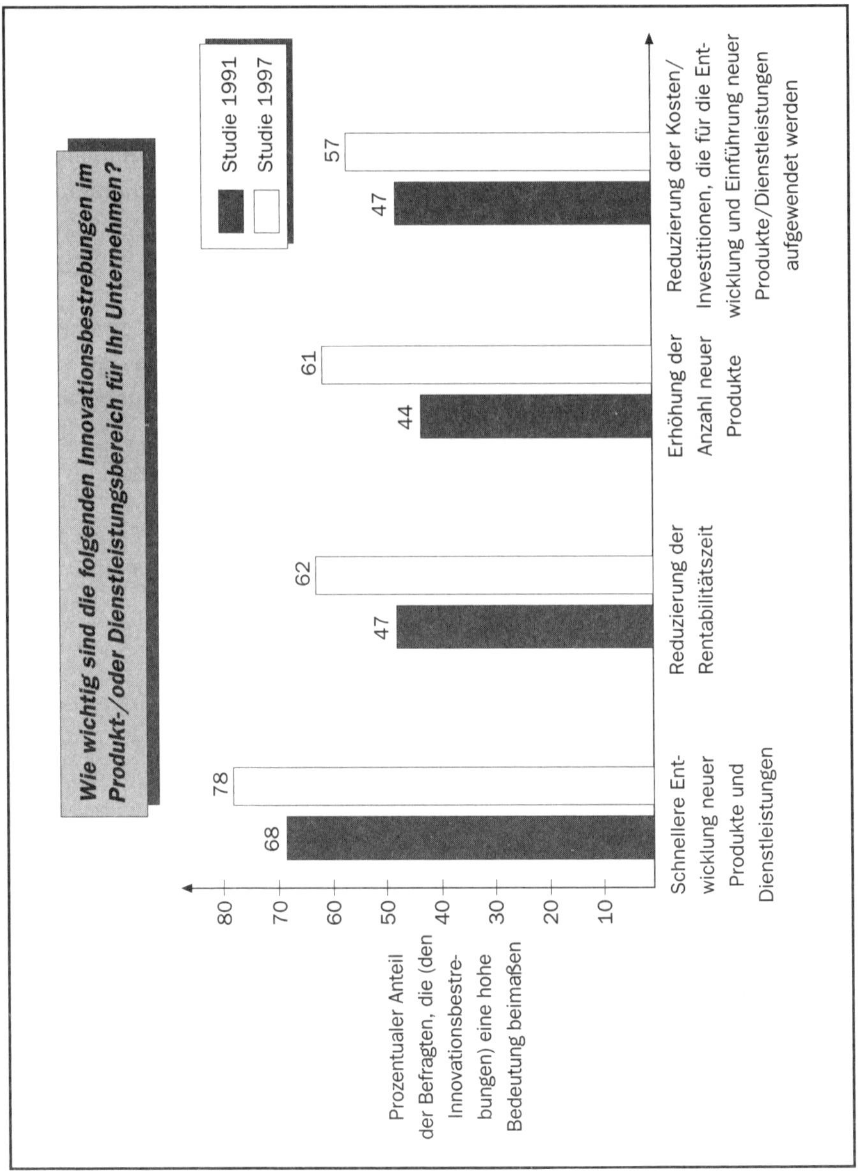

Abbildung A.2: Zunahme der Bedeutung von Innovationsbestrebungen im Produkt-/Dienstleistungsbereich (1991–1997)

Die Zustimmung in den einzelnen Branchen schwankt, abhängig von unterschiedlichen Reifegraden und Lebenszyklen. So stand beispielsweise auf die Frage nach der Zunahme der Bedeutung innovativer Leistungen als Faktor für wirtschaftlichen Erfolg einer Zustimmungsquote von 60–80 Prozent in der pharmazeutischen Industrie, der Konsumgüterindustrie und der Finanzwirtschaft eine nur 25–40-prozentige Zustimmung in den Branchen Maschinen- und Anlagen-

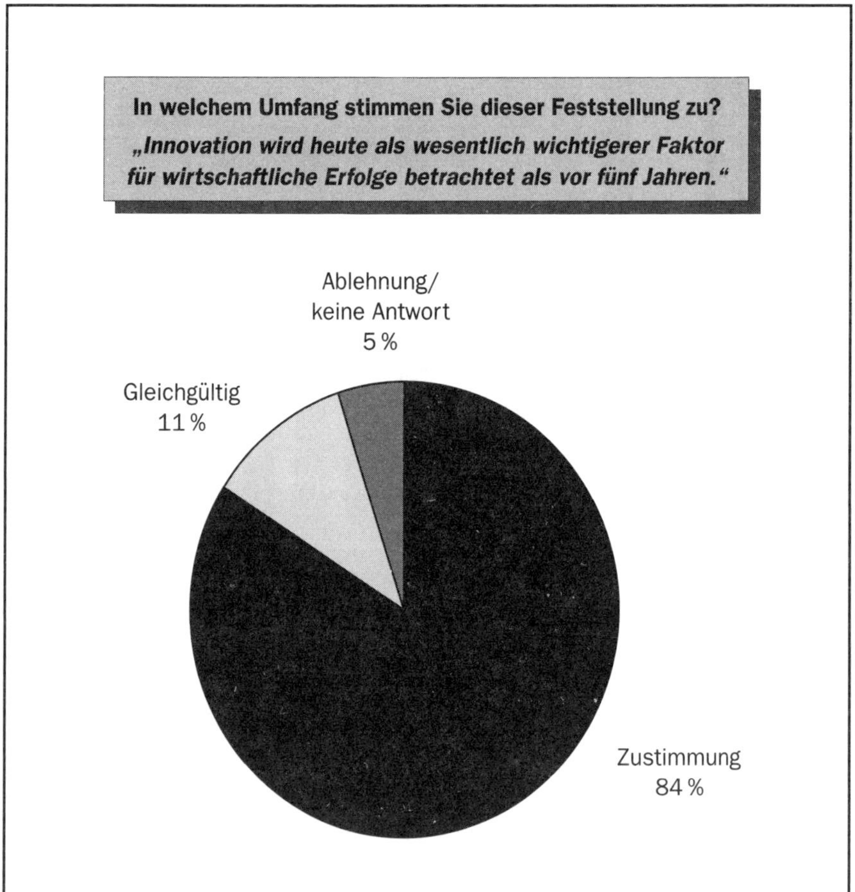

Abbildung A.3: Priorität, die Innovationsleistungen beigemessen wird

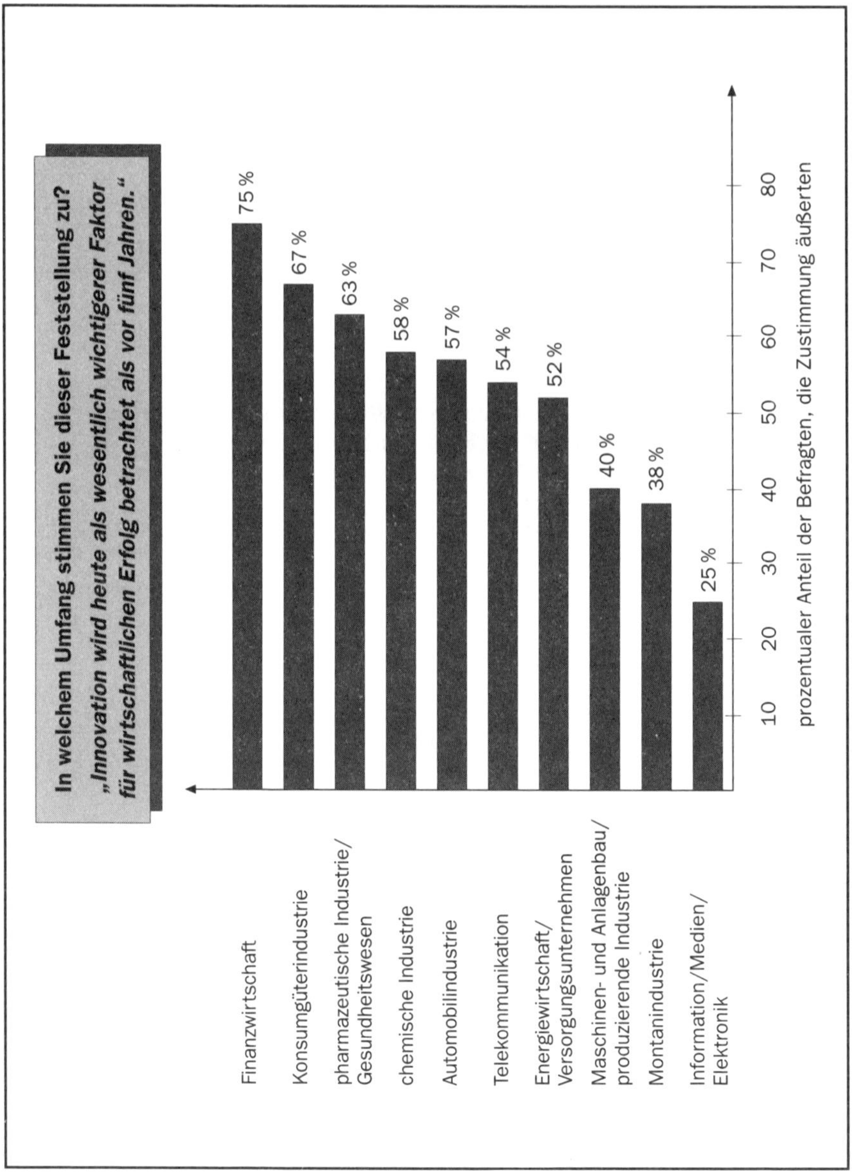

Abbildung A.4: Priorität, die Innovationsleistungen von einzelnen Branchen beigemessen wird

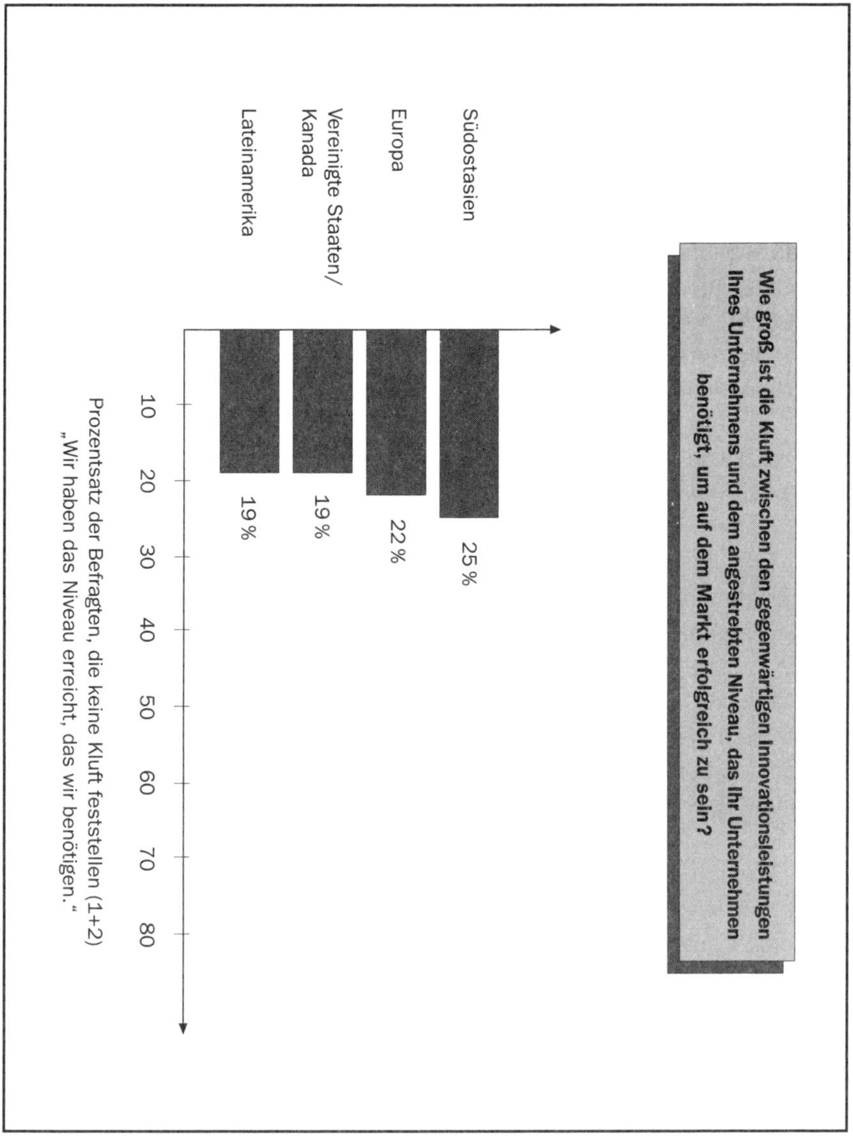

Abbildung A.5: Kluft zwischen erreichten und angestrebten Produkt-/Dienstleistunginnovationen, Prozessinnovationen und wirtschaftlichen Innovationen nach Regionen

bau/produzierende Industrie, Informations-, Medien- und Elektronikindustrie sowie Montanindustrie gegenüber (Abbildung A.4).

Dieses überraschende Ergebnis kann dadurch erklärt werden, dass die Informations-/Medien- und Elektronikindustrie schon immer in hohem Maße auf Innovationen vertraut hat, um die Führung in einer Branche zu erlangen oder aufrechtzuerhalten, in der die Produkt- und Dienstleistungslebenszyklen sich drastisch verkürzen. Aus diesem Grunde war hier keine Zunahme der Bedeutung von Innovationen zu erkennen. Auch Maschinen- und Anlagenbau und produzierende Industrie haben schon vor anderen Branchen das Reifestadium erreicht, in dem die Unternehmen erkannt haben, dass sie Innovationsleistungen erbringen müssen.

Nur wenige Unternehmen haben befriedigende Innovationsleistungen vorzuweisen...

Trotz der breiten Zustimmung hinsichtlich der Bedeutung von Innovationsleistungen für den Unternehmenserfolg beanspruchen nur wenige Firmen für sich, hohe effektive innovative Leistungen zu zeigen. In unserer Studie gab weniger als ein Viertel aller Befragten an, dass es keine oder nur eine geringe Kluft zwischen ihrer gegenwärtigen Innovationsleistung und dem Niveau gebe, das sie benötigten, um auf dem Markt erfolgreich zu sein. Dabei gab es in den verschiedenen Regionen überraschenderweise keine großen Unterschiede (Abbildung A.5).

Ebenso glaubten in allen Branchen, die in der Studie untersucht wurden, weniger als 40 Prozent der Befragten, dass die Leistungsfähigkeit ihrer Unternehmen bereits das Maß erreicht habe, das benötigt werde, um auf dem Markt erfolgreich zu sein (Abbildung A.6).

Auswirkungen auf das Management ...

„Wir haben alles versucht – Downsizing, Reengineering, Kostenreduktion bis auf die Knochen; nun sitzt der Aktienkurs bei 140 Dollar fest. Wie kommen wir wieder zu Wachstum?“ Das ist in der heutigen Zeit eine ganz übliche Frage.

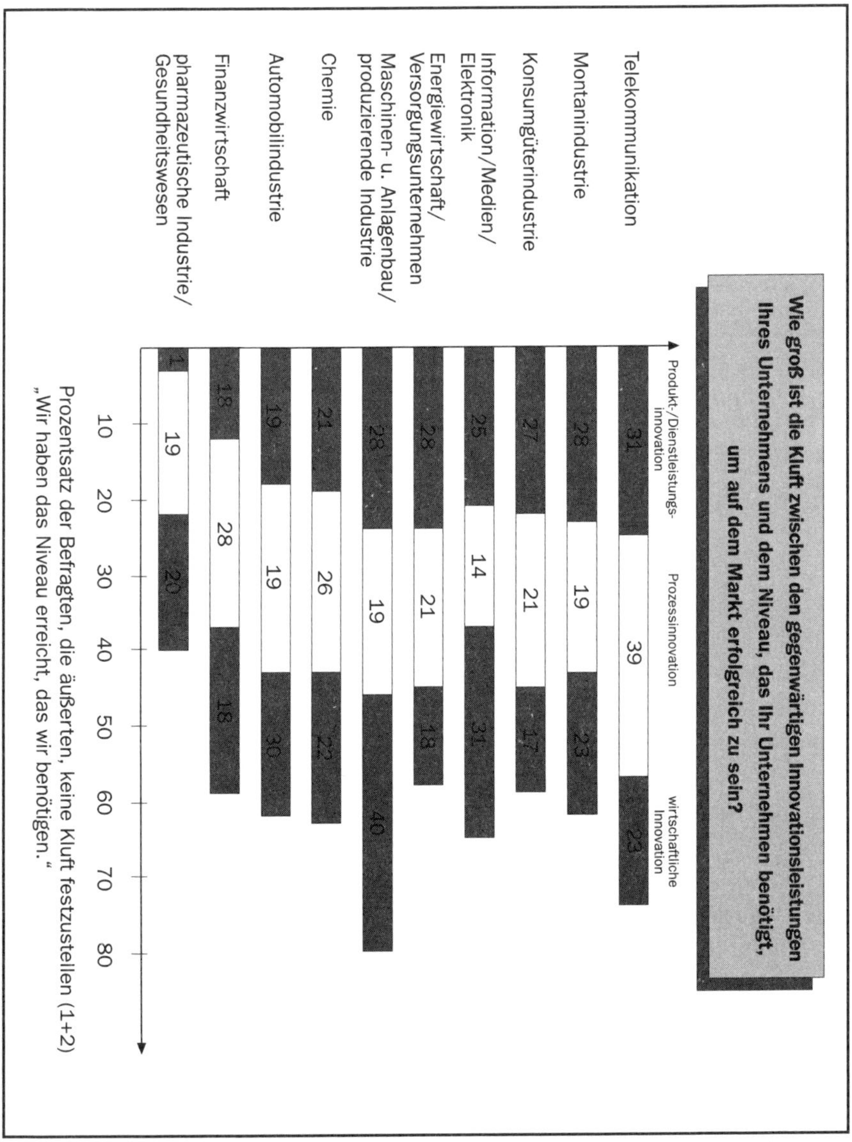

Abbildung A.6: Kluft zwischen erreichten und angestrebten Produkt-/Dienstleistungsinnovationen, Prozessinnovationen und wirtschaftlichen Innovationen nach Branchen

Heute und in Zukunft müssen Unternehmen ihre Strategien ganz deutlich auf Wachstum durch Innovationen ausrichten; Schlüsselprozesse entwickeln, um neue Ideen hervorzubringen und umzusetzen; die sinnvollsten Ressourcen sowohl aus internen als auch aus externen Quellen ausschöpfen; und schließlich noch einmal darüber nachdenken, wie ihre Organisation beschaffen sein muss, um funktionsübergreifend und zwischen einzelnen Geschäftsbereichen die Wertschöpfung voranzutreiben. Wer diese Aufgabe effektiv erfüllt, wird unnachahmliche Wettbewerbsvorteile erringen, wer es versäumt, seine Hausaufgaben zu machen, wird vielleicht nicht in der Lage sein zu überleben.

Warum sind Innovationsleistungen wichtig?

Es gibt viele Gründe für Unternehmen, Innovationsleistungen zu erbringen. Wie auf der Technologie-Markt-Matrix in Abbildung A.7 zu sehen ist, wird als überzeugendster Grund, den die Teilnehmer der Umfrage nennen, der Wunsch geäußert, neue Wege zu finden, um die Bedürfnisse bestehender Kunden zu befriedigen. Am auffälligsten ist die hohe Bedeutung, die die Befragten der riskantesten Methode beimaßen: Innovationen zu schaffen, um in neue Märkte mit neuen Technologien vorzustoßen.

Die Daten legen nahe, dass zwei zusätzliche Gründe für Innovationsleistungen an Bedeutung gewinnen:

- Innovationen werden als wichtiges Werkzeug genutzt, um Beziehungen zu Kunden und Zulieferern auszubauen,
- Innovationen werden als wichtiges Werkzeug betrachtet, um talentierte Mitarbeiter anzuziehen und zu halten.

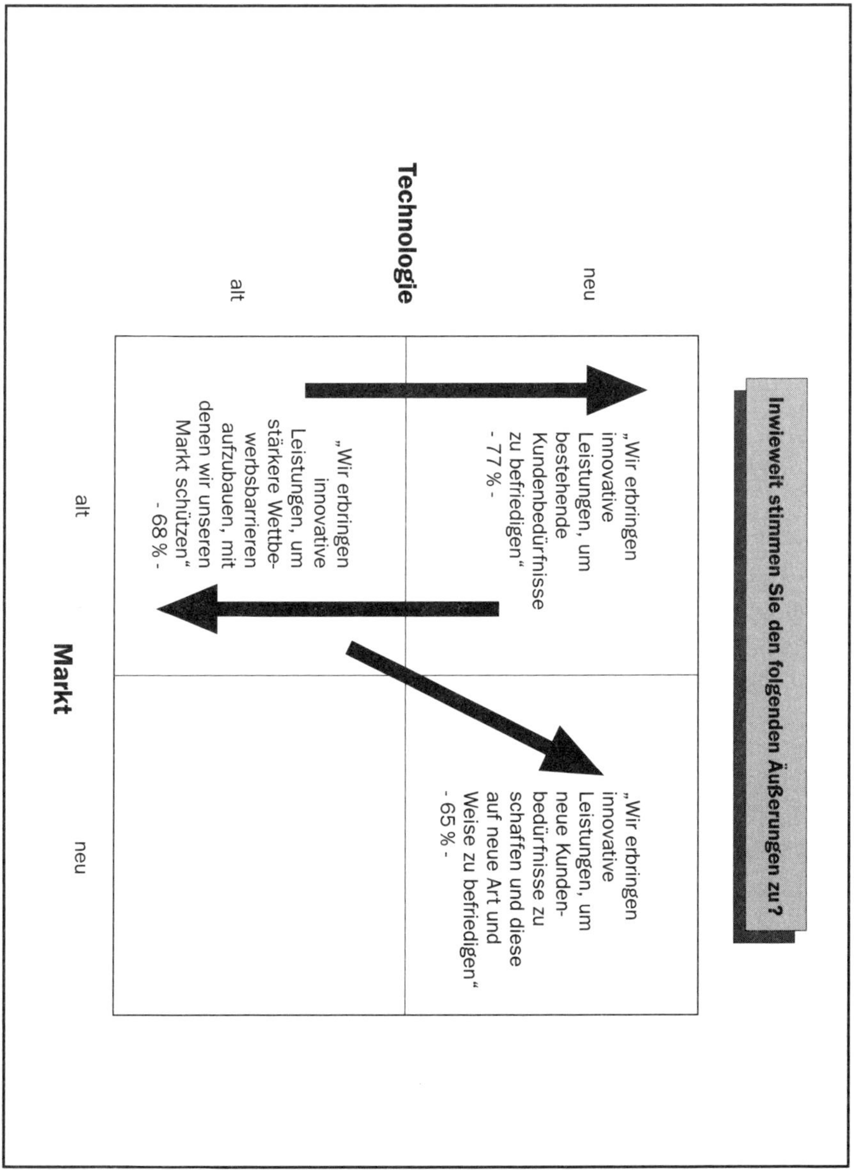

Abbildung A.7: Warum Innovation?

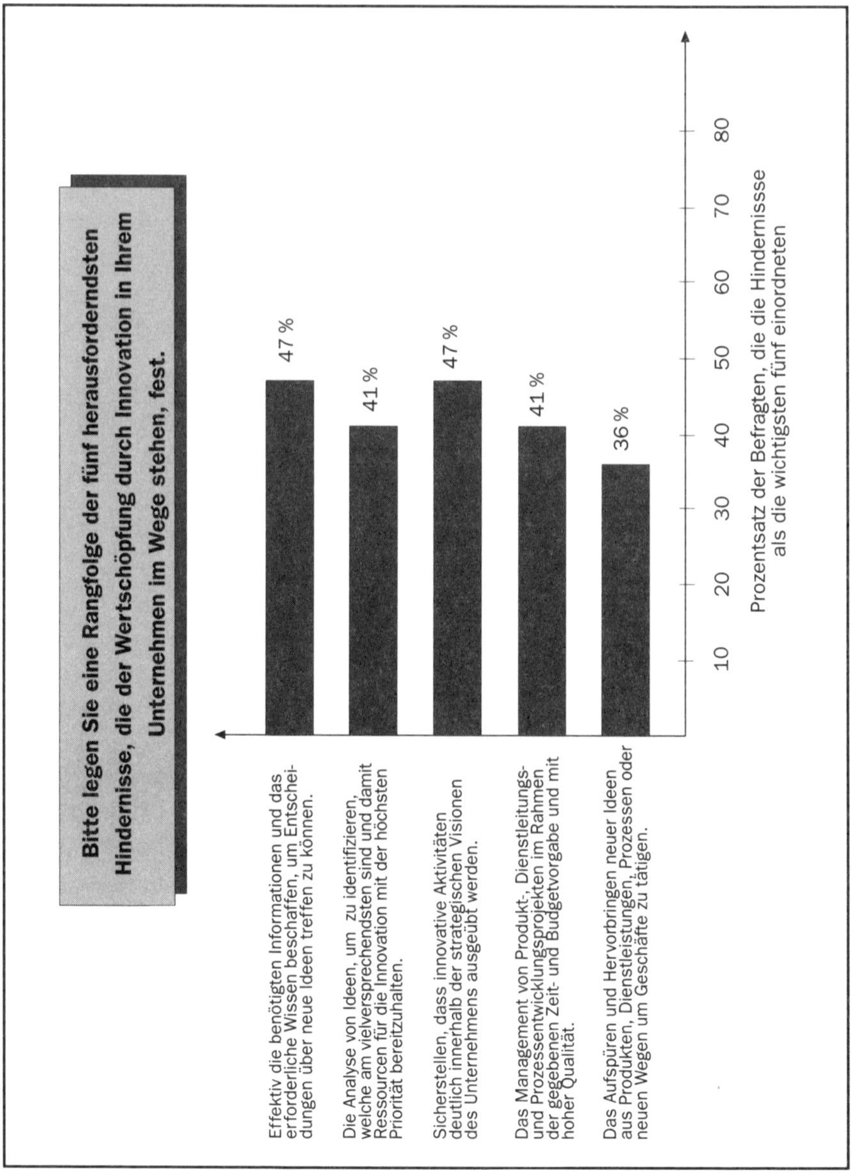

Abbildung A.8: Häufigkeit der wichtigsten Hindernisse für Innovationen

Eines der auffälligsten Hindernisse gegen Innovationserfolg, ist die mangelhafte Ausrichtung innovativer Aktivitäten an der Unternehmensstrategie.

Es gibt deutliche Hindernisse, die der erfolgreichen Wertschöpfung aus innovativen Leistungen im Wege stehen. Unternehmen, die heute ihre Innovationsbestrebungen verstärken, bemühen sich, eine Kultur zu etablieren, in der auf eine Vielzahl von Quellen zurückgegriffen wird, um neue Ideen zu entwickeln und umzusetzen. Die Beschleunigung des Entwicklungsprozesses ist eine andauernde Herausforderung ebenso wie die Beschaffung des Wissens, das benötigt wird, um effektive Entscheidungen über neue Ideen und Produkte zu treffen.

Die Befragten in unserer Studie zeigten auf, das die fünf größten Hindernisse der Innovationserfolge mit Strategieanpassung und Entscheidungsfindung zu tun haben, wie in Abbildung A.8 gezeigt wird.

Diese Ergebnisse lassen den Schluss zu – und unsere Erfahrungen mit Klienten stützen diese Vermutung –, dass alle Unternehmen mit ähnlichen Problemen zu kämpfen haben, wenn es um Innovationen geht. Die Bedeutung der einzelnen Hindernisse ist jedoch abhängig von der Branche und natürlich von den Unternehmen (Abbildung A.9).

In der Studie aus dem Jahre 1991 bezogen sich die größten Hindernisse auf die Ressourcen: Das Auffinden qualifizierter Führungskräfte und Manager und die Gewinnung von Mitarbeitern mit den benötigten Fähigkeiten sowie die effektive Beschaffung der erforderlichen Informationen.

Die Verlagerung des Gewichtes auf die Unternehmensstrategie legt den Schluss nahe, dass die Unternehmen die Bedeutung erkannt haben, die der Fähigkeit zukommt, Innovationen im Zusammenspiel mit der Unternehmensstrategie voranzutreiben – Innovationen, die sich nicht an der Strategie ausrichten, können zu Chaos und zu enttäuschenden Ergebnissen führen.

Um erfolgreich zu sein, muss die treibende Kraft hinter Innovationsleistungen eine gemeinsame Vision der Zukunft des Unternehmens sein. Wir stellen häufig fest, dass Unternehmen, in denen nur ein oberflächliches Verständnis langfristiger Szenarien besteht, Schwierigkei-

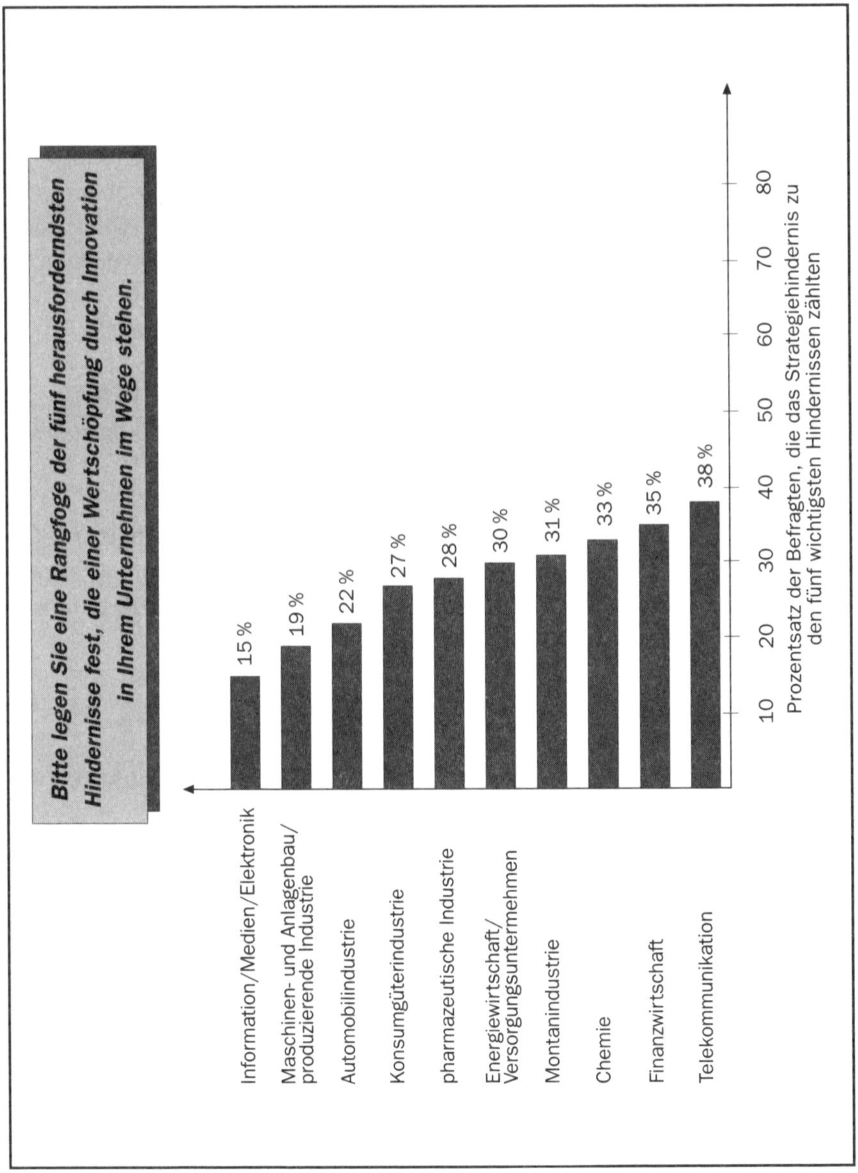

Abbildung A.9: Die Einordnung strategiebezogener Hindernisse nach Branchen

ten haben festzulegen, in welche Richtung sie sich entwickeln wollen. Sie treffen nur selten Entscheidungen über ihre langfristigen strategischen Optionen und können deshalb ihr volles Innovationspotenzial nicht ausschöpfen. Eine direkte Konsequenz aus diesen Problemen ist, dass innen die Generierung und Bewertung von Ideen schwerfällt.

Diese strategischen Hindernisse zu überwinden, ist aber machbar, sobald ein Unternehmen seine Strategie einmal festgelegt und sich dazu entschlossen hat, den Schwerpunkt auf Innovationsleistungen zu legen. Damit wird deutlich, dass die wirklichen Herausforderungen in der Überwindung der unternehmenskulturellen Probleme liegt.

Probleme, die im Zusammenhang mit Produkt-/Dienstleistungsinnovationen stehen

Angesichts der Bedeutung, die Produkt- und Dienstleistungsinnovationen zukommt, baten wir die Befragten auch um eine Stellungnahme, wie wichtig in ihren Unternehmen Probleme im Zusammenhang mit Produkt-/Dienstleistungsinnovationen sind.

Die vier wichtigsten Probleme waren:

- Die Verbesserung der Gewinnspanne unserer Produkte und Dienstleistungen (82 Prozent)
- Die Erhöhung des Umsatzvolumens unserer Produkte und Dienstleistungen (79 Prozent)
- Die rechtzeitige und termingerechte Markteinführung unserer Produkte und Dienstleistungen (78 Prozent)
- Die schnellere Entwicklung unserer neuen Produkte und Dienstleistungen vom Konzept bis zur Markteinführung (78 Prozent)

Abhängig von den einzelnen Branchen wurden diese Probleme folgendermaßen zugeordnet:

Die Erhöhung des Umsatzvolumens unserer Produkte und Dienstleistungen

In allen Branchen sorgt man sich um das Umsatzvolumen, aber der größte Anteil der Befragten, für den dieser Aspekt im Vordergrund stand, stammt aus der pharmazeutischen Industrie, aus der Finanzwirtschaft und der Telekommunikationsbranche.

Die Verbesserung der Gewinnspanne unserer Produkte und Dienstleistungen

Die Befragten aller Branchen maßen der Verbesserung der Gewinnspannen eine hohe Bedeutung zu, der höchste Prozentsatz fand sich jedoch in der chemischen Industrie (90 Prozent der Befragten bewerteten diesen Aspekt als wichtig) und der niedrigste in der pharmazeutischen Industrie (mit einem Prozentsatz von 76 Prozent).

Die schnellere Entwicklung unserer neuen Produkte und Dienstleistungen vom Konzept bis zur Markteinführung

Die Bedeutung der Entwicklungsgeschwindigkeit wich in den einzelnen Branchen deutlich voneinander ab und spiegelte damit die große Bandbreite an Unternehmen wider, die an der Studie teilnahmen. Der höchste Prozentsatz der Befragten, die dieses Anliegen als wichtig erachteten, war in der pharmazeutischen Industrie (89 Prozent), in der Automobilindustrie (89 Prozent) und in der Telekommunikationsbranche (89 Prozent) zu finden. Maschinen- und Anlagenbau/produzierende Industrie, Informations-/Medien- und Elektronikindustrie sowie Konsumgüterindustrie folgten nicht weit dahinter.

Sechs Erfolgsfaktoren sind für die Verbesserung der innovativen Leistungsfähigkeit von wesentlicher Bedeutung.

Ein hohes Maß an innovativer Leistungsfähigkeit erfordert die sorgfältige Anpassung von Strategie, Geschäftsabläufen, Ressourcen und Organisation.

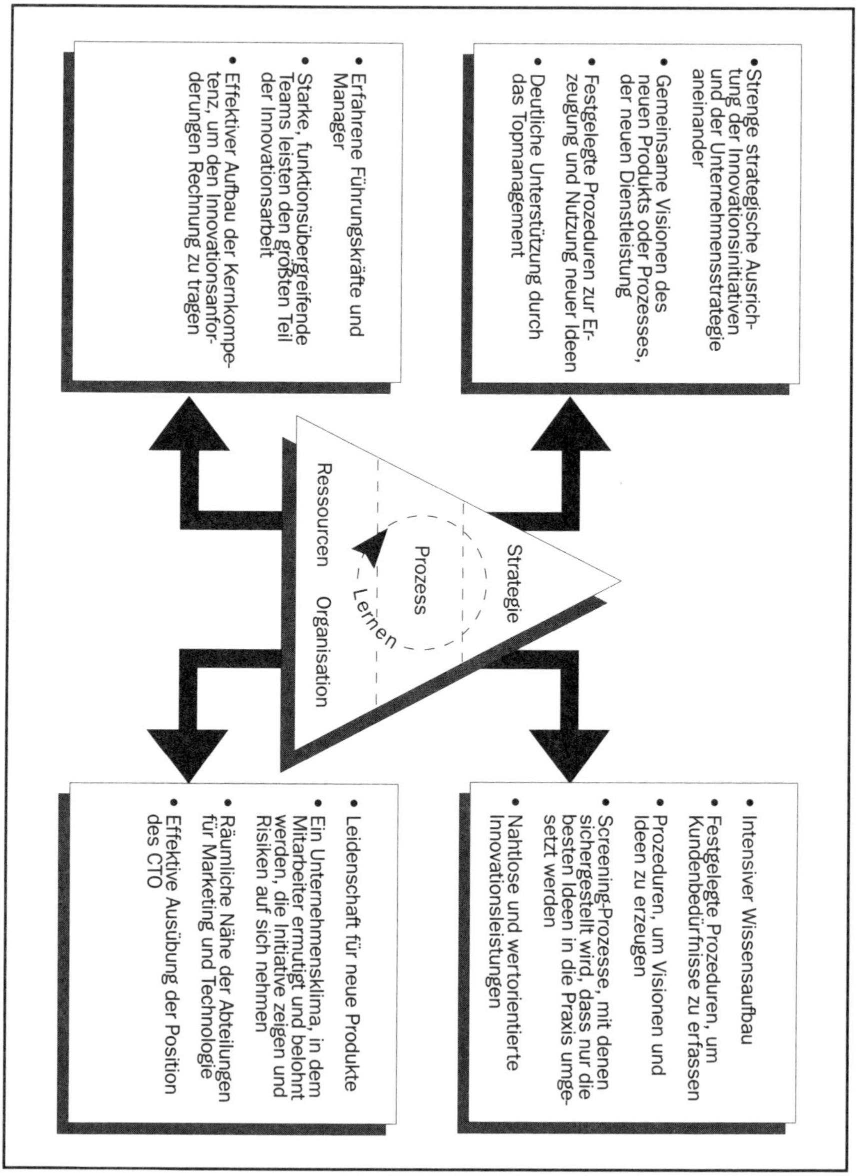

Abbildung A.10: Erfolgsfaktoren für hohe wirtschaftliche und innovative Leistungsfähigkeit

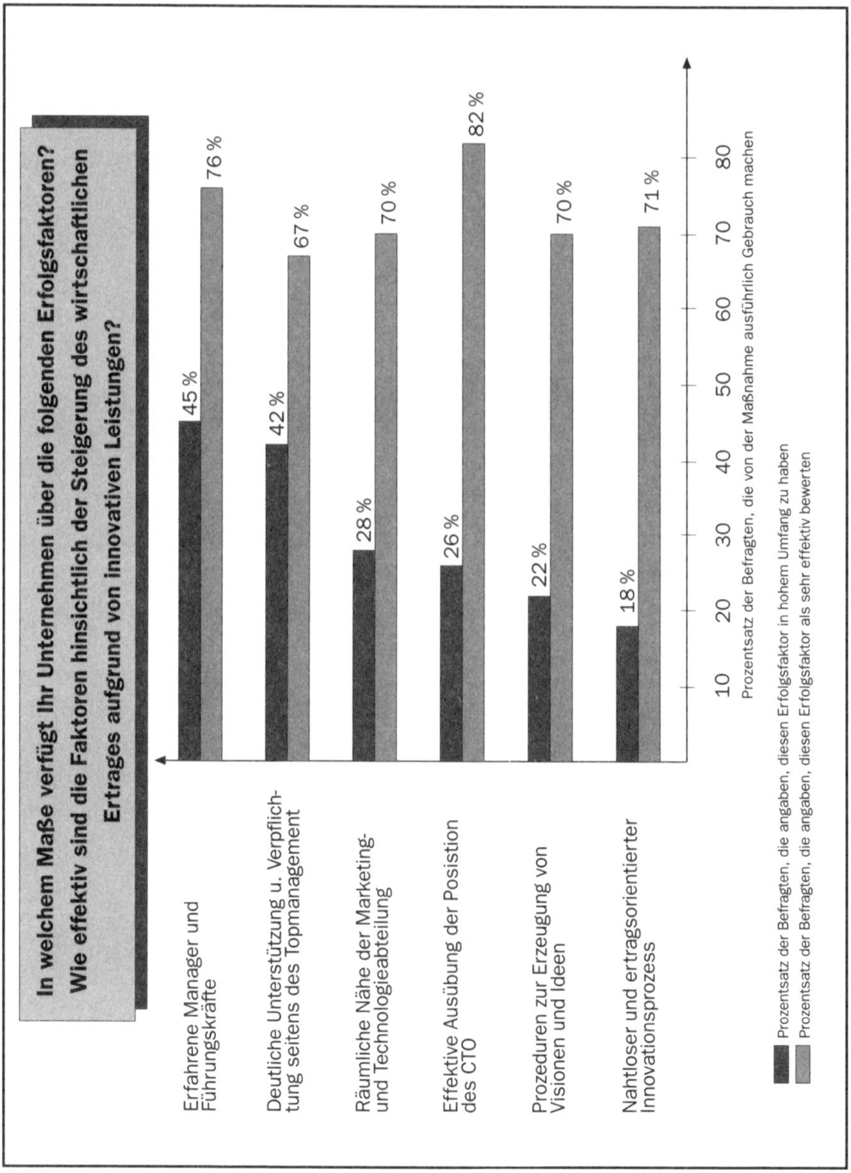

Abbildung A.11: Die Erfüllung der Erfolgsfaktoren für Innovationsleistungen in den Unternehmen

Eine Steigerung der innovativen Leistungsfähigkeit erfordert die Ausrichtung auf die wichtigsten Erfolgsfaktoren, die in unserer Studie identifiziert wurden:

1. Die klare Unterstützung und Verpflichtung seitens des Topmanagements,
2. Die effektiv ausgeübte Position des CDO,
3. Erfahrene Manager und Führungskräfte,
4. Die Unterbringung der Abteilungen Marketing und Technologie in unmittelbarer räumlicher Nähe,
5. Nahtlose und ertragsorientierte Innovationsprozesse,
6. Vorgehensweisen, um Visionen und Ideen zu erzeugen.

Auch wenn einige dieser Faktoren auf der Hand zu liegen scheinen, so fehlt es doch vielen Unternehmen an einer klaren Vision, an sorgfältig abgestimmten Prozessen, an effektiven Organisationsstrukturen und Ressourcen – und aus diesem Grunde fällt es ihnen schwer, Innovationsbestrebungen wirkungsvoll zu verfolgen.

Und tatsächlich stimmten die meisten der in der Studie Befragten darin überein, dass diese Faktoren die Voraussetzung sind, um aus ihren Innovationsaktivitäten geschäftlichen Nutzen zu ziehen. Unglücklicherweise glauben nur wenige Unternehmen, dass sie bereits in ausreichendem Maße über die wesentlichen Erfolgsfaktoren verfügen, wie aus Abbildung A.11 hervorgeht.

Definition der wesentlichen Erfolgsfaktoren für innovative Leistungen

Die Auswertung der vorliegenden Ergebnisse ergibt, dass ein sinnvoller Weg, sich einem wirkungsvollen Innovationsmanagement anzunähern, darin besteht, auf eine konsequente Erfüllung der genannten Erfolgsfaktoren hinzuarbeiten:

1. *Klare Unterstützung und Verpflichtung seitens des Topmanagements:*

Der Vorstandsvorsitzende und die anderen Führungskräfte bestimmen den Ton im Unternehmen. Sie sorgen für die Entwicklung und Umsetzung der Unternehmensstrategie und beeinflussen die Kultur und das Verhalten der gesamten Organisation. Das Topmanagement muss die Bedeutung von Innovationsleistungen ausdrücklich vermitteln; es muss bereit sein, langfristig zu investieren, um die Entwicklung und Markteinführung neuer Produkte, Dienstleistungen und Geschäftsbereiche voranzutreiben, und Fehlschlägen gegenüber tolerant zu sein, um ein Klima zu schaffen, das herausragenden Innovationsleistungen förderlich ist.

2. *Die Position des CDO muss effektiv ausgeübt werden:*

Wie auch immer sein offizieller Titel lautet, eine Position, die über die Entscheidungsgewalt oder Einflussmöglichkeiten über das Technologievermögen des Unternehmens auf Topmanagementniveau verfügt, ist von entscheidender Bedeutung. In dem Bestreben, Kosten zu reduzieren, haben viele Unternehmen zentrale Forschungs- und Entwicklungseinheiten zugunsten von auf Geschäftsbereichen basierenden Entwicklungszentren drastisch reduziert oder ganz abgeschafft. Auch wenn das vielleicht die Kundenorientiertheit gestärkt haben mag, so hatte es doch häufig negative Auswirkungen auf die innovative Leistungsfähigkeit – ohne einen unternehmerischen Blick auf die technologischen Vermögenswerte einer Firma versäumt ein Unternehmen unter Umständen wichtige Chancen, die zwischen Geschäftsbereichen oder Sektoren entstehen.

3. *Erfahrene Manager und Führungskräfte:*

Effektive Innovation ist ohne Erfahrung in den Bereichen Marketing, Technologie, Produktion und Management nicht möglich. Viele große Unternehmen erleben heute eine „Aushöhlung“ durch frühzeitige Pensionierungen und andere Maßnahmen, Unternehmen stellen fest, dass ihnen die grundlegenden Qualifikationen fehlen, die erforderlich sind, um neue Produkte und Dienstleistungen auf den Markt zu bringen.

4. *Räumliche Nähe der Marketing- und der technischen Abteilungen:*

Ingenieure und Marketingmitarbeiter kommunizieren nur selten effektiv miteinander. Bei den Technikern heißt es: „Wenn die Marketingleute uns sagen könnten, was sie wollen, könnten wir es produzieren", und in der Marketingabteilung heißt es: „Wenn die Techniker uns sagen könnten, was sie produzieren können, wären wir auch in der Lage, es zu verkaufen!" Entfernungen können dieses Problem noch verschärfen, weil die räumliche Trennung der Funktionen die Chancen für eine intensive Kooperation und eine prompte Kommunikation, die für erfolgreiche Innovationen so wichtig sind, dramatisch reduziert.

5. *Nahtlose und ertragsorientierte Innovationsprozesse:*
Innovationsleistungen erfordern aufgrund ihrer Natur eine unternehmensweite kooperative Grundeinstellung. Der Prozess muss nahtlos sein, damit Informationen und Aktivitäten zwischen einzelnen Funktionen, Gruppen und Ebenen schnell und ohne Reibungsverluste fließen können. Auch muss der Prozeß ertragsorientiert sein, insofern, als der Beitrag eines jeden mit dem Gesamtziel übereinstimmen und auf die richtigen Aktivitäten gerichtet sein muss, die zur Wertschöpfung führen.

6. *Vorgehensweisen für die Erzeugung von Visionen und Ideen:*
Die Entwicklung neuer Produkte oder Dienstleistungen, die Umsetzung neuer Produktionsprozesse oder neuer Geschäftsmodelle erfordern eine systematische Vorgehensweise, um eine Vision zukünftiger Chancen zu schaffen und darauf ausgerichtete Ideen zu entwickeln. Unternehmen müssen sich auf vielfältige Weise der Konkretisierung ihrer Innovationschancen nähern und in dieser Suche eine ihrer wichtigsten Aufgaben sehen.

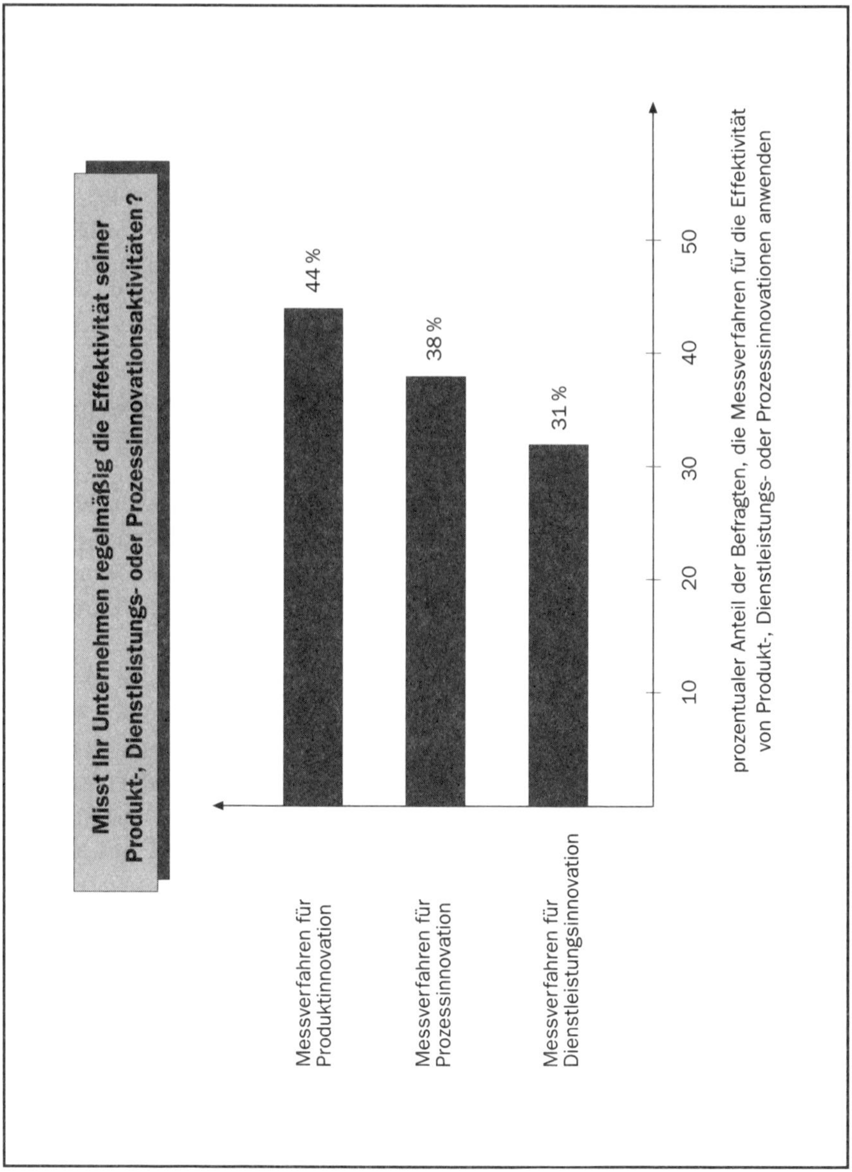

Abbildung A.12: Einsatz von Messverfahren zur Bewertung der Effektivität von Innovationsaktivitäten

Innovative Leistungen sind messbar; Unternehmen, die Messverfahren anwenden, weisen höhere Erfolge ihrer Innovationsaktivitäten auf

Fast jedes Unternehmen benutzt bestimmte Leistungsmaßstäbe, um Fortschritte zu bewerten. Wie wir gesehen haben, haben Produkt- und Dienstleistungs-, Prozess- und Geschäftsinnovationen einen direkten Einfluß auf die wirtschaftliche Leistungsfähigkeit der Unternehmen. Aber bislang messen nur relativ wenige Unternehmen die Effektivität ihrer Innovationsmaßnahmen, obwohl sie enorme Summen dafür investieren. Unserer Erfahrung nach haben die Unternehmen, die spezifische Messverfahren für ihre Innovationsleistungen anwenden, wesentlich höhere Chancen, wirtschaftliche Erträge aus ihren Anstrengungen zu erzielen.

Die Ergebnisse unserer Studie stützen diese Annahme. Weniger als 50 Prozent der Befragten weltweit nutzen Messverfahren zur Bewertung von Produkt- oder Prozessinnovationen, und nur ein Drittel verfügt über Bewertungsmaßstäbe für Dienstleistungsinnovationen (Abbildung A.12).

Im weltweiten Vergleich haben die Unternehmen, die Messverfahren anwenden, größere Chancen, zu der Gruppe zu gehören, die keine oder nur geringe Dienstleistungs- oder Produktinnovationslücken aufweist. Zwar besteht eine gewisse Gefahr der Schönfärberei, wenn Unternehmen ihre Leistungsfähigkeit selbst einschätzen, doch die Erfahrungen aus unserer Arbeit mit Klienten in aller Welt stützen die folgende Aussage durchaus:

Die Anwendung von geeigneten Messverfahren für die Effektivität von Innovationsleistungen steigert die Erfolgschancen.

Welche Messverfahren werden üblicherweise eingesetzt und wie effektiv sind sie? Die Studie teilt die Messverfahren in vier Kategorien ein:

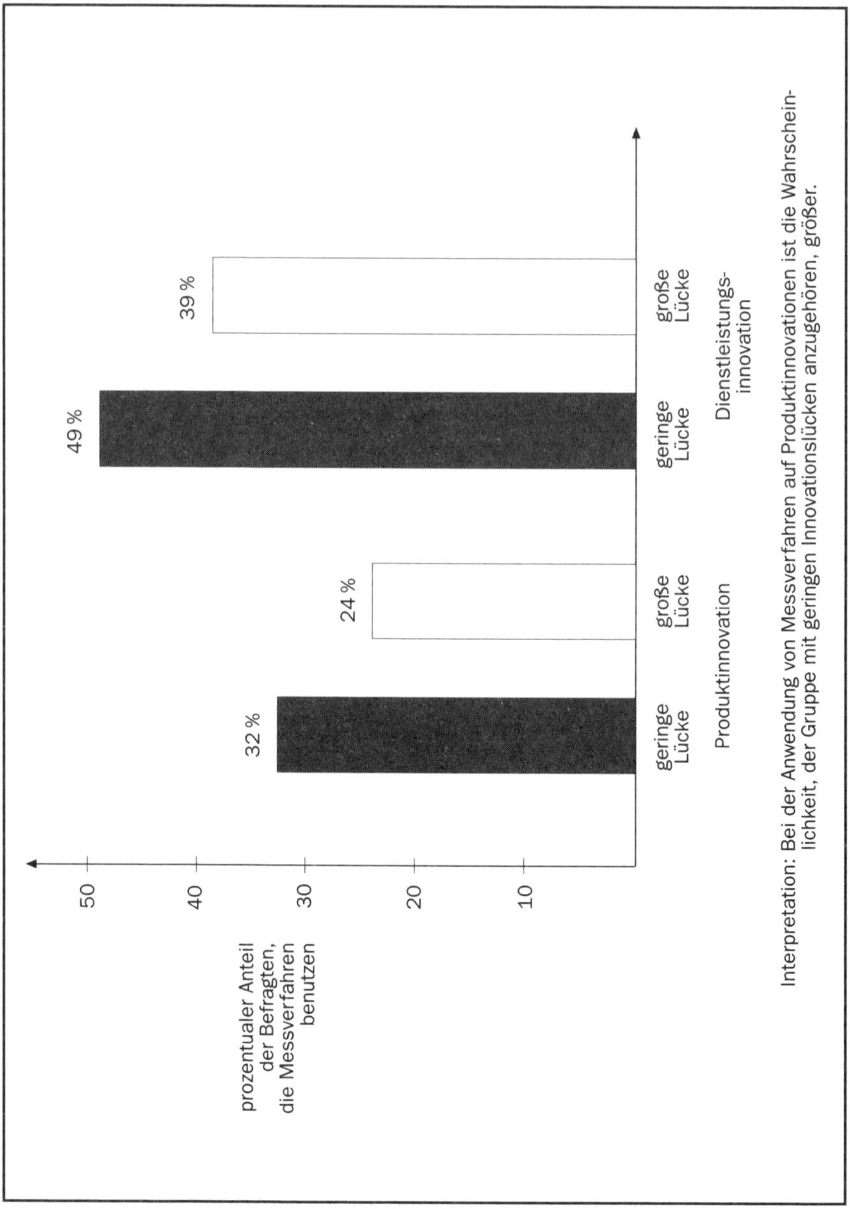

Abbildung A.13: Bedeutung von Messverfahren

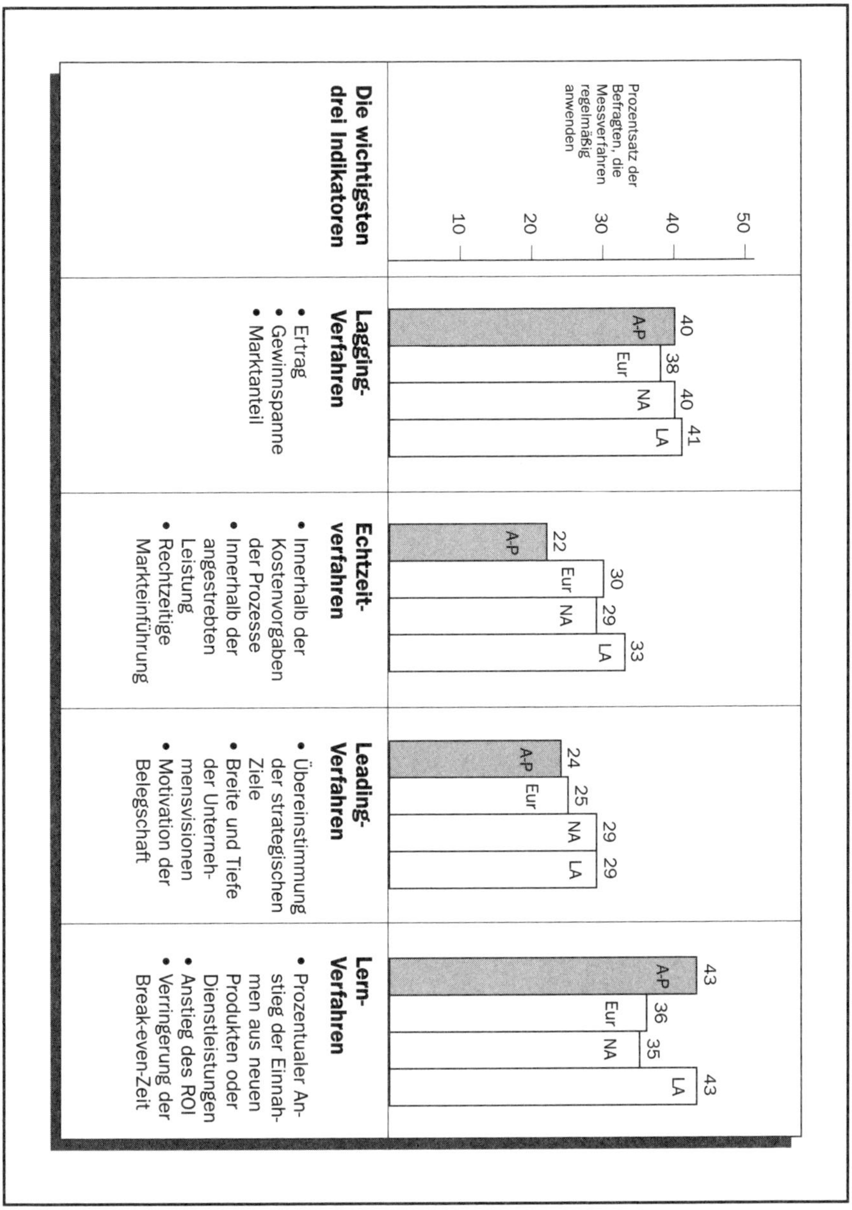

Abbildung A.14: Die wichtigsten Innovationsmessverfahren

Lagging-Verfahren:

Sie werden mit deutlicher Zeitverzögerung nach der Innovationsaktivität angewandt und zielen üblicherweise auf die Bewertung der finanziellen Ergebnisse ab.

Echtzeitmessverfahren:

Diese sind in den Prozess integriert und bewertet normalerweise die Fristgenauigkeit des Abschlusses der Aktivitäten.

Leading-Verfahren:

Diese Verfahren zielen auf eine Erfolgsvorhersage ab, indem sie kulturelle oder klimabezogene Faktoren messen.

Lern-Verfahren:

Diese Messverfahren haben üblicherweise die Verbesserungsrate in einem wichtigen Leistungsbereich zum Gegenstand.

Abbildung A.14 zeigt die drei wichtigsten Indikatoren, die durch die jeweiligen Messverfahren verfolgt werden.

Es gibt regionenübergreifend einige Unterschiede hinsichtlich der Anwendung der einzelnen Indikatoren innerhalb der jeweiligen Messverfahren.

Anwendung der Lagging-Verfahren

Die üblichen Indikatoren wie Umsätze, Gewinnspannen und Marktanteile werden in allen Regionen recht häufig (57 – 70 Prozent) eingesetzt, wie in Abbildung A.15 zu sehen ist.

Ein wichtiger Indikator, der immer mehr Verbreitung findet, ist „der prozentuale Anteil der Umsätze mit neuen Produkten und Dienstleistungen“, und Unternehmen in Südostasien neigen eher dazu (49 Prozent), diese Messverfahren einzusetzen als Unternehmen in Europa (38 Prozent) oder Lateinamerika (36 Prozent). Diese Messgrößen sind in der Regel jedoch sehr schwierig zu definieren.

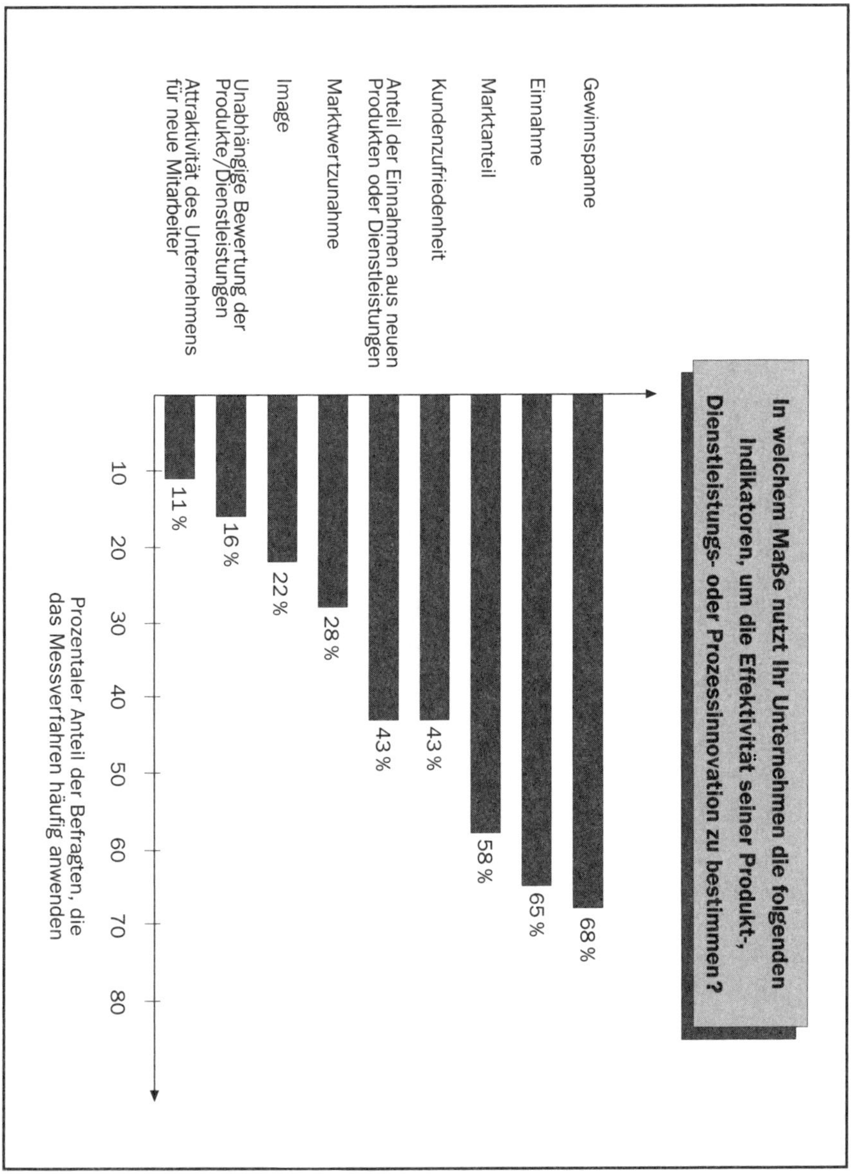

Abbildung A.15: Anwendung von Indikatoren der Lagging-Verfahren zur Bewertung der Effektivität von Innovationsbemühungen

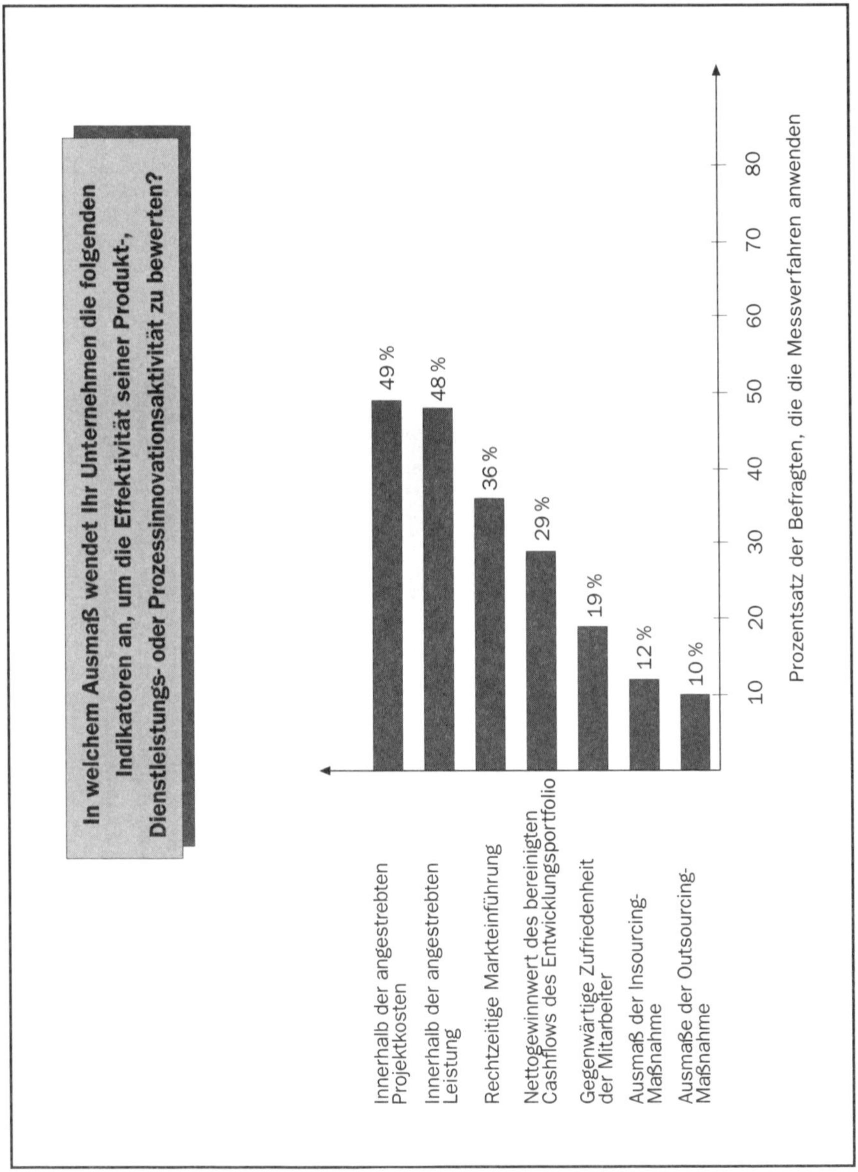

Abbildung A.16: Anwendung der Indikatoren der Echtzeitverfahren zur Bewertung der Effektivität von Innovationsbemühungen

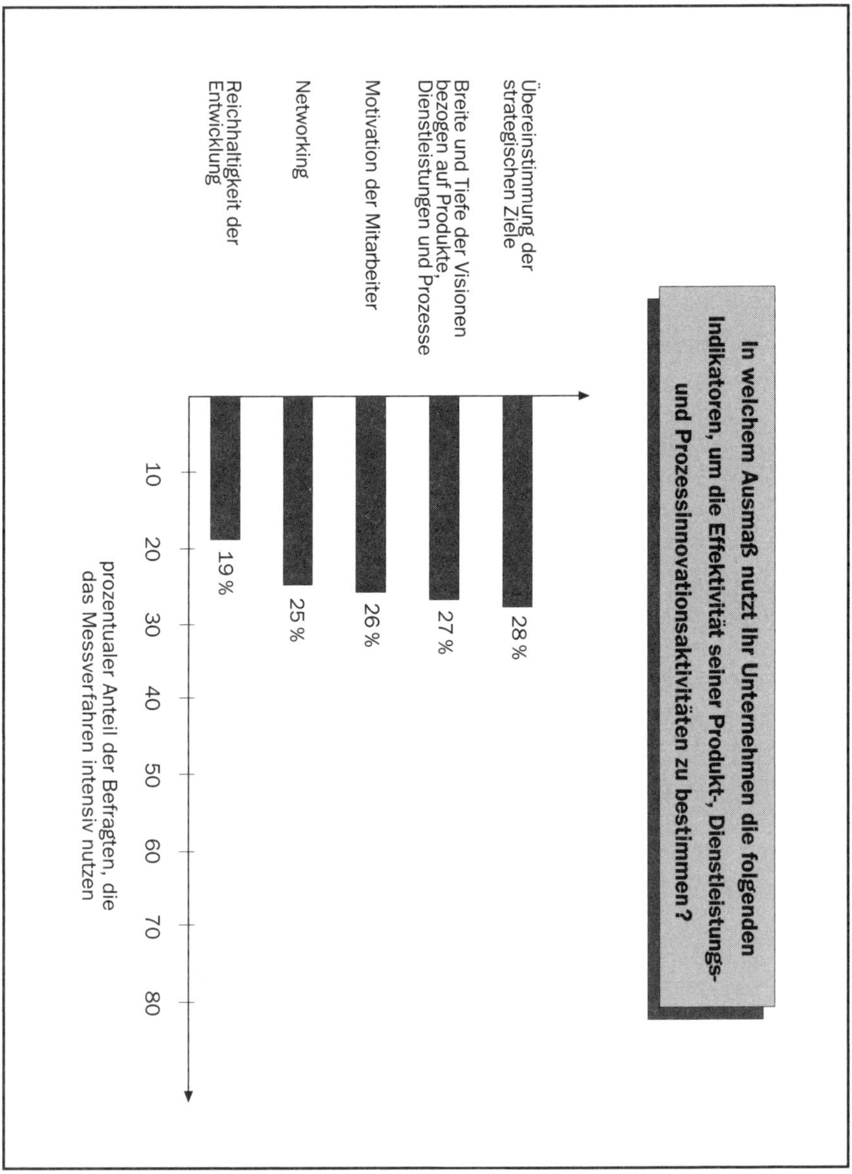

Abbildung A.17: Anwendung der Indikatoren der Leading-Verfahren zur Bewertung der Effektivität von Innovationsbemühungen

Anwendung der Echtzeit-Verfahren

Wie in Abbildung A.16 gezeigt wird, variiert die Anwendung der Echtzeitindikatoren beträchtlich in den unterschiedlichen Regionen.

- In Amerika (Vereinigte Staaten, Kanada, Lateinamerika) wird der Indikator „rechtzeitige Markteinführung" mehr angewandt als in Südostasien.
- In Europa wird bevorzugt der „Nettogewinnwert des diskontierten Cashflows aus dem Entwicklungsportfolio" eingesetzt.

In Europa konzentriert man sich mehr auf den Indikator „Einteilung der geplanten Kosten eines Projektes" als im südostasiatischen Raum und wendet häufiger den Indikator „Erreichung der angestrebten Leistung" an als in Lateinamerika.

In Südostasien wendet man den Indikator „derzeitige Zufriedenheit der Mitarbeiter" wesentlich häufiger an als in allen anderen Regionen (37 im Vergleich zu 13–18 Prozent).

Anwendung der Leading-Verfahren

Da sie am schwierigsten in der Anwendung sind, werden die Indikatoren der Leading-Verfahren in allen Regionen erwartungsgemäß am seltensten genutzt, wie in Abbildung A.17 zu sehen ist. Einige interessante regionale Unterschiede in der Anwendung bestimmter Messverfahren sind im Folgenden zusammengefasst:

- In Lateinamerika wird die „Motivation der Mitarbeiter" wesentlich häufiger bewertet als in Südostasien oder in Europa (36 Prozent im Vergleich zu 23 bzw. 24 Prozent).
- In Lateinamerika und in Europa wird der Indikator „Übereinstimmung mit den strategischen Zielen" häufiger angewandt als in Südostasien (32–34 Prozent im Vergleich zu 22 Prozent).
- Im südostasiatischen Raum, in Europa und Lateinamerika wird das „Networking" häufiger zur Bewertung herangezogen als in den Vereinigten Staaten oder Kanada.

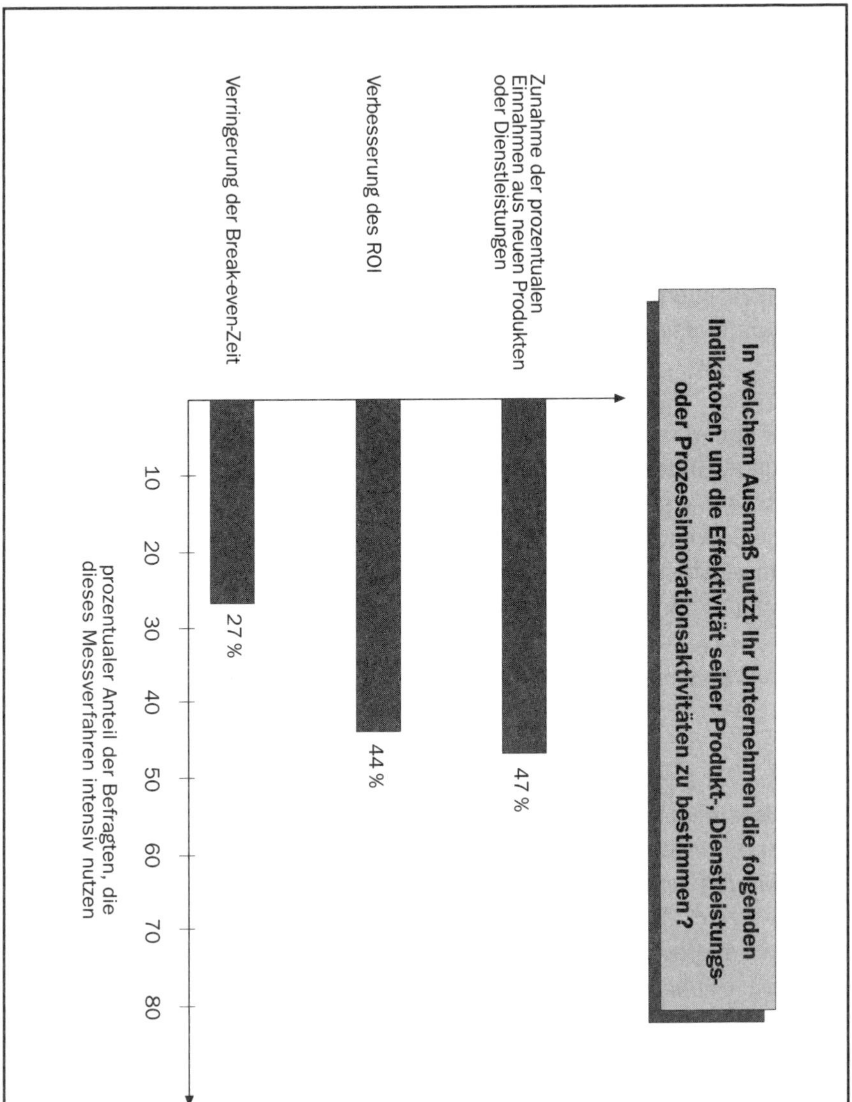

Abbildung A.18: Anwendung der Indikatoren der Learning-Verfahren zur Bewertung der Effektivität

Anwendung der Learning-Verfahren

Die Indikatoren der Learning-Verfahren geben in der Regel die Verbesserungsrate bestimmter Parameter an. In zunehmendem Maße wenden führende Unternehmen heute Programme und Prozesse an, um organisatorisches Lernen zu bewerten. Parallel dazu beginnen sie, Indikatoren der Learning-Verfahren zu entwickeln, um die Verbesserung insbesondere auf dem Gebiet innovativer Leistungen bewerten zu können. Unternehmen im südostasiatischen Raum scheinen in dieser Hinsicht besonders fortschrittlich zu sein, wie aus Abbildung A.18 zu ersehen ist.

- Unternehmen aus Südostasien wenden den Indikator „Prozentuale Zunahme der Umsätze aus neuen Produkten und Dienstleistungen“ häufiger an als ihre Konkurrenten in Europa oder in den Vereinigten Staaten und Kanada (54 Prozent im Vergleich zu 42 oder 43 Prozent).
- Unternehmen aus Südostasien nutzen auch den Indikator „Verkürzung der Break-even-Zeit“ deutlich häufiger als ihre Konkurrenten in Europa, den Vereinigten Staaten oder Kanada (34 Prozent im Vergleich zu 25 oder 15 Prozent).

Schubkraft für Innovationen

Die Ergebnisse belegen, dass Innovationsleistungen einen hohen strategischen Stellenwert genießen, dass aber nur wenige Unternehmen sie in ausreichendem Maße erbringen. Bei der Erfüllung der wichtigsten Erfolgsfaktoren bleiben noch zahlreiche Hindernisse zu überwinden. Indikatoren zur Bewertung können angewandt werden, aber zuverlässige Messverfahren werden noch erprobt. Die Ergebnisse unserer Studie legen nahe, dass vier Bedingungen erfüllt sein müssen, um im Bereich Innovationen wirklich herausragende Fähigkeiten zu entwickeln.

1. Vergewissern Sie sich, dass die Geschäftsführung geschlossen hinter einer konzernweiten Innovationsstrategie steht.

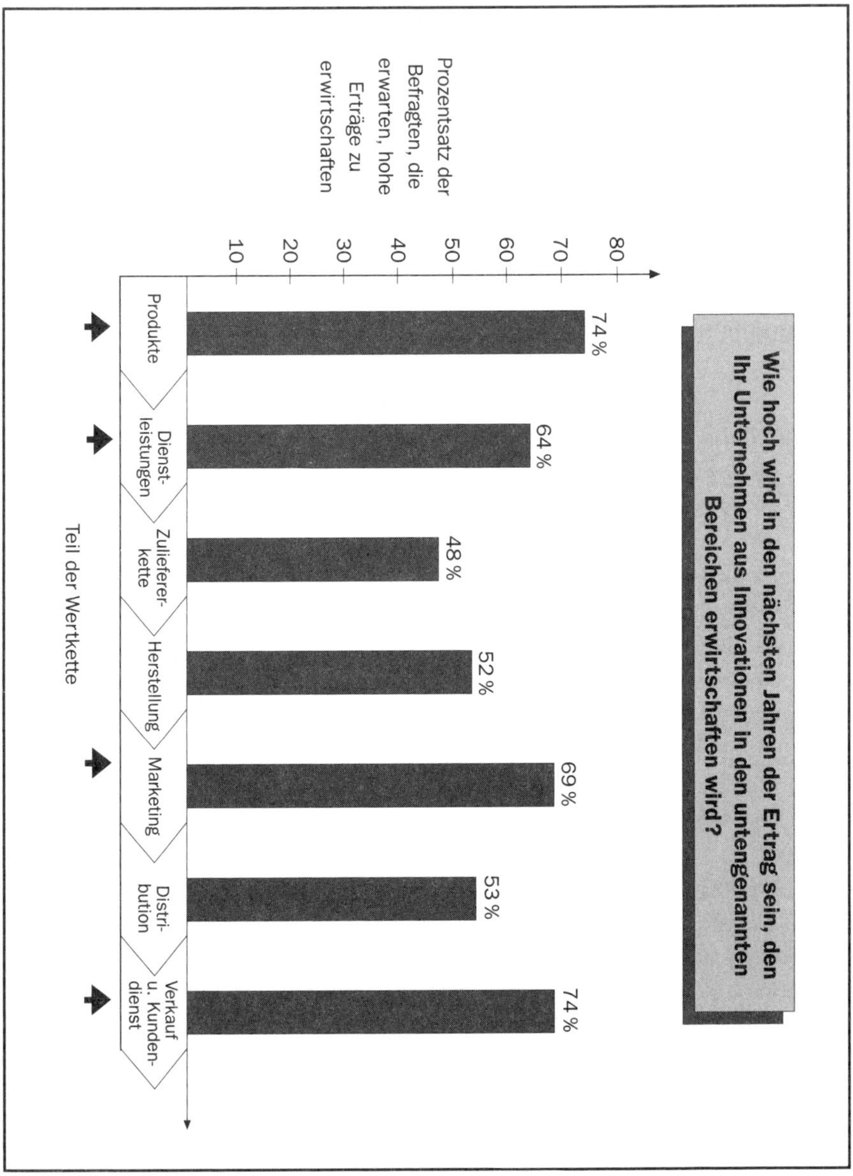

Abbildung A.19: Wo sind Innovationen in der Wertkette möglich?

Die Unternehmens- oder Geschäftsstrategie ist ein guter Ausgangspunkt, um die innovative Leistungsfähigkeit eines Unternehmens zu verbessern. 82 Prozent der weltweit Befragten waren der Ansicht, dass der Einsatz des Topmanagements für Innovationsbestrebungen und die konzentrierten Anstrengungen um die innovativen Fähigkeiten des Unternehmens zu herausragenden Ergebnissen führen, die über die Ergebnisse von typischen kostensenkenden Maßnahmen und Reengineering-Initiativen hinausgehen, denn, so drückten es unsere Befragten aus, „Innovation ist die treibende Kraft des Wachstums".

2. Die Entwicklung und Implementierung eines Innovationsprozesses, der die gesamte Wertkette umfasst.

Innovation ist in der Tat ein Geschäftsprozess, der zwar vielleicht nicht so linear verläuft wie beispielsweise ein Auftragsabwicklungsprozess, aber dennoch eine Folge von Aktivitäten mit einem Anfangspunkt, einem Ende und einem Wissensfluss zwischen den einzelnen Funktionen darstellt.

Etwas mehr als die Hälfte der Befragten in unserer Studie stimmte zu, dass Innovationen heute in Form eines Geschäftsprozesses gemanagt werden müssen.

Führende Unternehmen lassen Innovation heute nicht mehr nur einfach geschehen; sie wenden vielmehr ausgefeilte Techniken an, wie zum Beispiel das Visioning, Technologielandkarten, die Analyse der Kernkompetenzen und so weiter, so 55 Prozent der Befragten.

Zudem erwarten sie, Vorteile durch Innovationen in der gesamten Wertkette erzielen zu können, insbesondere bei Produkten, Dienstleistungen, im Marketing und im Verkauf/Kundendienst (Vergleiche Abbildung A.19).

3. Nutzen Sie Ressourcen innerhalb und außerhalb Ihres Unternehmens, um den Prozess zu beschleunigen

In unserer Praxis mit unseren Klienten haben wir die Erfahrung gemacht, dass praktisch jedes Unternehmen über starke Ressourcen verfügt, die besser eingesetzt werden könnten, um die innovative

Leistungsfähigkeit zu steigern. Manchmal sind es die kreativen Köpfe im Unternehmen, die ihre unverblümte Art noch nicht verloren haben, jedoch über die Maßen frustriert sind angesichts des Mangels an Veränderung im Unternehmen. Oder es ist die fruchtbare Partnerschaft mit einer nahegelegenen Universität oder mit einem Zulieferer, die eine ganze Produktlinie beleben könnte, die aber stattdessen von der Rechtsabteilung verkompliziert wird, weil dort nichts wichtiger ist als Risikominimierung.

Effektive Innovationen erfordern eine breite Definition der Ressourcen eines Unternehmens, klar formulierte Prozeduren, um Partnerschaften zu managen – sowohl für das Insourcing als auch für das Outsourcing von Technologien – und schließlich die Verpflichtung, in die Zukunft zu investieren.

4. Verändern Sie Struktur und Kultur Ihrer Organisation, um hohe Innovationsleistungen voranzutreiben.

Die Struktur und Kultur einer Organisation kann der stärkste Hebel sein, über den das Management verfügt, um die innovative Leistungsfähigkeit zu erhöhen, aber es ist gleichzeitig auch der schwierigste in der Umsetzung. Selbst die detailliertesten Pläne werden scheitern, wenn die Werte und Visionen für eine innovative Kultur nicht geteilt werden. Die Auswirkungen wichtiger Innovationsentscheidungen müssen sorgfältig überwacht werden. In der Studie identifizierten wir mehrere Ansätze, die wir für hilfreich erachten, um organisatorische und kulturelle Hindernisse aus dem Weg zu räumen.

Die folgenden vier Ansätze sind unserer Erfahrung nach am effektivsten:

„Reden Sie nicht, handeln Sie“ – Entwickeln Sie im oberen und mittleren Management Führungsqualitäten in Sachen Innovation und ermutigen Sie dazu, mit gutem Beispiel voranzugehen. Eine gemeinsame Vision des Managements über Innovationen wird die Eigeninitiative stärken, statt Vorschriften und Kontrollen auszubauen.

Bieten Sie Weiterbildungsmaßnahmen an, um funktionsübergreifende Teams zu stärken. Grenzen innerhalb der Organisation sollten durchlässig sein, um zum Aufbau funktionsübergreifender Teams zu ermutigen, die die Entwicklung eines nahtlosen Innovationsprozesses im gesamten Unternehmen vorantreiben werden.

Belohnen Sie Teams gemeinsam, wenn sie gute Teamleistungen erzielt haben. Belohnungen können das Verhalten beeinflussen. Die Leistungen eines Teams mit anderen Mitteln anzuerkennen als durch finanzielle Anreize (zum Beispiel ein positives Feedback, öffentliches Lob) stärkt die gemeinsame Vision und die Werte der innovativen Kultur.

Beziehen Sie Messverfahren zur Bewertung von Innovationen in Ihre Mitarbeiterbewertung mit ein. Leistungen sollten an ehrgeizigen Innovationszielen gemessen werden, die eng mit der Vision der Zusammenarbeit und den Innovationsleistungen des Unternehmens verknüpft sind.

Zusammenfassung

Es gibt nicht nur einen Weg, um Innovationsleistungen zu erbringen. Innovation ist immer eine komplexe und manchmal eine paradoxe Aktivität, die in hohem Maße von der Unternehmenskultur, manchmal auch von der Persönlichkeit einzelner Menschen beeinflusst wird. Die meisten Unternehmen (und die meisten Menschen) haben ihre eigene Vision, wo und wie sie Innovationen leisten können. Und trotz dieser Unterschiede, so hat diese Studie gezeigt, existiert eine beinahe einmütige Vorstellung, dass Innovationen der eigentliche Motor des Wachstums und die treibende Kraft für zukünftige Wertschöpfung sind. Weltweit wird vorausgesetzt, dass Innovationsbestrebungen an die Unternehmensstrategie gekoppelt sein müssen, um realisiert werden zu können. Weltweit wird anerkannt, dass das Innovationsmanagement von enormer Komplexität ist, aber auch verstanden, dass es zu managen ist und gemanagt werden muss. Weltweit wird man allmählich auf Methoden aufmerksam, um die Effektivität von Innovationen so zu messen, dass ihr Wert sich den Beteiligten erschließt und das Verhalten in der Organisation darin bestärkt wird, diese Werte auszuschöpfen. Weltweit besteht Einigkeit darüber, dass effektive Innovationsbestrebungen nicht nur auf Produkte bezogen sein dürfen, sondern auch Prozesse, Dienstleistungen und die Geschäftsansätze, entlang der gesamten Wertkette und über das gesamte erweiterte Unternehmen hinweg zum Gegenstand haben müssen. Und es gibt die Erkenntnis, dass die meisten Unternehmen noch immer lernen, wie sie Innovationen managen müssen. Nur diejenigen, die aufgehört haben zu lernen, haben aufgehört, innovative Leistungen zu erbringen.

Anhang B
Welchen Stellenwert haben Innovationen für Anlageberater? Eine Studie.

Als Teil unserer andauernden Serie von Studien zum Thema Innovation in Wirtschaft und Unternehmen führte Arthur D. Little Anfang 1999 eine Untersuchung bei Anlageberatern durch. Im Mittelpunkt stand die Frage, wie sie Innovation definieren und wie sie deren Einfluss auf die Bewertung von Unternehmen einschätzen.

Um die Bedeutung der im Rahmen der Studie gesammelten Daten besser einschätzen zu können, beauftragte Arthur D. Little die David Michaelson & Associates, Inc. diese Daten zu analysieren.

Es ging in erster Linie darum, zu bestimmen:

- Welche Faktoren in einem engen Zusammenhang mit Innovationen stehen.
- Wie Anlageberater Innovation definieren.
- Welche Bedeutung Innovationen für die Leistungsfähigkeit eines Unternehmens haben.
- Welche Auswirkung Innovationen auf die Gewinnmaximierung der Aktionäre haben.
- Welche Unternehmen als besonders innovativ eingestuft werden.

Erhebungsmethode

450 Fragebögen wurden von Arthur D. Little per Fax an einen repräsentativen Querschnitt von Anlageberatern in den USA versandt. Diese Fragebögen wurden zur Auswertung und Analyse der Daten direkt an ADL zurückgeschickt. Der Rücklauf betrug ungefähr acht Prozent.

Legende

- Prozentangaben müssen in linksbündigen Diagrammen zeilenweise gelesen werden.
- Wenn die Summe der Prozentzahlen 100 Prozent übersteigt, ist das auf mehr als eine Antwort pro Frage zurückzuführen.
- Ist die Summe der Prozentzahlen niedriger als 100 Prozent, so wurden Anworten wie „weiß ich nicht“ und „keine Angaben“ nicht mitgerechnet.
- Wenn die addierten Zahlen nicht der Gesamtsumme entsprechen, sind die Abweichungen auf Rundungen zurückzuführen.

Die Auswertung erfolgte mit einer ungewichteten Datenbasis.

Ergebnisse:

1. Nur wenige Anlageberater trauen sich zu, Innovationen zu bewerten.

Fast übereinstimmend erklären sie, dass Innovationen eine zentrale Rolle für die Ermittlung des Wertes eines Unternehmens spielen (73 Prozent) und die Bedeutung innovativer Leistungen im Laufe des letzten Jahrzehnts gestiegen sei (92 Prozent). Dennoch bekundete nur 30% der Anlageberater, dass sie es sich zutrauen zu bewerten, wie diese Innovationen die Leistungsfähigkeit eines Unternehmens beeinflussen.

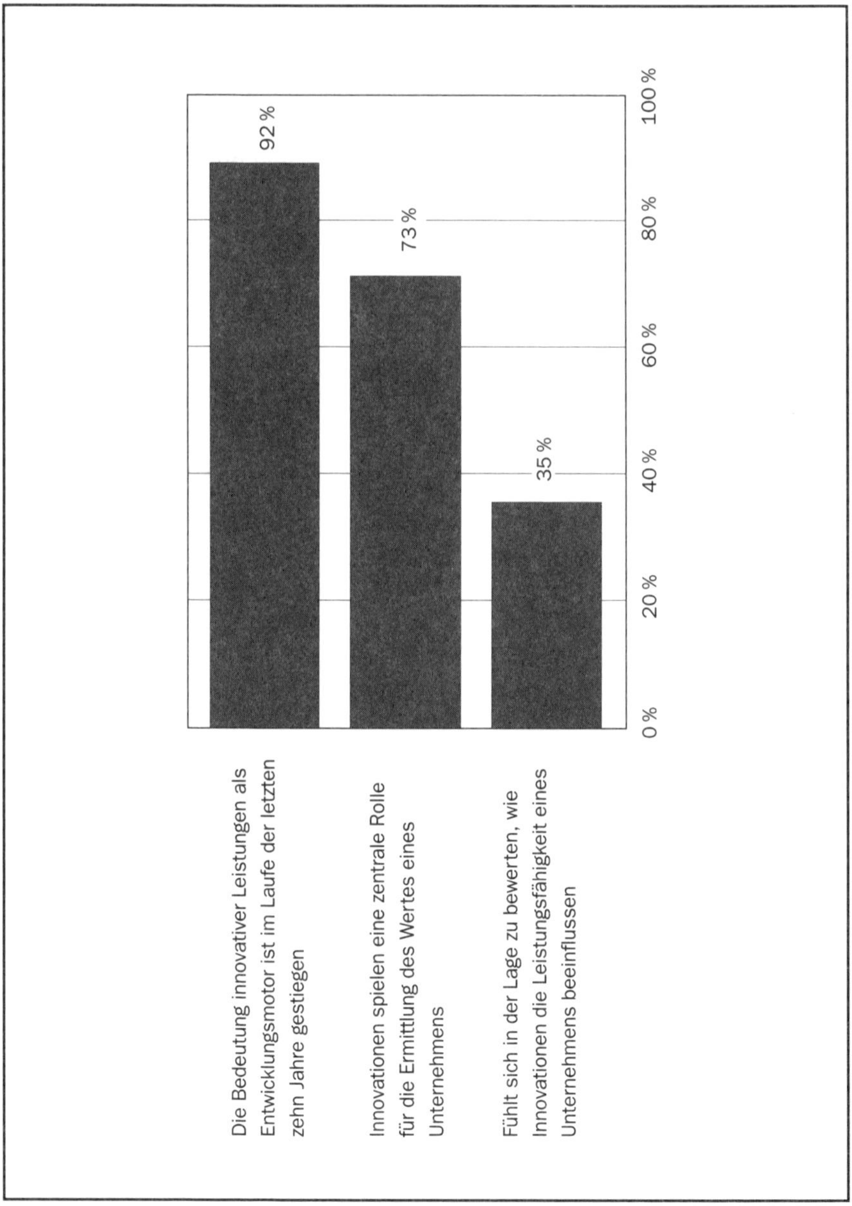

Abbildung B.1: Zustimmung zu Äußerungen über Innovation

2. Auch wenn nur die wenigsten wissen, wie sie Innovationen bewerten müssen, so sind doch fast alle der Überzeugung, dass Innovationen den Shareholder-value erhöhen.

95 Prozent der Anlageberater gehen davon aus, dass die Investition in ein innovatives Unternehmen das bessere Geschäft für den Anleger ist.

Grund für die Annahme, dass Aktionäre von Innovationen profitieren, ist die Überzeugung, dass Innovationen entscheidend sind, um Wachstum und Leistungsfähigkeit eines Unternehmens aufrechterhalten zu können (23 Prozent). Ebenso spielen Innovationen eine wichtige Rolle, wenn es darum geht, Unternehmen voneinander zu unter-

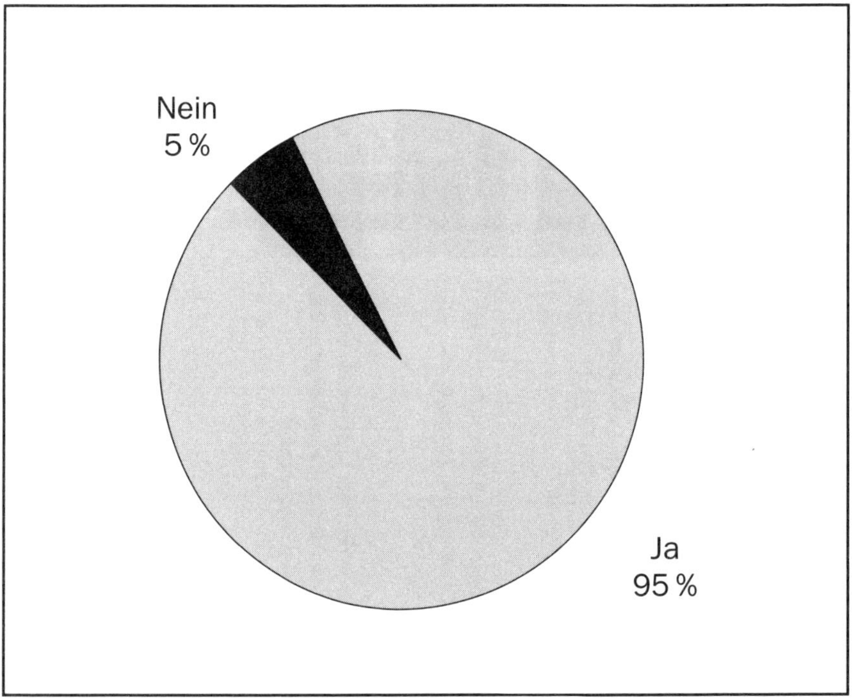

Abbildung B.2: Aktionäre profitieren von innovativeren Unternehmen

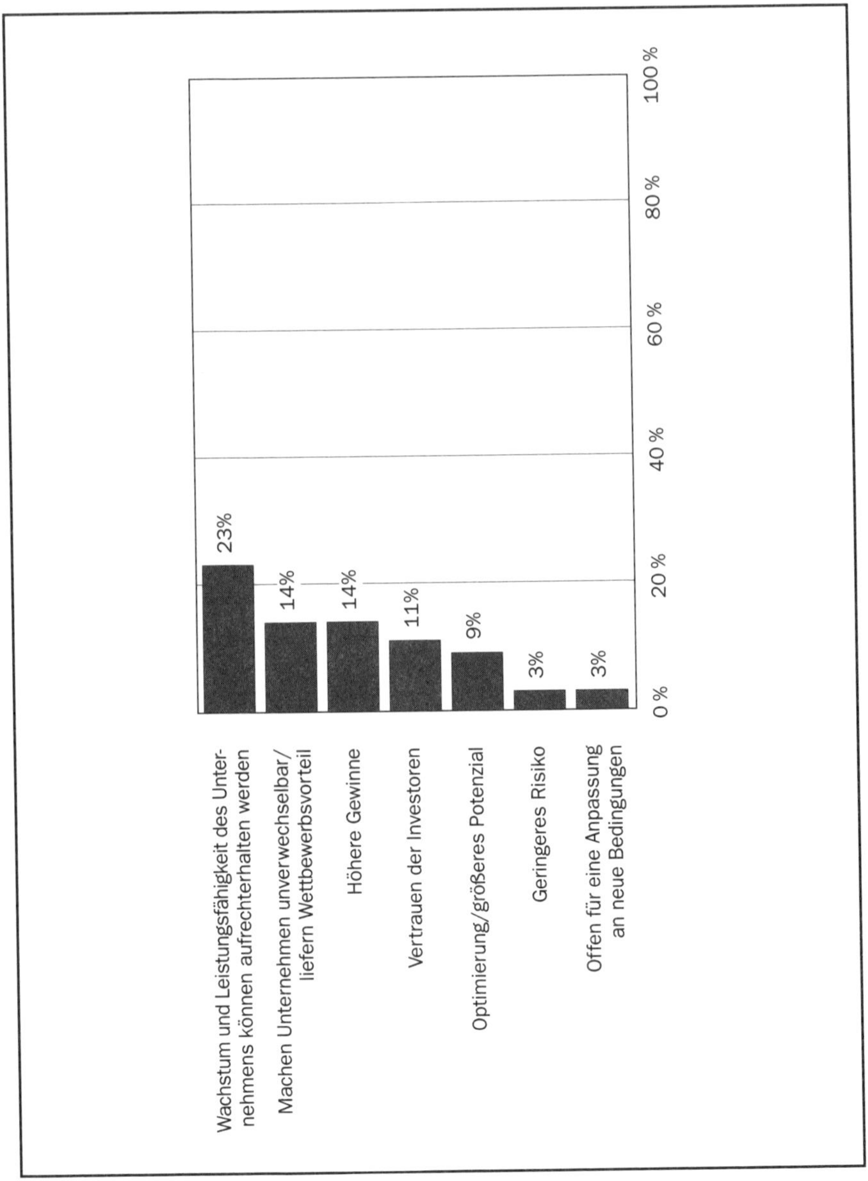

Abbildung B.3: Warum Aktionäre von Innovationen profitieren

scheiden und ihnen eine vorteilhafte Wettbewerbsposition zu sichern (14 Prozent). Auch die Aussicht auf höhere Gewinne (14 Prozent) ist Teil der Bewertung mit der Anlageberater den Aktionären das Wertsteigerungspotenzial von Innovationen veranschaulichen.

3. Innovationen im Unternehmen wirken multidimensional.

Die vier Aspekte, die im Zusammenhang mit Innovationen besonders häufig genannt werden sind: „Kreativität" (57 Prozent), „Die Spielregeln verändern" (57 Prozent), „Bahnbrechende technische Entwicklung" (51 Prozent) und „Neue Produkte und Dienstleistungen" (51 Prozent).

Überraschenderweise wird die Arbeit der Forschungs- und Entwicklungsabteilungen weit weniger mit Innovationen in Zusammenhang gebracht (41 Prozent).

Neue Geschäftsprozesse und neue betriebswirtschaftliche Modelle werden von 35 Prozent der Anlageberater als Aspekt von Innovationen betrachtet.

4. Ertragspotenzial ist der entscheidende Indikator für Innovationsleistung.

Annähernd die Hälfte (46 Prozent) der Anlageberater betrachtet Umsätze und Gewinne als die entscheidenden Indikatoren zur Bewertung von Innovationen. Ein Drittel (32 Prozent) erachtet das Entwicklungsportfolio als weiteren Indikator.

Der Marktanteil wird, im Gegensatz zu den Gewinnen, als weniger aussagekräftig für erfolgreiche Innovationen erachtet. Nur 16 Prozent werten ihn als Indikator. Ein noch kleinerer Teil der Befragten (elf Prozent) empfindet Wachstum als Indikator zur Bewertung von Innovationen.

5. Unternehmen im Bereich der Informationstechnologie und der Elektronik werden am stärksten mit Innovationen in Zusammenhang gebracht.

41 Prozent der Anlageberater bewertete Unternehmen aus diesen Bereichen als Vorreiter in Sachen Innovation. Doch 30 Prozent be-

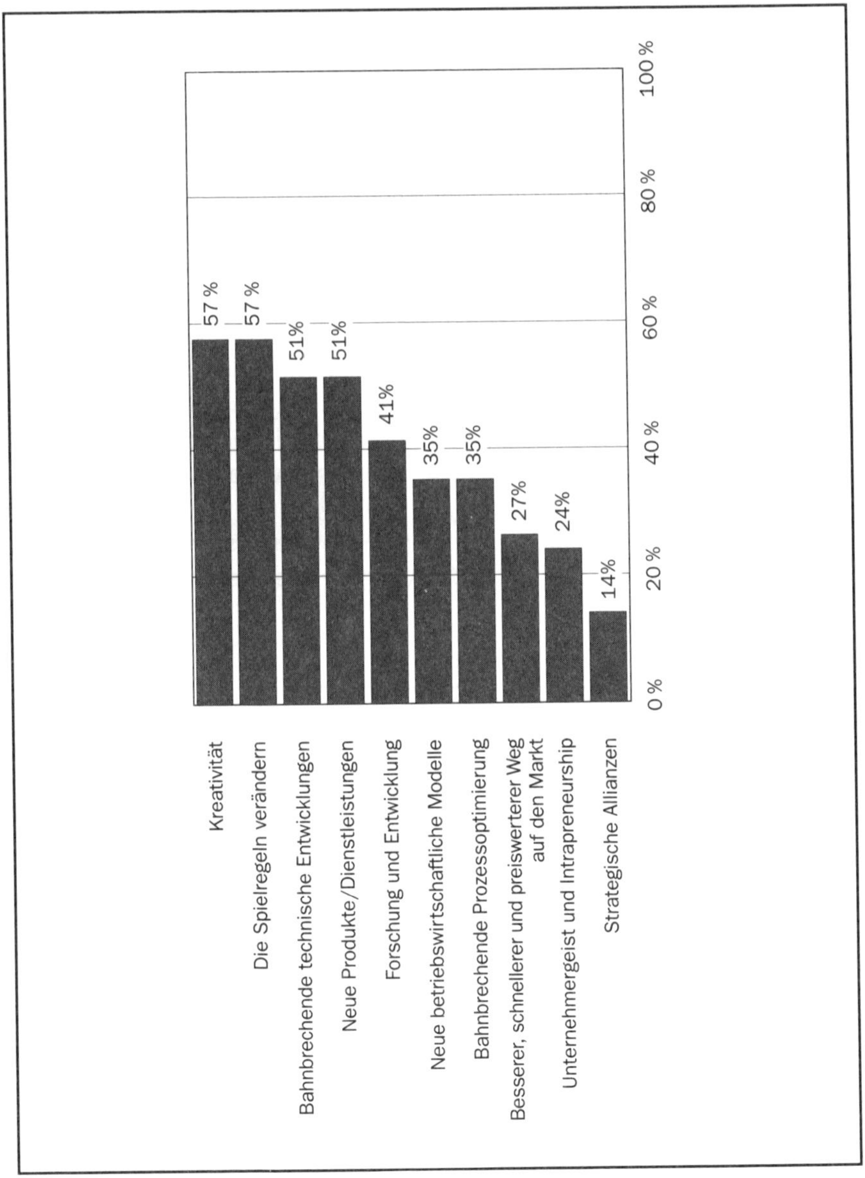

Abbildung B.4: Aspekte, mit denen Innovationen in Unternehmen assoziiert werden

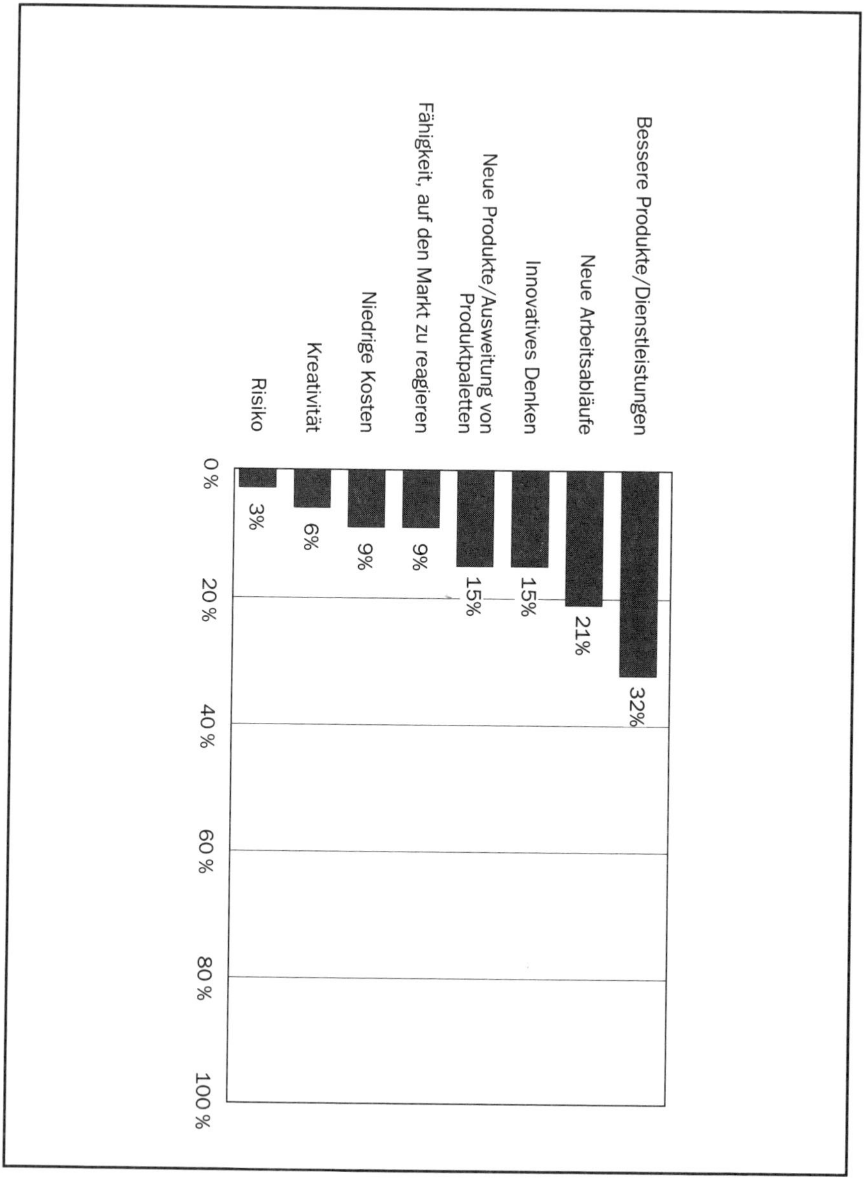

Abbildung B.5: Definition von Innovationen – ohne Beschränkungen

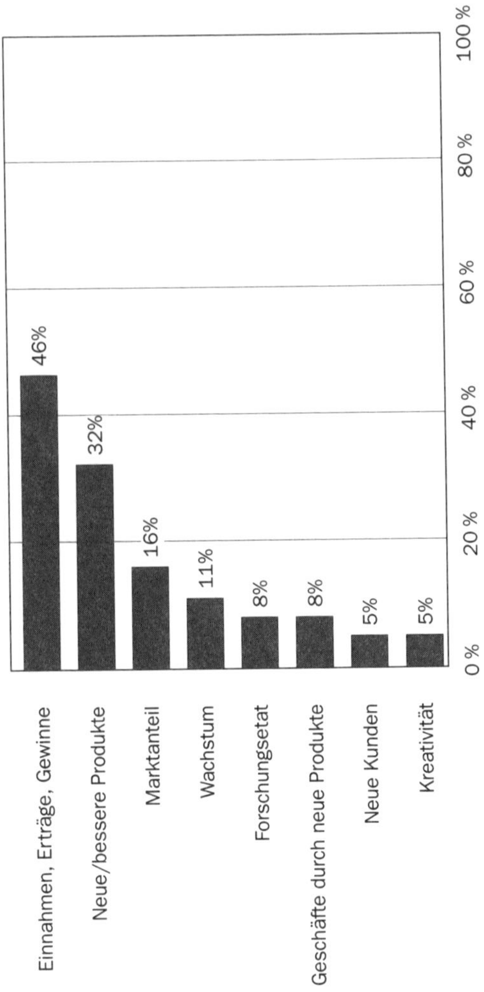

Abbildung B.6: Die entscheidenden Indikatoren zur Bewertung von Innovationen

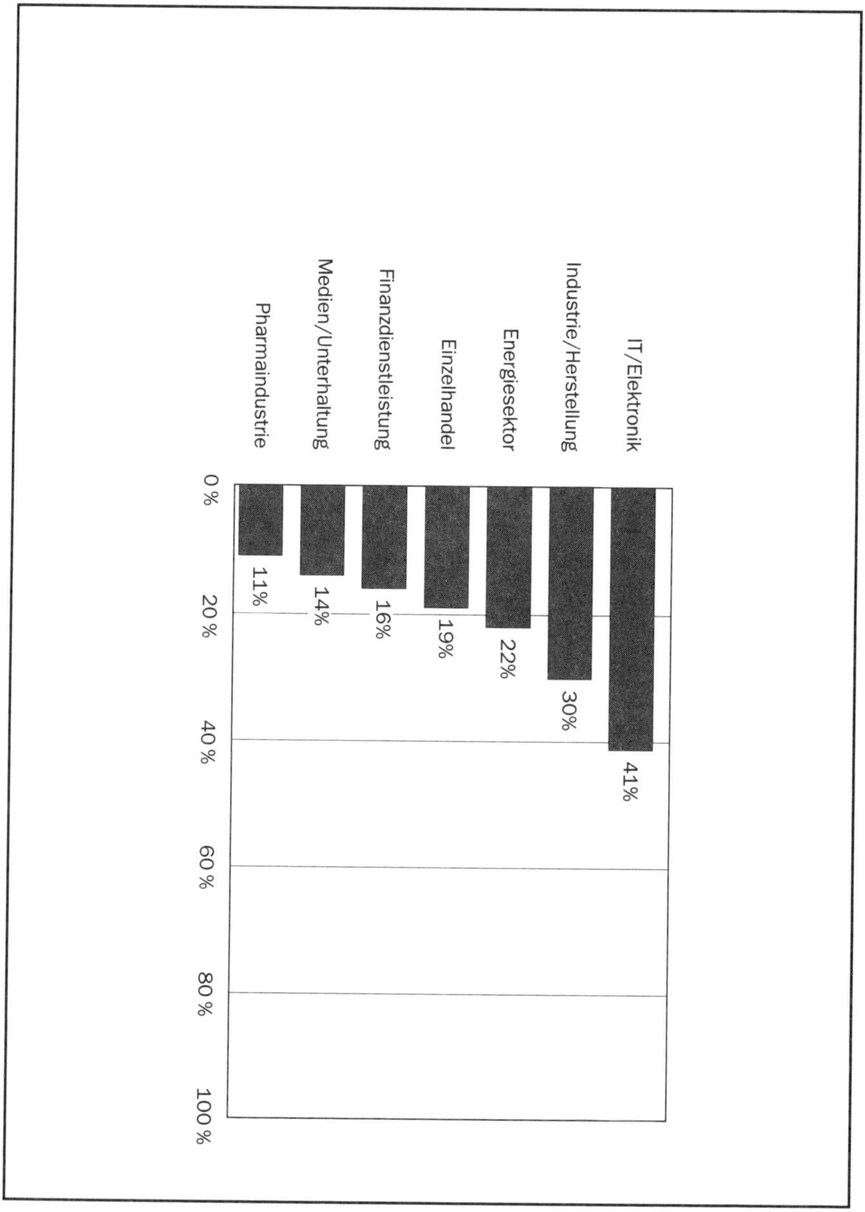

Abbildung B.7: Besonders innovative Unternehmen

zeichneten auch Unternehmen aus der produzierenden Industrie als innovativ. 22 Prozent bewerteten Unternehmen aus dem Energiesektor als besonders innovativ und 19 Prozent nannten Unternehmen aus dem Einzelhandel als besonders innovativ.

Index

Kapitel 1: Begegnung mit der Neuen Generation

Seite 18 „zu heiß ... um abzukühlen“: Porter, Cole. Too Darn Hot. Kiss Me Kate, 13. Januar 1949.

Seite 23 „Ein einsamer Wolf unter den japanischen Unternehmen“,

Seite 23 „Die Entwicklung modernster Technologien und Innovationen sind der Kern unserer strategischen Stoßkraft“: Takahashi, Toru [Canon].

Seite 25 „In der Vergangenheit ... Aktivitäten dieser Gruppe“: Linden, Kai. Fallstudie Nokia. Interview mit Ronald Jonash. Bandaufzeichnung, 26. August 1998.

Seite 25 „Wir haben gelernt ... die Sie erwarten können“: Ebenda.

Seite 27 „Ford und General Motors ... wir machen genau das Gegenteil“: Moore, Tom. Interview mit Ronald Jonash und Maurice Coyle, Bandaufzeichnung, Detroit, 22. Juli 1998.

Seite 27 „Wir informieren sie ... mit anderen Teilen wirken“: Ebenda.

Seite 30 „Wir werden ... das war eine wertvolle Erfahrung“: Clarke, Chris. Telefongespräch mit Ronald Jonash und Maurice Coyle, 30. April 1998.

Seite 30 „Wir belohnen die Fähigkeit ... in diesem besonderen Bereich“: Arya, Atul. Telefongespräch mit Ronald Jonash und Maurice Coyle, 30. April 1998.

Seite 30 „befinden Sie und Ihre Kollegen sich in einer gemeinsamen Lernumgebung“: Jenkins, David. Telefongespräch mit Ronald Jonash und Maurice Coyle, 30. April 1998 [im Text: MacKenzie, CTO].

Kapitel 3: Sie bestimmen Sie das Tempo
Schaffen Sie Plattformen, nicht Produkte

Seite 46 „Wir haben keine Angst vor Kannibalismus“: Takahashi, Toru [Canon].

Seite 51 „Wir haben keine Produkte, wir haben Aktionäre“: [Millennium]

Seite 52 „Wir erhalten mehr Geld ... den Zuschlag für unser Image.“: Pavia, Michael. Interview von Ronald Jonash und Martha Lawler, Bandaufzeichnung, 21. Oktober 1998.

Seite 52: „Sie bezahlen mehr, und wir sind in der Lage zu liefern. Es zahlt sich also für beide aus“: Pavia, Michael. Interview von Ronald Jonash und Martha Lawler, Bandaufzeichnung, 21. Oktober 1998.

Seite 53: „die Früchte unserer Plattformen nutzen ... um diese Plattformen weiter auszubauen“: Holtzman, Steven. Interview von Ronald Jonash und Martha Lawler, Bandaufzeichnung, 21. Oktober 1998.

Seite 56: „Kosten gibt es nicht. Es gibt nur Investitionen“: Pavia, Michael. Interview von Ronald Jonash und Martha Lawler, Bandaufzeichnung, 21. Oktober 1998.

Seite 62: „Wir beabsichtigen, den Weg zu verändern, über den der Zugriff auf Informationen im Netzwerk erfolgt“: [Canon].

Kapitel 5: Beschleunigen Sie das Tempo
Investieren Sie in Innovationen

Seite 81: „Nun ja, der Eisberg hat überlebt ...“: Moore, Tom, „Interview“, 1998.

Seite 85: „den Ball nicht fallen lassen“: Moore, Tom. „Interview“, 1998.

Seite 86: „Wir werden durch die dümmsten Zufälle vier Ebenen außerhalb unserer Reichweite in größte Schwierigkeiten gebracht“: Ebenda.

Seite 86: „Nun, da Sie davon sprechen ... dass das zu Problemen führen könnte.“: Ebenda.

Seite 89: „Es gibt fast nichts ... im weitesten Sinne ein Gruppenprozess.“: Ebenda.

Seite 91: „Noch bevor wir ... und dann erarbeiten wir es gemeinsam.“: Ebenda.

Seite 91: „Hier bei Chrysler hatten wir nur undichte Stellen, wenn Mitarbeiter gegangen sind ... (...) Wir kontrollieren das Paket und den Inhalt der Merkmale sowie das Gewicht und den Kostenrahmen“: Ebenda.

Kapitel 6: Variieren Sie das Tempo
Schaffen Sie weltweite Netzwerke von Innovatoren

Seite 100: „einen kraftvollen Innovations- und Technologiemotor zu schaffen“: Smith, Dr. Greg [Alcoa].

Seite 101: „Die Geschäftseinheiten müssen enger in die Bereiche hineinwirken. Wir benötigen mehr Sog aus dem Markt.“: Belda, Alain [Alcoa].

Seite 101: „Der Schlüssel zum Erfolg ... oder aber durch Entwicklungsarbeit beheben konnten“: Smith, Dr. Greg [Alcoa].

Seite 101: „Überall im Unternehmen begegnen wir (...) aber auch außerhalb des Unternehmens bei namhaften Partnern“: Smith, Dr. Greg [Alcoa].

Seite 106 „Wir alle empfinden SAP als unser Baby ... was unsere jüngeren Kollegen daraus machen“: Kagermann, Dr. Hermann [SAP].

Seite 106: „Die Unternehmensleitung in das Technologie- und Innovationsmanagement miteinzubeziehen“: Lederman, Frank [Alcoa].

Seite 106: „Wir müssen den entscheidenden Innovationsvorsprung (...) die wir an unsere Kunden liefern.“: Perez, Bill [S. C. Johnson].

Seite 106: „Wir verfügen über ein „Innovationsgremium“ (...) Wir werden ein völlig neues Unternehmen sein.“: Mulcahy, Pat [Eveready Battery Company, Energizer unit].

Seite 107: „Innovation ist kein Projekt. (...), unser Geschäft weiterentwickeln“: McClanathan, Joe [Eveready Battery Company, Energizer unit].

Seite 113: „Die Forschung und Entwicklung bestand zum größten (...) und die Marketingabteilung agierte darüberhinaus als Abfangjäger". Rosenthal, Art. Interview von Ronald Jonash und Maurice Coyle, 25. Februar 1998.

Seite 113: „Von anderer Seite wurde (...) für andere Geschäfte würden nutzen können.": Rosenthal, Art. Interview von Ronald Jonash und Maurice Coyle, 25. Februar 1998.

Seite 121: „die Leute in den verschiedenen Werken wissen, wen sie anrufen können, (...) und Technologien und erfolgreiche Verfahren von uns zu ihnen und umgekehrt transferieren.": Roddy, Jerry [Alcoa].

Seite 121: „über gute Audit-Verfahren zu verfügen, und an welchen Punkten noch gearbeitet werden muss." Sibly, John [Alcoa].

Seite 121: „Sind die Defizite einmal identifiziert (...) indem wir auf Brainstorming-Sitzungen oder die Erarbeitung von Szenarien zurückgreifen." Smith, Greg [Alcoa].

Seite 121: „Das Barrennetzwerk bei Alcoa (...) wie wir unsere Innovationsbemühungen konzentrieren müssen." Smith, Greg [Alcoa].

Kapitel 7: Halten Sie das Tempo
Entwickeln Sie eine Kultur des Wandels und des Lernens

Seite 123: „Lernen ist der Schlüssel (...) schnell und umfassend auszuschöpfen.": Browne, John [BP], (Zitat aus schriftlicher Quelle)

Seite 124: „Das Topmanagement (...) um das Erlernte umzusetzen.": Brown, John [BP].

Seite 127: „Sie können die Struktur verändern, (...) wesentlicher Bestandteil in der Struktur des Unternehmens." Clarke, Chris. Telefongespräch mit Ronald Jonash und Maurice Coyle, 30. April 1998, [Im Text: Jenkins, David, CTO].

Seite 128: „Man kann aus seinen eigenen Erfahrungen lernen. (...) Alle leisten entscheidende Beiträge." Browne, John [BP].

Seite 133: „wirklich aus dem lernen wollen, was Sie tun.": BP.

Seite 133: „die erfolgreichsten Konzerne der Zukunft diejenigen sein werden, die über die am stärksten entwickelte Fähigkeit zum Lernen verfügen": Shell Oil.

Seite 133: „mehr Situationen zu schaffen, Vorteile erzielen werden gleichermaßen.....": Shell Oil.

Kapitel 8: Machen Sie das Rennen
Erlangen Sie innovative Kompetenz

Seite 138: „Das Unternehmen der Zukunft“: John A. Byrne, „The Corporation of the Future“, Business Week, 31. August 1998, Seite 102.

Seite 139: „Es geschehen erstaunliche Dinge, (...) und nach eigenem Ermessen zu handeln.“: Kelleher, Herb [Southwest Airlines].

Seite 141: „Wenn Sie ein innovatives Unternehmen haben wollen, (...) Es ist der alte Stil, einen Schuldigen zu suchen.“: Arya, Atul. Telefongespräch mit Ronald Jonash und Maurice Coyle, 30. April 1998.

Seite 142: „Ziel ist es, einen Ort zu schaffen, an dem die Menschen die Freiheit haben, kreativ zu sein.“: John F. Welch Jr. [General Electric].

Literaturverzeichnis

Deschamps, Jean Ph./Nayak, P.R./Little, Arthur D: Produktführerschaft. Wachstum und Gewinn durch offensive Produktstrategien. Frankfurt a.M., 1996.

Higgins, James M.: Innovations-Strategien. Potenziale ausschöpfen, Ideen umsetzen, Marktchancen nutzen. Stuttgart, 1998.

Kaltenbach, Horst G.: Das kreative Unternehmen: Vom Elefanten zum Kolibri. Gute Ideen, begeisterte Mitarbeiter, erfolgreiche Produkte. Landsberg/Lech, 1998.

Peters, Tom: Der Innovationskreis. Ohne Wandel kein Wachstum - wer abbaut, verliert. München, 1998.

Slywotzky, Adrian J./Morrison, David/Andelman, Bob: Die Gewinn-Zone. Wie Ihr Unternehmen dauerhaft Erträge erzielt. Landsberg/Lech, 1998.

Slywotzky, Adrian J./Morrison, David J: Business Design (Value Migration). Zukunftsorientierte Konzepte zur Steigerung des Unternehmenswertes. Frankfurt a.M., 1997.

Tushman, Michael L./O'Reilly, Charles, Innovation ist machbar. Schwachstellen identifizieren, Aktionspläne entwickeln, Marktführerschaft erreichen. Landsberg/Lech. 1998.

Wiezorek, Heinz/Wallinger, Albin: Wachstum mit Gewinn. 20 Methoden für die systematische Expansion. Frankfurt a.M. 1997.

Stichwortverzeichnis